JN410363

이범찬 회고록

송암의 자화상

▲송암 이범찬 교수의 근영

▲父 李昌夏

▲母 徐分伊

◀손자 규성이 돌사진

▲ 1946. 여주국민(초등)학교 교정에서

▲ 1946. 여주농업중학교 교정에서

▼ 1947. 개성, 선죽교에서 둘째누님의 매형과

▼ 1951. 미군부대에서

▲ 1952. 여주농고 교정에서

▲ 1957. 누이동생 기호의 여고동창들

▲ 1962. 부암동 집에서 남매가

◀ 1957. 서울법대 졸업식장 ▼ 정문 앞에서

▲ 1957. 서울법대 졸업식장

▲ 1957. 서돈각 은사님 가족과

▲ 1964. 정선에서 농촌계몽대 순회 중

▼ 1969. 지리산 천왕봉에서
이대 법정대학 등산부

▾ ▴ 1963. 아스토리아호텔에서 고병국 교수님을 주례로 모시고

▲ 1975. 동국대학교에서 박사학위를 받고

초 청 장

만물이 소생하는 새봄을 맞이 하였읍니다.

금반 본 학회 회원이신 李範燦교수(梨花女子大學校) 鄭茂東교수(全南大學校) 金泰柱교수(慶北大學校)께서 각각 아래의 論題로 法學博士의 학위를 수여 받으셨기에 그 기쁨을 함께 나누고 노고를 치하하기 위하여 다음과 같이 간단한 모임을 준비하였아오니 부디 왕림하셔서 자리를 빛내어 주시기 바랍니다.

論題 李範燦 博士 : 株式會社 監事制度의 硏究
鄭茂東 博士 : 非正常的 株式去來에 관한 考察
金泰柱 博士 : 어음抗辯의 硏究

다 음

일 시 : 1975년 4월 11일 (금) 오후 6시~7시30분
장 소 : 프레지덴트호텔 18층 산호실 (서울시청 맞은편)
회 비 : 1,000 원

1975년 4월 일

한 국 상 사 법 학 회
회 장 서 돈 각

연락처 67 - 1532

▲ 1975. 박사학위 합동축하회 초청장

▼ 1975. 이화대학 학위 축하회에서

▲ 1987. 아오모리 모리 리끼조 회장 댁에서

▲ 1991. 명륜당 뜰에서 사까마끼 도시오 교수, 시무라 하루요시 교수와

▼ 1993. 화갑기념논문 봉정식에서 구혜정 회장과

▲ 1993. 화갑기념논문 봉정식에서 성대법학과 교수들과

▼ 1993. 화갑기념논문 봉정식

▲ 1994. 여일회 계유생 합동 화갑 축하회에서

▼ 1994. 양재동 집에서 시무라 하루요시 교수 내외와

▸1996. 레저 교수 내외분과

▾ 1996. 산동대학을 방문하고 만리장성에서

▾ 1997. 여주군 '군민의 날'에 문화상

平素 우리교장의 發展을 위하여 協調 하여주심에 깊은 感謝를 드립니다.

驪州郡守 朴容國

▾ 1997. 여주 영릉에서 시무라 하루요시 교수, 이또 유고 교수와

▲1998. 정년퇴임기념
고별강연을 하고

▼논문을 봉정하는 황교안

◀▲1998. 정년기념논문집 봉정식

▼성대 교수들과

▲기족들과

▼이대 법정대 등산부 제자들과

▲ 1999. 상자회 창립총회

◀ 1999. 캐나다 에메랄드호수 가는 길에 아내와

▼ 1999. 알라스카 로벌산에서

▼ 2001. 쿄토시 애련에서 오까마쓰 요시히사 선생과

▼ ▲2002. 백두산 천지에서 최재열 제돈과

▼2002. 한국상사법학회 원로교수님들과

▲2003. 성균관대학 명예교수 초청

▲2003. 서울대 법대 11회 입학 50주년

▲2003. 고희기념 가족사진

▲2003. 가족 봄나들이

▲2004. 성대 법학과 교수들

▼2006.서울대공원에서 전인준, 조긍상 동창과

▲▶2009. 상자회 합동수련회

▼2010. 사까마끼 도시오 교수, 이시야마 다꾸마 교수와

아버지, 어머니.
성탄 축하드립니다. 내년에는 꼭 두 분이
함께 교회에 나가시면 좋을 것 같습니다.
제가 아직 무언가를 이룬것이 없어서,
답답한 마음이 있습니다.
저희 가족들 모두 그러한 답답함이 내년에는
하나씩 해결되는 그런 한 해가 되기를 기도하겠습니다
사랑합니다.
뉴저지에서 막내아들 올림.

아버님. 어머님.
성탄 축하드립니다.
날씨 추운데 감기 조심하시고,
건강하세요.

지은 올림

할아버지, 할머니
merry christmas!!!

▲ 2010. 뉴저지에서 손자가 보낸 성탄카드

▲2010. 우면산 산책길에

◂2010. 근린공원에서

▲2011. 김원 총장 집(만송헌)에서

▲2011. 성호회 나들이

▲2011. 고모리 경신수련장에서

▲ 2012. 원종린수필문학상 시상식장에서

▲ 2012. 여일회 동창 팔순기념

▲2012. 일본 야꾸시마에 있는 수령 7200년의 조몬스기 앞에서

▼2014. 나고야경제대학 이시이 학부장과

▲2014. 법대 11회 동창 부여나들이

▲2016. 월산문학상 시상식장에서 가족들과

▲2016. 월산문학상 시상식장에서 교수들과

▼2016. 장가계 십리회랑에서

▲2017. 한국상사법학회 역대회장

▲2017. 송천산악회 여주나들이

▲ ▼2017. 앙코르왓트에서 가업리 종중 나들이

▲2017. 하롱베이에서 가업리 종중 나들이

▲2017. 서울법대 졸업 60주년 기념식

▼▶2018. 문인화에 도전

▲ 2018. 송암정에서

▲ 2018. 송암재에서

松巖의 自畫像

이범찬 회고록

저물녘의 내 모습을

석양이 뉘엿뉘엿 저물어간다. 숨차게 달려온 들판 길을 되돌아보자니 참으로 기가 차다. 이어진 발자국마다 고뇌와 땀방울로 얼룩진 흔적들이 새삼 가슴을 설레게 한다.

나는 먹고 노는 잔치는 해보지를 못했다. 그러나 고비마다 몇 개의 이정표는 꽂았으니 그나마 보람으로 생각한다. 재직 중의 회갑기념 논문봉정식, 여일회(驪一會)의 계유생 합동회갑연, 『해암(海巖)의 자화상』(정년기념문집)이 떠오른다.

정년퇴직을 하자마자 일본 나고야경제대학에 자리를 잡는 제2모작 인생이 펼쳐졌다. 그 이후의 발자국을 더듬어보며 또 하나의 이정표를 남기자고 『송암(松巖)의 자화상』을 엮어본다. 누구에게 드러내 보이기 위해서가 아니다. 나 자신을 가식 없이 벗겨, 생긴 그대로의 모습을 그리며 스스로 마음을 다독여보자는 몸부림이다.

산골에서 굴러 떨어진 거친 돌덩이가 부딪치고 씻기며 떠내려오다보면 매끄러운 조약돌이 되어 물가에 묻힌다. 언젠가는 애석인의 눈에 띄어 명품수석으로 사랑을 받기도 한다.

어차피 묻힐 하나의 조약돌이니 겸허히 받아들이련다.

달려온 길에서 많은 사람들을 만나 분에 넘치는 사랑을 받았다. 때로는 괴로움을 맛보기도 했다. 모두가 지나간 일이다.

바람 따라 물길 따라 굴러온 구만리에
깎이고 부딪치며 묻혀버릴 조약돌
편하게 마음 비우며 내 모습 그리련다.

마음을 비우고 마무리하려는 일에 많은 도움을 준 여러분들에게 깊은 감사의 뜻을 전하고 싶다. 특히 바쁜 중에 제자를 써주신 송천 화백과 그림을 주신 구암 화백에게 감사드린다. 또 자료를 모으느라 애써준 간행위원과 까다로운 편집에 심혈을 기울인 소소리 우희정 사장 내외분의 고마움을 잊을 길이 없다.

2018년 봄에 이 범 찬

진정한 가르침을 주신 위대한 스승님

나는 성균관대학교 법과대학을 졸업하자 당시 3대 국책은행으로 명성이 높았던 외환은행에 입사했다. 남대문지점 외환계에서 주로 상업신용장의 개설과 결제를 담당했다. 그런데 남들은 부러워했을지 몰라도 나는 은행일이 적성에 맞지 않는 것 같았다. 어느 날 학교에 들러서 선생님을 뵈니, 대학원의 진학을 권해주셨다.

니체는 "진실로 위대한 것은 방향을 제시하는 것이다(Größe heißt: Richtung-geben)!"라고 말했다. 선생님께서는 내 삶의 방향을 정해 주셨으니 이것이 선생님으로부터 받은 소중한 가르침이었다. 용기를 내어 대학원에 입학하게 되었고, 외환업무와 연계하여 "상업신용장의 법적 측면에 대한 연구"라는 논문으로 석사학위를 받았다.

논문을 심사하셨던 김두환 교수님께서 영어강독 출강을 권유해주셔서 숭실대학교 법과대학에서 강의를 시작하였다. 첫 시간에 땀을 뻘뻘 흘린 기억이 지금도 생생하다.

석사학위를 받은 후 바로 박사과정에 진학했다. 공부해 가면서 교수님들의 논문에서 잘못된 부분을 발견할 때마다 젊은 기운에 그 오류를 지적을 했다. 이를 본 선생님께서는 "글은 그렇게 쓰는 것이 아니고, 선행논문이 주장하는 바를 적시하고 각주를 달아 놓으면 후에 공부하는 사람들이 스스로 틀렸다는 것을 깨닫게 될 것인데, 굳이 틀렸다고 꼬집어 얘기할 필요가 없다."고 말씀하셨다. 이 말씀은 논문을 쓸 때 명심할 지침이 되었다.

선생님의 모습을 떠올릴 때마다 이 시대 마지막 선비(士)가 아닌가 생각한다. 선비는 겉으로는 한없이 부드럽지만 속으로는 더없이 단단한 정체성을 갖고 있는 외유내강(外柔內剛)한 인물상이며, 영어의 'gentleman'이 이에 해당한다. 뿐만 아니라 지식과 교양을 갖춘 인문학도로 학예를 숭상하며 이성과 감성이 잘 조화된 지성인을 말한다. 옛 선비는 시(詩) · 서(書) · 화

(畵)를 교양필수로 하였기에 생활의 멋을 시나 그림, 글씨로 표현하며 품격 있는 삶을 즐겼다.

선생님께서는 세계를 일주하다시피 하셨고, 젊은 시절부터 대한민국 서단(書壇)의 원로이신 송천(松泉) 정하건(鄭夏建) 선생님과 교분을 가지시고 그분의 작품을 두루 섭렵하셨으며, 평소 서화(書畫)를 사랑하시어 중국 등지로부터 좋은 작품을 다수 구득하시고 자주 제자들에게 감상케 하셨다. 2005년에는 수필가로 문단에 데뷔하셨고, 이어서 시와 시조까지 넘나들며 창작활동에 정열을 쏟으셨으니, 선비의 으뜸가는 덕목인 시(詩)·서(書)·화(畵) 삼절(三絶)을 모두 갖추셨다. 온갖 막말과 폭력, 음모와 배신이 난무하는 현재 한국의 시류에서 백자(白磁)처럼 초연한 풍모를 연상하게 된다.

선생님께서는 1998년 8월 31일 성균관대학교 법과대학을 은퇴하시면서 『해암(海巖)의 자화상(自畵像)』이라는 자서전을 출간하셨다. 그때 30여 명의 제자들이 간행위원이 되어 도와드렸었는데, 그로부터 어언 20년이 다 되었다.

선생님께서는 은퇴하자마자 일본 나고야(名古屋)경제대학의 전임교수로서 10년을 재직하며 많은 학문적 업적을 남기셨고, 2005년 8월 문단에 등단하신 후 수필, 시, 시조, 여행기 등 10여 권이나 되는 작품집을 펴내면서 문학도로서의 큰 업적을 남기셨다. 2012년에는 『늙마의 외도』로 '원종린수필문학상(작품상)'을, 2016년에는 『어차피 가는 길을』로 '월산문학상'을 수상하셨다.

선생님의 이러한 족적(足跡)을 모아 이번에는 『송암(松巖)의 자화상(自畵像)』을 펴내시게 되었다. 이에 그동안 끈끈한 인연을 맺어 오던 몇 몇 제자들이 다시 간행위원이 되고, 그 대표로 본인이 축하의 글을 드린다. 선생님께서 부디 건강하셔서 20년 후인 2038년에도 다시 회고록을 쓰시고, 그때도 소생에게 축하의 글월을 올릴 기회를 주시기를 간절히 기원한다.

2018년 새봄에

성균관대학교 법학전문대학원 명예교수
한국기업법연구소 이사장 최 준 선

. 차 례

1. 삶의 굴곡

2. 속내

3. 말과 사연

2부 교재 서문

4. 문학의 향기

1.

삶의 굴곡

1부

유 · 소년기(1~17세, 씨앗이 자라나)

1장 초등시대(1~13세, 우물 안 개구리가 남한강 물가로)

올챙이의 고향

먼동이 트는 구곡산 골짝의 샘물이 황금 들을 적시며 흐른다. 저 멀리 남쪽 대포산에서 흘러온 본류와 합치고, 서편의 북성산 골짝물과 어울려 북쪽의 한강으로 흘러든다. 장마 때면 제법 물이 불어나는 큰 개울이다. 물가에 꽤 너른 모래밭과 풀밭도 생겨났다. 이곳이 내 어린 시절의 놀이터였고 추억의 요람이다. 그곳에서 씨름판을 벌이기도 하고 피라미도 잡았으며, 씀바귀 캐고 풋나물도 뜯었지. 송아지를 몰며 꼴도 베었다.

이 고장 논배미 웅덩이에서 태어난 올챙이는 개구리로 자라며 큰 강물을 만나자 눈이 휘둥그레졌다. 바로 80여 년 전의 내 모습이 아니었나.

내가 뛰놀던 갑동이 여주읍 '가업리(稼業里)'임을 국민(초등)학교에 들어가서야 알았다. 나의 아버지는 갑동에서 둘째 아들로 태어나셨고, 오막살이 초가삼간으로 살림을 나서 가업을 이룩하는 데 성공을 한 분이다.

딸 여섯에 아들 셋을 낳았지만 내 형과 남동생은 일찍이 가서 나는 얼굴 모습조차 모른다. 뇌염을 앓다 숨을 거둔 여동생 기환이가 어렴풋이 기억이 날 뿐이다. 나는 온 집안 식구의 귀염을 독차지하며 외아들의 특전을 평생 누려왔다.

돌이켜보면 아쉬움을 모르고 자랐지만 성품이 온순하고 숫기가 없었던 모양이다. 무명 안감에 남색 비단으로 만든 새 조끼를 입혀주면 왜 그리 부끄러웠는지, 대문 밖 화장실에서 뒤집어 입고 학교를 갔던 생각에 실소를 금할 수 없다. 못난 녀석 같으니….

올챙이의 태평성대

어린 시절은 행복했다. 읍내까지 십리 길을 걸어 다녔다. 여름에는 책보를 등에 매달고 게다짝을 양손에 벗어든 채 맨발로 달렸지만 집에 돌아오는 길은 마냥 즐거웠다. 강제 공출을 피하려 무구덩이에 쌀자루를 숨기고, 새벽에 볏가마니를 지고 동구 밖 언덕배기에 묻기까지 해서라도 귀한 아들에게 쌀밥은 배

불리 먹였으니 참으로 나는 행복했다.

단 한 가지가 답답했고 원망스러웠다. 어머니, 아버지는 성실한 농부였지만 자기 이름 석 자도 못 쓰셨다. "나를 글방에만 보내주었어도…."라는 한탄을 수없이 들어가며 자랐다. 배우지 못해 억울한 대접을 받았다는 하소연을 들을 때마다 주먹을 불끈불끈 쥐며 다짐을 했다. 내가 공부를 열심히 해서 되갚아 주겠다는.

어쩌다 집에 오는 편지도 남의 입을 통해야 듣게 되니 답답한 노릇이다. 그래서 학교에서는 조선말조차도 못쓰게 했지만, 나라도 오는 편지를 읽어드려야겠다고 생각하여 틈틈이 언문(한글)을 익혀갔다.

조용한 촌구석에서 자란 올챙이가 앞으로 닥쳐올 풍랑을 어찌 상상인들 할 수 있었으랴. 숙명적인 고난의 행군이 줄지어 기다리고 있을 줄을….

초등학교에 들어가자 얼마 안 되어 제2차 세계대전이라는 큰 태풍을 겪게 된다. 2학년이던 1941년 12월 8일 새벽, 일본군은 무모하게도 하와이 진주만을 기습 폭격했다. 일본의 식민통치도 날로 악랄해갔다. 전시 동원체제하에 군대행진곡을 부르며 고사리 손으로 모심기 같은 근로동원에도 끌려 다녔다.

처음에는 승승장구했으나 얼마 안가 전세가 불리해지자 일본의 발악은 날로 혹독해졌다. 나는 어머니, 아버지가 치는 가마

니틀에 붙어 앉아 어린 손으로 지푸라기를 걸어주며 도왔다. 촌에서는 할당되는 가마니를 만들기가 힘에 부쳐, 우리 집은 여주읍내 하리(下里) 공설운동장 옆으로 이사를 오고 말았다.

읍내로 이사를 오자 올챙이의 삶터는 개선되고 행동반경이 넓어진 셈이다. 마음껏 뛰놀았다. 아무 걱정 없이 자전거 타기, 공차기, 철봉대와 평행봉에 매달려 날 가는 줄 몰랐으니, 아마도 이 시절이 새물 만난 올챙이의 태평성대였나 보다.

공설운동장에서 두어 블록 올라가면 큰 문구점이 있어 오고 가며 고 또래들이 자주 들렀다. 그날도 몇 놈이 몰려 들어갔다. 나오려는데 상점 아저씨가 손짓하며 부른다.

"너 꼬마, 이리 좀 와 봐." 앞에 가 서니,

"네 아버지가 누구냐?"

대답 대신 바지 주머니에서 조그만 지우개 하나를 꺼내 놓으며 고개를 숙였다. 도둑이 제 발이 저려 훔친 것을 스스로 실토한 셈이다. 그 순간 눈에 불이 번쩍했다. 넓은 손바닥이 어린 뺨에 벼락을 쳤다. 그렇게 혼이 난 후로 나는 남의 것엔 절대로 손을 대지 않았다. 뺨 한 대의 약발이 평생을 갔으니, 잊지 못할 사랑의 매였다.

1945년, 일본이 무조건 항복을 하니 올챙이가 3년여 만에 또다시 큰 태풍이라도 만난 꼴이다. 5학년 때다. 해방의 뜻도 모르고 군중 속에 휩쓸려 독립 만세를 불러댔다.

이제 일본말을 안 해도 된다. 宮村範燦에서 이범찬(李範燦)으로 내 이름을 되찾았다. 더욱 신나는 것은 흑판에 '가나다라'를 써 놓고 따라 읽는데 나는 이미 한글을 깨쳤으니 친구들의 시선이 끌릴 수밖에. 그때까지 계속 우리 효조(孝組) 반의 반장은 강필수가 차지했다. 그 친구 아버지가 조흥은행 직원이었으니 그 위세 당당했다. 세상이 바뀌니 선생님도 새로 반장을 뽑자며 나를 지명했다. 농사꾼의 아들이 출세를 한 셈이다.

그러나 그 벼락감투는 분에 넘치는 것이었는지. 반장은 허수아비고 반을 쥐고 흔든 대장은 그 형이 양정중학을 다니는 김영환이란 친구였다. 주먹 앞에 누구도 저항을 못했다. 그해 겨울이다. 김영환이 달군 난로 뚜껑으로 마룻바닥을 태우고 선생님에게 손바닥을 심하게 맞는 사건이 발생했다.

화풀이를 한답시고 벌을 받은 영환이가 스트라이크를 주도했다.

"내일 아침 학교로 오지 말고 '영월루'로 모여라."

안 오면 죽는다고 주먹을 휘둘러댔다. 철부지 어린놈들이 명분 없는 동맹휴학을 결행해 여흥초등학교의 빛나는 반백 년 역사에 먹칠을 하고 말았다.

담임선생의 사촌 형인 황태흥 선생이 쫓아올라와 어린 양들은 바로 교실로 돌아왔고, 반장인 나는 교무실로 불려가 무릎을 꿇어야 했다. 그 사건 후로 앞장 서는 자리는 기를 쓰고 피하며 살아왔다.

2장 중학시대(14~17세, 깨어진 꿈)

농학도의 구슬땀 - 싹트는 농심

해방을 맞이한 다음해, 영광스럽게도 중학교에 진학을 한다. 비록 창설된 지 1년밖에 안 되는 시골의 농업중학교이지만 여주군 내에 하나 밖에 없는 6년제 공립학교였다. 서너 살 위의 묵은 학생들이 태반이 넘는데, 당당히 합격을 했으니 기쁨은 말할 것 없고 한껏 희망에 부풀었다. 사춘기에 몸도 불끈대고 마음도 들떠 아름다운 무지개를 좇는 소년의 활기찬 학교생활이 시작됐다.

입학시험 때 턱걸이를 15번이나 하는 바람에 담임선생님의 눈에 띄었고, 축구나 평행봉 등 운동을 좋아했기에 이조영 선생님의 특별한 사랑을 받았다. 방과 후면 야구선수를 만들겠다고 포수 자리에 앉혀놓고 직접 강속구를 던져주시던 일도 잊을 수 없는 추억이다.

나는 순박하고 성실했던 모범생이었다. 꾀부리지 않고 실습지에서 구슬땀을 흘렸다. 방학이 되면 열심히 풀을 베어 퇴비증산에 앞장섰다. 몰래 토마토나 참외를 따먹을 줄도 모르고 황소같이 일을 했다.

신설 농업학교의 열악한 교육환경이었지만 그곳에서 성실하게 자연의 순리를 따르는 농심(農心)을 체득할 수 있었다. 그때 나는 한 알의 씨앗을 흙에 묻어 싹을 틔우고, 뙤약볕 아래 땀 흘려 열매를 따기까지 얼마나 힘이 드는지를 체험하였다.

자연은 땀 흘린 만큼의 보람과 기쁨을 되돌려준다는 것도 깨달았다. 아무리 급해도 벼이삭을 잡아당겨 빨리 자라게 할 수는 없고, 아무리 허욕을 부려도 콩 심은 데 콩 나고 팥 심은 곳에 팥 나는 법을 알게 되었다. 요행도 거짓도 얼렁뚱땅도 결코 용납되지 않는다. 농심은 여기에 뿌리 내리고 있다.

농업학교 시절에 일찍이 이런 농심을 체험하고 깨달을 수 있었기에 평생 당당하게 살아올 수 있었다. 50년의 외길 강단생활을 무난히 해낼 수 있었지 않았던가.

몰아닥친 폭풍 - 국민방위군 대열에서

열심히 공부하는 농학도에게 서울바람을 불어 넣은 것은 이종사촌 형님이다. 신학교에 다니던 황을성 형이 방학 때 내려오면 서울소식과 기독교 신앙생활에 관한 이야기의 꽃을 피웠다. 목사가 될 것이라는 그 형이 얼마나 멋있어 보였던지, 나도 신학교에 가겠다고 결심을 했다. 여주 감리교회를 열심히 나갔다. 새벽기도까지 나가며 성경 공부에 빠져들었다.

그러나 소년기의 평화와 낭만을 만끽하던 우물 안 개구리가 미증유의 폭풍을 만나 꿈이 산산이 깨어지는 아픔을 겪게 될 줄이야 어찌 상상이나 했던가.

1950년 6월 25일 새벽! 김일성은 소련제 탱크를 몰고 38선을 넘어 남침을 해왔다. 나는 저녁 예배를 보러 갔다가 전쟁 소식을 접했다. 불길한 예감에 기도실로 들어가 눈물을 흘리며 기도를 했다.

"주여, 어린 양을 보살펴주시옵소서…."

인민군은 파죽지세로 서울을 점령, 중앙청에 붉은 깃발을 꽂고 3, 4일도 채 안되어 여주의 남한강까지 넘어 닥쳤다. 쌀자루를 걸머지고 갑동 큰집으로 피난을 나갔다.

낙동강 전선에서 괴뢰군은 전멸하고, 맥아더의 인천상륙작전이 성공, 서울이 수복되었다. 그러나 UN군이 압록강까지 진격하자 중공군이 몰려와 우리는 다시 1·4후퇴를 한다. 그때 내 나이 18세, 18세 이상의 모든 장정은 12월 하순에 제2국민병으로 징집을 당했다.

한쪽 어깨에는 담요를 말아 메고, 다른 어깨에는 미숫가루 주머니와 쇠 숟갈, 양은 대접을 넣은 가방을 둘러메고 문경새재를 넘어 행군을 계속했다. 마을에 들러 밥을 얻어먹고 부엌에서 웅크리고 잠을 자며, 대열에서 낙오가 되지 않으려 사력을 다했다.

도중 어디선가 필수무기인 숟갈을 잃어버렸고, 어쩔 수 없이 어느 집 부엌에서 숟갈 하나를 훔쳐 넣었다. 처음으로 저지른

파계행위다. 그 양심의 가책으로 고민을 하며 내 신앙생활에는 금이 가기 시작했다. 전쟁의 소용돌이를 겪으면서 파란 많은 내 청년기는 막이 올랐다.

그해 연말이다. 경산에서 고민 끝에 20세라고 속이고 방위사관학교 사관후보생 모집에 응한다. 대구로 올라와 3개월의 단기 교육을 마치자 방위 소위로 임관되어 창녕군 창낙면에 주둔한 37교육대 2대대로 배속된다. 졸지에 중대장이 된 방위소위가 주번사령 띠를 두르고 교단에 올라 나이 많은 장정들에게 호령을 했으니…. 잊을 수 없는 조직사회의 첫 경험이다.

밤이면 대대장 숙소에서 술판을 벌이곤 했다. 처음에는 사양도 해보았지만 도리 없이 휩쓸려 술을 먹기 시작했고, 성경과는 멀리 탕자의 길로 들어섰다.

새 봄이 오자 사령관의 처형에 이어 국민방위군이 해체된다. 장교들은 밀양 보충대에 집결했다가 뿔뿔이 흩어졌다. 나는 고향으로 기어올라 왔다. 보리이삭이 패어나는 늦봄에 집으로 돌아와 복교를 했다. 이 해에 3년제 고등학교가 새로 생겨, 나는 여주농업중학교 5학년에서 여주농업고등학교 2학년으로 편입이 됐다.

2부

청년기(18~65세, 풍랑을 헤치며)

1장 수학시대(18~27세, 논밭에서 배우다)

엉터리 고교 삼학년

학교에 돌아오니 폐허가 돼버렸다. 책상이나 비품들은 다 사라졌고, 엉망이 된 교실은 바닥만 남았다. 본래 담배 수납창고였던 건물을 개조하여 교실이 된 것인데, 옛 모습으로 되돌아가 텅텅 빈 창고다. 학생도 선생도 반은 사라졌다. 수업이 제대로 될 리 만무하니 그저 등교와 귀가를 반복할 뿐이었다.

겨울방학이 끝나자 졸업은 해야 하니 각자 진로를 찾아야 한다. 대학에 진학하는 학생은 입학원서를 써야 한다. 몇몇은 서울농대, 춘천농대를 지망했으나, 희망에 따라 문리과대학 의과대학 공과대학도 지망했다.

나는 담임선생님의 만류에도 굽히지 않고 서울법대에 원서를 냈다. 이유는 간단하다.

방위사관학교에서 받은 충격이 너무도 컸기 때문이다. 한 달쯤 교육을 받았는데 몇 사람을 육군 장교로 차출해 가는 것이 아닌가. 인문중학교 출신은 정훈장교나 정보장교로, 공업학교는 공병장교나 포병장교로, 상업학교는 경리장교나 병참장교로 뽑혀 가는데, 농업학교는 찾는 병과가 없다. 그 당시의 부러움과 좌절감은 이루 형언할 수가 없다.

앞으로 대학에 진학한다면 쓸모없는 농학과는 절대로 택하지 않으리라 결심을 했다. 그러나 군대라는 특수사회와 다양한 일반사회를 동일시하는 오류를 범했으니, 그것이 얼마나 좁은 식견이었는지를 사회로 나서면서 깨닫게 된다. 누구를 탓하겠는가. 부질없는 만시지탄이다.

그때 한 반에서 교육받던 농업학교 1년 선배는 구대장을 삶아서 자기 혼자 정보장교로 빠져나갔다. 그런데 그 헤어짐이 영원한 이별이 될 줄이야…. 교장선생님이 조회 때 설명해주시던 새옹지마의 참뜻을 되새겨본다.

고집을 부려 기어코 서울법대에 원서를 냈지만 낙방은 자명한 것, 수학과 독일어 시험답안지를 백지로 낼 수밖에 없었으니.

다른 사람들의 조롱과 내 안의 절망감은 감수하는 수밖에 없다. 그러나 당장 발등에 떨어질 현실적인 문제는 해결해야 하니 또 다른 고민을 하게 된다.

시간 벌기 중등교원양성소

현역 징집연기를 하고 재수 준비를 하려면 2년제 서울농대 부설 농업중등교사양성소라도 들어가는 길밖에 없었다. 막상 입학을 하고보니 모두가 농업과목에 논밭에 나가 실습을 하는 일뿐이다. 주경야독을 하는 수밖에.

대학 근처에서 자취를 하며 방과 후와 방학을 이용해 입학시험 공부를 했다. 전력투구를 한 셈이다. 지금 돌아보아도 기적 같은 학습 성과다. 참고서 한 권을 가지고 미적분을 익혔다. 독일어도 참고서와 사전에 매달려 장하구의 독일어 교과서 1, 2권을 다 마쳤다.

수학에서 미적분의 응용문제를 정확하게 풀어내고, 독일어에서 해석문제를 적당히 얽어냈다. Bibel이란 단어가 영어의 Bible과 비슷하여, 성경으로 확정하고, 성경에서 유추하여 목사 교회를 차례로 정하고 그럴듯하게 엮어 놓았는데 그것이 정확히 맞을 줄이야…. 운삼기칠(運三技七)이 아니라 운칠기삼(運七技三)이었다. 이렇게 큰 장벽이었던 두 과목의 문제를 해결하고 나니 합격에는 자신감이 생겼다. '뜻이 있는 곳에 길이 있다'고 했던가.

필기시험은 그런대로 기대해볼만 한데 면접시험에서 또 벽에 부딪친다. 면접조서에 몇 가지 참고사항을 적었다. 존경하는 인물에는 우리 세종대왕을 제쳐놓고 노예해방을 했다고 배운 링컨 대통령을 적었다.

뛰는 가슴을 진정하며 면접관 앞에 섰다. 하필이면 문리과대학 영문학과의 전제옥 교수였다. 그래 그랬던지 예상 밖의 질문이다.

"문교부가 영어로 무어지?"

"모르겠습니다."

"법무부는?"

"모르겠습니다."

"그럼 아는 게 뭐야. 나가 봐!"

앞이 캄캄했다. 삼수를 한다 해도 면접시험 공부를 하는 길은 없지 않은가.

포기했으나 시험은 다 마쳤으니 합격자 발표를 보러가지 않을 수 없었다. 뜻밖에도 벽에 내 번호가 보일 줄이야! 몇 번을 다시 보아도 맞다. 촌놈이지만 똘똘하고 튼튼해 보이는 데다 말은 또렷하니 은전을 베푸신 모양이다.

힘겨웠던 법학도의 길

서울대학은 부산에서 피난 수업을 했다. 다행히 수원농대에는 전시 연합대학이 개설되어, 나는 수원에서 한 학기를 다녔다. 2학기부터 법과대학도 서울로 수복하여 이화동의 교사에서 강의를 들었다.

수원에선 연합대학이라 '法大'란 두 자가 돋보이는 사각 배지를 가슴에 달고 우쭐했는데, 서울로 본교가 올라오자 기가 푹 죽었다. 외로운 고난의 행군이 시작됐다. 전국의 명문 고교생들이 끼리끼리 몰려다니는데, 농고 출신은 뜨이지도 않고 선배도 후배도 없으니 기댈 곳이라곤 없지 않은가.

한눈 팔 겨를이 없었다. 대학생활의 낭만이란 나와 상관없는 생소한 개념이었다. 물들인 검정색 군복에 군화를 신고 팔판동에서 동숭동까지 4년간을 걸어서 다녔다. 쌀을 팔아 등록금에 하숙비까지 대주려면 부모님은 허리가 휠 지경이었다. 그래도 나는 아르바이트를 모르고 공부만 할 수 있었으니 내 아버지 어머니의 은혜를 잊을 수도 갚을 수도 없다. 그 귀한 돈으로 쌀 한 되 값이 되는 커피 한 잔을 사먹은 기억이 없다. 데이트 한 번 못해보고 흘려보낸 청춘이다. 그것을 믿어줄 사람이 있을까싶다만.

무애를 찾아 연구실로

열심히 강의를 들었다. 강의가 끝나면 도서관으로, 그리고 하숙집으로 돌아가는 것이 내 일과였다. 그런데 공부에 열을 올릴수록 점점 식욕이 떨어지고 도시락밥도 잘 넘어가지 않았다. 그러니 능률도 안 오르고.

삼학년이 되니 많은 학생들이 고등고시 응시를 한다고 원서를 낸다. 시험과목을 다 배우지도 않았는데…. 나도 원서를 냈다. 합격을 바랄 수는 없지만, 답안지가 어떻게 생겼는지, 연습 삼아 응시해보자 한 것이다. 그러나 시험에 연습은 금물이다. 준비 없는 응시는 낙방의 횟수만을 늘려 앞으로의 공부에 심리적 부담이 될 뿐임을 미처 몰랐다. 그 친구들은 입학하면서부터 배우지도 않은 과목을 공부하며 수험 준비에 열을 올렸던 모양이다.

그해 합격자 수는 유난히 많았다. 1954년(6회) 17명, 1955년(7회) 30명이었는데, 1956년(8회)에는 108명이나 대량 합격자를 내어 물의를 일으켰다. 그 통에 다른 동기생들은 많이 합격을 했다. 그 후는 다시 51명(9회), 50명(10회), 24명(11회)으로 줄어들었다.

나는 3학년에 올라오면서 마음을 가다듬고 본격적인 시험 준비에 들어갔다. 그러나 9회부터 합격자수까지 다시 줄었으니 낙방은 당연한 일, 결국 2회 낙방이 된 셈이다.

그 다음 해에는 졸업을 하고, 졸업을 하면 군대를 가야 하는데 그 당시는 취직도 어렵고 고민만 쌓여 갔다. 졸업을 하자면 졸업논문부터 준비하여 통과되어야 한다. 발등에 불이 떨어졌다. 논문 지도교수가 정해진 것도 아니니, 각자가 흥미 있는 분야를 골라 쓰는 수밖에 없었다.

궁리 끝에 나는 상법을 골랐다. 상법이 흥미가 있어서가 아니었다. 상법은 고시에서도 선택과목이었고, 사회에서 주목을 받지 못하던 때였다. 그저 적당히 졸업논문만 써내자는 속셈이었다. 강의가 인기 있었던 것도 아니고, 제일 젊은 교수였으니 학생들이 안 몰릴 것이란 점에 착안하여 서돈각 교수를 찾아가기로 했다.

'상법의 자주성'이 어떻겠느냐 하니 써보라고 하며 서가에서 책 한 권을 빌려주신다. 관련된 책이나 자료를 한 번에 주면 논문 쓰기에 편할 터인데, 읽고 반환해야 다른 책을 내어준다. 복사기도 없으니 필요한 부분을 메모하는 수밖에 없었다. 어렵게 겨우 40여 매의 논문을 엮어 제출했다.

겨울방학이 끝나고 찾아가니 "이군은 대학원에 들어와 내 연구실로 오지" 하고 권하셨다. 고등고시의 미련을 떨칠 수 없어 한 번만 더 응시해보고 결정을 하겠노라 양해를 구했다. 막상 졸업을 하고 또 응시해보았으나(10회) 낙방의 횟수만 늘리고 말았다. 시험을 치고 바로 연구실에 들어갔고, 다음 해에 석사과정에 입학을 했다.

돌이켜 보면 연구실 생활 2년이 가장 보람 있고 많은 것을 배울 수 있었던 중요한 기간이었다. 엄민영 교수, 정광현 교수와도 가까이 지낼 수 있었고, 고병국 학장과 공역으로 로스코 파운드의 『법의 새로운 길』을 펴내기도 했다. 무애 서돈각 교수의 프로필도 잡지에 투고하고, 가끔 고시계잡지에 게재하는 지도교수의 원고도 대필하면서 글쓰기에 자신감을 얻기도 했다.

2장 일모작 인생(28~65세, 새 꿈을 찾아)

꿈과 좌절 - 국민대학의 발판

학생들의 의거가 발전하여 자유당 정권이 무너지고 이승만 대통령이 하야를 했다. 1960년의 4·19혁명이다. 그해 나는 서울대학교 석사과정을 마치자 바로 국민대학의 강단에 서게 됐다.

국민대학은 단과대학으로 적선동에 있었다. 질서가 잡히지 않은 삼류 대학이었다. 재단을 운영하던 김성곤 씨는 서울법대의 서돈각 교수를 교무처장으로 겸직 임명하고, 대학의 개혁을 맡겼다. 서 교수는 법제처에 근무하던 김표진 선배를 불러다 교무과장에 앉히고 학사행정의 혁신을 단행했다.

나는 '법학통론'과 '상법'의 강의를 맡았다. 1층 대단위 강의실에서 처녀강의를 시작했다. 야간부 학생들은 고급장교나 사회에서 활약하는 장년들이 대부분이었던 시대다. 얼마나 긴장을 했던지 강의를 마치고 2층 교수실로 올라갈 때는 다리가 후들후들 떨렸던 기억을 잊을 수가 없다.

강사 1년의 경력으로 다음해 신학기에는 전임강사의 발령을 받아 주위 사람들의 부러움을 샀다. 그러나 그 희망에 찬 꿈과 기쁨이 5개월 후에 산산이 깨어지고 좌절의 나락으로 떨어질 줄이야 어찌 상상이나 했겠는가.

그해 5·16 군사혁명이 일어나자 병역미필자는 모든 직장에서 쫓겨났다. 청천벽력이다. 사표를 내고나니 앞이 캄캄했다. 군대를 갔다 오는 것도, 고등고시에 합격하여 군법무관으로 가는 길도 쉬운 일이 아니다. 금년 내에 결혼을 해서 학수고대하시는 부모님의 걱정을 덜어드리겠다던 계획이 박살이 나고 말았다.

전임강사가 되자 하숙집 아주머니가 약사인 아가씨를 소개했다. 전화도 없었던 때니 편지가 연이어 오고 갔다. 그렇게 적극적이던 여자가 내가 사표를 내자 결혼이 두렵고 자신이 없다며 한발 물러서지 않는가. 여자를 탓할 수도 없고, 내 자존심만 상처를 입었다.

어차피 성혼이 어렵다면 깨끗이 놓아주자는 생각에 우리는 모아둔 편지뭉치를 맞교환하면서 헤어지고 말았다. 그리고 방에 처박혀 고민을 하고 있던 중이었다. 뜻밖에도 법대동창인 김두환이 찾아와 자기 동생을 소개했다. 아마도 대학 근처에 있는 이화동 자기 집을 드나들 때 장모님의 눈에 띄었고, 그 동생도 인턴 과정을 끝낸 닥터였으니 남자의 돈벌이는 크게 걱정이 안 되었던 모양이다. 머리 좋고 교수 자질이 갖추어졌으니 장래를 걱정할 필요는 없다고 판단했을 것이다. 우리는 하루가 멀다고 자주 만나며 마로니에 공원에서 즐거운 데이트도 했다.

그런데 웬걸! 며칠 있더니 청주 집 근처의 소아과병원에 취직을 했다며 내려가지 않는가. 청주까지 원정 데이트를 할 수도 없고, 도리 없이 사랑의 편지만 불이 나게 오고갔다. 어느 날 장인 어른이 여주를 방문하셔서 어른들 간에 결정을 짓자, 곧 약혼식 날짜까지 정해졌다. 그리고 얼마나 지났을까, 결혼 날짜가 잡혔다. 급진전이다. 1월 3일 충무로 아스토리아호텔에서 예식을 올리고 부암동에서 희망에 찬 신혼생활이 시작되었다.

부암동 집에서 새둥지를 틀기는 했으나, 할 일이 없어 한국 법학원에 나가 김치선 선생 밑에서 법령영역사업을 도와 드리며 소일하던 때다. 느닷없이 서광이 비쳐왔다.

제 밥도 못 찾아먹고 - 국민대학에서의 추억

6·25 종군자는 전역조치를 하는 특명이 내렸다지 않는가. 국민대학에 복직을 요청했다. 그러나 그동안에 교무처장도 학장도 바뀌었는데, 복직을 안 시켜준다. 세상인심을 탓하며, 하는 수 없이 국민대학의 시간강사로 한 해를 보냈다.

그러나 행운의 여신이 다시 미소를 보내왔다. 1963년 11월에 이화여자대학교 법정대학의 전임강사로 취직이 되었다. 전화위복이었다. 아마도 국민대학에서 다시 받아주었더라면 나는 그곳에서 정년퇴직을 했을 것이다. 그동안에 총장 한 번쯤 했을는지 모른다. 그러나 오늘의 화려한 인생역정을 기대하기는 어려웠을 것이다.

최근에 와서 새로운 사실을 발견하고 놀랐다. 나는 제 밥도 못 찾아먹고 헛고생을 한 꼴이니, 그렇다고 이제 와서 후회를 한들 무슨 소용이 있단 말인가.

회고록을 준비하면서 6·25종군자의 전역조치를 한 근거를 정확히 기재하려고 서울병무청을 찾아갔다. 병적증명을 떼어보니, 육특(丙) 160호로 전역조치가 되어있다. 육군 이등병(군번 0787751)이다. 깜짝 놀란 것은 1953년 7월 27일 자로 입영과 동시에 전역이 된 사실이다.

그러니 1961년 국민대학에서 사표를 낼 필요가 없었던 게 아닌가. 하도 어수선한 세태였기에 특명의 내용을 본인에게 통보해주지도 않았고, 나도 전혀 모르고 지냈던 것이다. 억울하기 그지없는 세월이다.

그러나 좌절하지 않고 그 시련을 잘 극복할 수 있었기에 오히려 더 좋은 미래가 개척된 셈이다. 세상사 새옹지마(塞翁之馬)라 했던가.

꽃밭에 새 둥지를 틀고 - 이화대학의 꿈

1960년대 이화여자대학의 법정대학은 보랏빛 배지를 달았는데, 특히 법과는 인기가 없었다. 법정대학의 위상을 높이지 않고는 대학의 발전을 기대할 수 없다고 판단한 모양이다. 김옥길 총장은 이태영 변호사를 학장으로 모셔오고, 학장에게 학사개혁의 전권을 주었다.

이태영 학장은 대학사정을 잘 모르니, 자기의 개혁 작업을 도와줄 젊은 교수를 찾게 되었다. 운 좋게 내가 걸려들었다. 학장의 은사인 정광현 교수가 나를 추천했고, 고병국 학장이 김옥길 총장에게 직접 찾아가 부탁을 했다. 그러니 총장의 인터뷰도 생략하고, 강의도 안 맡은 상태에서 새 학기도 아직 멀었는데 11월 3일 자로 전임강사 발령이 났다.

교과과정부터 개정했다. '가정 법률 상담'도 새로 채택했다. 그때까지 관행으로 처리하던 학사행정을 직제를 새로 제정하여 제도화했다. 젊은 교수란 이유로 농촌계몽대 지도교수, 산악회 지도교수며 서예반 지도교수까지 혼자 맡아 바쁜 나날을 보냈다. 30대의 열정을 이화동산에서 마음껏 불태웠다.

어려웠던 결단 - 큰 빚을 지고

이혜숙 대학원장의 눈에 들어 대학원 교학과장의 중책을 맡았다. 그런데 내 개인으로서는 어려운 결단을 해야 하게 되었다.

이른바 구제박사 제도가 끝나는 해다. 노 교수들이 그득한 이화대학에서 나 자신이 구제로 박사학위를 받는다는 것은 말도 꺼낼 수 없는 형편이다. 고민 끝에 동국대학 총장이 된 서돈각 은사님을 찾아가 간신히 구제박사의 막차를 탈 수 있었다. 1975년 2월에 '주식회사감사제도에 관한 연구'로 동국대학교 대학원에서 법학박사 학위를 받았다.

남의 대학에서 학위를 받아오니 마음이 편하지 않았다. 그 틈을 타서 김홍규 교수의 끈질긴 유혹의 손길이 뻗치니 마음이 흔들리기 시작했다. 집사람도 여자대학 근무가 싫다고 협공을 해오니 도리 없이 결단을 내렸다. 김 교수는 미리 못을 박아놓겠다며 1975년 7월에 성균관대학교 법정대학의 교수로 발령을 받도록 주선했다.

참으로 어려운 일이었다. 이건호 학장이 내 사정을 이해하고 함께 총장실로 가서 대신 사의를 표명해주었다. 그때의 김옥길 총장의 격노와 막말을 평생 잊지 못한다. 나는 말 한마디 못하고 쫓겨나왔다.

그 전날 떠나지 말라고 눈물로 호소하던 윤후정 교수의 모습을 떠올리면 지금도 마음이 저려온다. 모교를 사랑하는 그분의 순정을 잊을 수가 없다.

명륜골 은행나무 그늘로 - 성균관대학의 출발

전통적인 유교환경에서 성장했고, 열두 번의 부활절을 겪으면서도 끝내 기독교 세례를 받지 않은 나로서는 성균관대학의 분위기가 훨씬 편할 것은 당연하다. 뿐만 아니라 동창인 김홍규 학과장의 입장도 간과할 수가 없었다.

원로 상법교수 정근영 선생이 퇴임하자 후임으로 성균관대학 출신의 장태환 강사를 채용하기로 법과교수회의에서 전원 일치 결정을 했다. 그러나 학과장이었던 김홍규 교수는 대학발전을 위해서는 외부에서 이범찬을 모셔 와야 한다는 소신을 오병헌 학장에게 토로했다. 삼성재단에서 모셔온 오 학장은 김 교수의 진심을 받아들였다. 그러니 내가 옮기지 않는다면 상황이 난처하게 뒤틀릴 수밖에 없다. 도리 없이 나도 어려운 결단을 할 수밖에 없었다.

얼마 안 있어 학내에서 삼성재단 배척 사태가 벌어지고, 김 교수는 견디지 못하고 연세대학으로 이직을 했다. 그 후 법률학과장의 궂은일을 신참인 내가 떠맡게 되었다.

원로 교수님들을 잘 모시며 성심껏 일을 했다. 정년퇴임까지 23년의 명륜골 생활은 내 제1모작 인생의 황금기였다. 몇 가지 기억에 남는 일들을 추려본다.

사마헌 현판을 달고

법학이라면 서울 법대, 고대 법대를 생각했던 시대다. 성균관대학에서 후기입학생을 달구쳐 고시에 합격시킨다는 것은 꿈이었다. 김기선 학장이 애를 써서 기틀을 잡았다.

고시반을 만들고 주야로 독려를 했다. 수험생 기숙사를 마련하고 검여(劍如)선생이 쓴 사마헌(司馬軒) 현판도 걸었다. 내가 상법 특강을 하러 가면 학생들이 물었다.

"우리가 이렇게 공부하면 합격을 할 수 있겠습니까?"

그러나 몇 해 후 하나 둘 합격자가 나오자 모두들 용기 백배, 고시 준비에 불이 붙어 많은 합격자가 나오게 되었다.

세 사람만 아는 일

후기로 입학생을 받은 성대 법과의 당면 과제는 어떻게 하면 재수생이 떠나가지 않게 하느냐 하는 것이었다. 한두 사람만 재수하여 서울 법대로 가면 교실 분위기가 흐트러지고 수험생의 사기가 떨어지기 때문이다.

우수학생을 붙잡아 특별장학금을 주는 길 밖에 없다. 그러나 왜 법과만 특혜를 주느냐고 들고 일어나니 교무회의에서는 말도 꺼낼 수가 없는 형편이다.

하는 수 없이 나는 현승종 총장과 담판을 했다.

"총장님, 성대 법과를 살리려면 저 우수한 학생을 몇 명만이라도 골라 한 해라도 빨리 고시에 합격시키는 수밖에 없습니다. 4년 특별 장학생으로 지원해주세요. 단 총장님과 저와 본인만 알기로 합니다."

"몇 명이면 좋을까요."

"다다익선이지만 4명만 제가 엄선해서 추천해 드리겠습니다."

"좋습니다. 한 번 해봅시다."

나는 입학서류를 펼쳐놓고 네 사람을 골랐다. 그 후 콜롬비아 대학에 객원 교수로 1년 가 있는 사이에 현승종 총장이 사직을 하는 사태가 발생했다. 그 결과 네 학생은 재수를 포기했지만 3년간의 장학금도 날아가고 말았다. 나는 본의 아니게 사기를 친 꼴이 되어 평생 마음의 빚을 지고 살아왔다. 고맙게도 두 사람은 일찍 고시에 합격해서 법과의 명성을 드높였고, 나머지 두 사람도 사회에서 훌륭한 성균 가족으로 성공을 거두었다.

그 고시 합격자가 대통령권한대행 황교안 총리이고, 검사장 출신의 김상봉 변호사다.

김경수 총장과의 담판

그 당시 대학원의 법학분야는 민사법 전공, 형사법 전공과 공법 전공 밖에 없었다. 제일 어려움을 겪었던 교수는 상법 교수였다. 오랫동안 건의를 해서 전공 하나를 더 늘리게 되었다.

그런데 대학원 위원회의 결정은 국제법 전공이 아닌가. 국제공법을 담당한 김정균 교수는 정외과 소속이고, 장기붕 교수는 행정학과 소속인데. 묵과할 수 없는 난맥상이 아니었던가.

내가 총장에게 직접 항의를 하겠으니 함께 가자고 해서 김종원 학장과 총장실을 들렀다. 국제법 전공을 먼저 개설하는 것은 불합리하다고 항의했으나, 이미 공표를 한 것이니 다음 기회에 상사법 전공을 우선적으로 개설하자는 것이었다.

나는 주머니에서 사직서를 꺼내 탁자에 놓았다.

"저는 학생들 앞에 나설 면목도 없고, 의욕마저 잃어서 강단에 설 수가 없습니다."

총장도 학장도 깜짝 놀라며, 일단 집어넣으란다.

며칠 후 국제법 전공과 상사법 전공을 동시에 개설하기로 번의를 했다. 떼를 쓴 덕에 윈윈한 셈이니 우리는 모두 만족했다. 그러나 대선배 교수의 비위를 건드린 죗과로 먼 훗날 학술원 회원 선출에서 그분의 결정적인 작용에 의해, 내가 3회나 연속 고배를 마시게 될 줄이야 어찌 상상이나 할 수 있었으랴. 또 그 고배가 결과적으론 내 노을녘을 화려하게 밝혀준 셈이니, 참으로 기구한 숙명의 아이러니가 아닌가.

월급봉투를 날리다

월급날이면 진풍경이 벌어진다. 단골 술집의 마담이 외상술값을 받으러 캠퍼스에 들어와 기다린다. 심한 경우는 외상값으로 털린 액수를 숨기기 위해 월급봉투를 얻어 명세를 다시 써넣기도 한다. 술이 그렇게도 좋은지…. 아무튼 퇴근 후에는 2차 3차 몰려다니며 밤 가는 줄 모르고 골목을 휘저었던 시절도 있었다. 자가용의 보급이 그 풍조를 차츰 바꿔놓았지만.

개인별로 현금을 넣은 월급봉투를 사환이 경리과에서 받아다 각자에게 전달하자니 그에 따른 부작용과 번거로움이 보통이 아니다. 그러나 술꾼들의 거센 반발도 예상되어 저 불편한 월급봉투관행을 개선하는 일은 생각조차 할 수 없었다.

나는 1983년에 총무처장을 맡자 쫓겨날 각오로 전체교수회의에서 폭탄선언을 했다. 모든 교직원은 봉급을 지급받을 은행의 계좌번호를 제출해 달라고. 그 당시로는 획기적인 개혁조치였는데, 합리성 앞에 아무도 반발을 하지 못했다.

또 하나의 조치는 엄격한 연구실 이용수칙이다. 개인 조교의 비리나 철야 사용의 폐해를 일소하기 위한 것이었다. 이것을 스스로 지키자니 나부터 불편을 감수해야 했던 기억을 지울 수 없다.

은행나무를 홍보하며

대성전 앞뜰을 뒤덮은 은행나무는 참으로 장관이다. 황금빛으로 물들 때면 보는 이의 가슴을 더욱 달뜨게 한다. 이 고목을 산 증인으로 대학 홍보에 십분 활용했다.

1983년에 법과대학의 학장을 맡자 일본의 상법 교수들과 교류를 시작했다. 고려시대의 최고교육기관인 성균관이 조선조를 거쳐 오늘의 성균관대학으로 이어졌고, 그 오랜 세월을 이 은행나무가 함께 살아왔다면 모두들 경탄을 한다.

사까마끼 도시오(酒卷俊雄) 교수와의 인연으로 와세다대학과 교류가 시작되었고, 그의 소개로 시무라 하루요시(志村治美) 교수와 가까워졌다. 그 덕에 나는 리쯔메이칸대학(立命館大學)에서 연구년을 보내며 많은 학문적 업적을 남길 수 있었다. 또 시무라 교수가 정년퇴직을 하자 그가 평생 모은 장서를 받아 성대 도서관에 '시무라 하루요시 문고'도 설치했다.

리쯔메이칸대학에 있을 때 우연히 오까마쓰 요시히사(岡松慶久)옹을 만나게 되었다. 그 독지가로부터 많은 책을 기증받고, 법과대학에 '오까마쓰가족장학기금'까지 마련해 놓았으니 그 고마움을 잊을 수가 없다.

성균관대학을 정년퇴직(1998년)한 후, 사까마끼 교수와의 만남이 계기가 되어 일본에서의 내 이모작인생이 전개될 줄이야 어찌 상상인들 했으랴!

사까마끼 교수와 인연을 맺게 된 것은, 그 몇 해 전에 모리 리끼조(盛 力三) 회장을 유럽 여행 중에 우연히 만났기 때문이기도 하다. (후에 상술함) 그 여행은 콜롬비아대학의 객원교수 생활을 할 때였으니, 성균관대학 재직 23년간은 가장 많은 일을 했고, 또 가장 중요한 계기를 잉태한 황금기였다고 생각한다.

말죽거리의 사연

1960년대 이화대학에 근무할 때다. 집을 지어 팔고 하던 경영학과의 한창호 교수를 따라 말죽거리 구경을 갔다. 유일한 다리, 한강대교를 건너니 한강 남쪽은 모두 논밭이었다.

서울의 관문이었던 말죽거리를 찾아왔다. 그는 우면산 안쪽의 비싼 땅(지금의 서초동)을 샀다. 나는 돈이 없어 우면산 밖의 논 1,060평을 샀다. 평당 1,720원에. 여주읍 내의 논을 평당 350원에 팔아다 샀다. 어차피 여주에 내려가서 농사를 지을 수는 없는 형편이니, 서울의 논으로 바꿔 소작자로부터 도지를 받아 식량에 보태라는 부모님의 배려였다.

얼마 후 부동산 투기억제 세제가 생기고, 우면산 주변의 토지를 군사시설보호지역으로 묶어놓는 게 아닌가. 시세도 형성되지 않고 거래도 끊겼다. 그러니 오랜 세월 경작도 포기한 채 우울한 나날을 살아왔다.

정치적인 평가는 제쳐놓고 나 개인의 처지에서만 본다면, 역대 대통령 중에 전두환 대통령이 제일 고맙고, 김영삼 대통령이 제일 밉고 원망스럽다.

전 대통령이 퇴임 후의 사저를 마련할 때였다. 어느 날 장세동 비서실장이 다녀가더니 규제가 풀리고 구획정리가 시작되었다. 그러나 여론이 나빠지자 건축을 포기하고, 땅을 신동아그

룹에 되돌려주어 온누리 교회의 부지가 되었다. 그 통에 내게는 지금 사는 집의 대지가 마련됐으니 평생의 걱정거리가 해소된 셈이다. 그 덕에 나는 오늘의 편한 생활을 하게 되었다.

구획정리가 끝나고 몇 해 지났다. 호사다마라 했던가. 김영삼 정부가 들어서자 철퇴가 내려졌다. 어설픈 토지공개념 이론을 도입하여 나대지에 대한 중과세 정책을 폈다. 공한지에 대한 세금을 못 내면 물납처분을 한다니, 몇 해만 물납처분을 당하면 대지 전체가 국고로 귀속될 판이다.

도리 없다. 건축을 하는 수밖에. 그러나 돈이 없으니 나대지에 세금폭탄만 면할 정도의 가건물을 지어볼 궁리를 했다.

우여곡절 끝에 ㈜우진종합건축에 건축설계를 맡기고, 시공사를 물색했다. 태화기업으로 설계도가 전해졌다. 공교롭게도 그 건설회사의 상무가 성균관대학 출신이며 한동일 교무처장의 조카였다. 상무가 직접 연구실로 방문해 격의 없는 상담을 했다.

가건물을 짓는 것은 큰 낭비니 빌딩을 제대로 지으란다. 자금이 없다니까 방안을 제시한다.

1. 건축주는 지하실 터파기 공사비용만 부담한다.

2. 그 밖의 건축비는 태화기업이 부담하되, 시공사의 책임하에 사무실을 분양하여 남은 건축비를 뽑아간다.

3. 분양이 지연되더라도 건축주는 일체 책임을 지지 않는다.

그렇다면 좋다고 즉시 건축계약을 체결하고 나는 교토의 입명관대학으로 떠나버렸다. 연구년 6개월을 마치고 돌아오니, 건물은 준공이 되어 가는데 상황이 꼬이기 시작했다.

IMF의 극복

너도나도 집을 지어놓고 IMF사태까지 맞으니 빌딩마다 공실이 생겨 임대분양이 안되고, 건물주는 너나없이 '고난의 행군'을 해야 했다. 이 무렵이 내 생애 최고(最苦)의 위기요 감당할 수 없는 시련기였다.

건물마다 임대광고가 나붙었다. 임대보증금으로 건축비를 뽑아가려했던 시공사의 계획은 여지없이 빗나갔다. 회사가 어려워지자 계약과는 상관없이 건축비를 내놓으란다. 돈으로 안 되면 건물을 담보물로라도 제공해달라고 떼를 써댄다.

하는 수 없이 살림집인 빌라를 내어놓았다. 실은 개인이 융자를 받으려면 빌라는 담보로 받지 않았기에 제공한 것이었는데, 제 꾀에 넘어간 꼴이 됐다. 시공사의 건설자금 융자에는 담보로 받았던 것이다. 얼마 후 건설회사가 부도를 내자, 제일은행에서 강제집행을 하겠다는 통보가 왔다.

은행을 찾아가 담당자에게 사정을 했다. 경매에 붙여도 채권액의 반도 못 건지고, 내 가정의 파탄만 가져올 것이다. 그러니 내가 틀림없이 완제를 할 것이니 시간적 여유를 달라며 지

불계획서를 제출했다.

그 요청이 이사회에서 승인이 되어 경매처분을 면했다. 그 대신 내 연금을 일시불로 타서 변제했고, 한편 다급한 사정을 아오모리의 모리 회장에게 호소하여 거금의 엔화융통을 받았다. 그분의 은혜를 잊을 수가 없다.

허리마저 못쓰면서

집사람이 소아과병원을 이리저리 옮기는 바람에 나는 이사를 여러 번 했다. 어느 땐가 이사하는 날 책상을 들다가 삐끗하면서 허리를 못 쓰게 되었다. 그 후 여러 병원을 드나들며 어느 정도 회복은 했었다.

그런데 건물을 지으며 고민을 하다 보니 허리가 다시 아파왔다. 학회에 참석하기 위해서 목포에 갈 때는 승용차 의자를 뒤로 젖혀서 누워가기도 했다. 추나 요법이 좋다고 해서 치료를 받는데 한 달분 30만원을 미리 받는다. 그 치료비도 부담스러웠던 처지였다. 도리 없이 포기하고 수영장에만 드나들었다. 허리를 굽혀 물속으로 들어가는 순간 허리에서 '툭' 하는 느낌을 받았다. 그 후 허리의 통증이 사라졌다. 크나큰 축복이다. 기적적으로 100프로 치유되어 지금까지 허리걱정은 안 한다.

3부

장년기(66~80세, 낯선 땅으로)

1장 이모작 인생(66~76세, 나고야에서 활개 치며)

하늘에서 동아줄이

정년퇴직을 하고 성균관대학에서 대학원의 강좌 하나만을 맡았다. 연금까지 일시불로 타서 은행 빚 갚는데 집어넣었으니 마음이 허전하고 살길도 막막했다. 박상조 교수의 배려로 청주대학에서 원서강독 6시간을 맡기로 했다. 화요일이면 아침 9시에 출발하여 밤 11시에 돌아오니 고달프기는 하나, 한편 마음은 즐거웠다. 젊은 교수들이 반겨주기도 하려니와 야간강의를 마치면 대학원 학생 윤군이 터미널까지 데려다준다. 우등버스표까지 사주고 생수 한 병 쥐어주기를 잊지 않는다. 이렇게 정성어린 대접을 받으니 호강스럽기 이를 데 없다. 골퍼들은 어쩌다 앞 뒤 팀이

보이지 않아 여유롭게 골프를 치는 날엔 '대통령골프'를 쳤다며 희희낙락한다. 그런데 나는 화요일마다 이런 즐거운 출강을 하니 '대통령출강'을 하는 꼴이다.

한 달쯤 출강을 했을 무렵이었다. 나고야경제대학에서 뜻밖의 교섭이 들어왔다. 다음해 4월부터 대학원 법학과 교수로 취임해달라는 내용이다. 여름방학과 겨울방학에 두 번씩 나누어 집중강의를 하되, 일체의 학사업무는 면제한다. 왕복 항공권(비지니스급)과 강의기간 중의 호텔비용은 대학이 부담한다. 이야말로 대통령출강보다 더 한 '황제출강'이 아닌가.

뒤에서 호랑이가 쫓아오는데 하늘에서 동아줄이 내려와 구해주는 동화의 한 장면을 연상했다.

한글부터 배워라

교실파괴의 원조는 일본이니, 예상은 했지만 그렇게 심할 줄은 몰랐다.

강단에 처음 오른 날이다. 넓은 강의실에 가득 들어찬 남녀 학생들의 시선이 모아지는 듯했는데 몇 분이 못가서 흐트러진다. 뒤를 돌아보고, 웃고, 장난치기 시작한다. 억지로 한 시간을 마치고 학장실에 들르니 걱정스러운 눈초리로 학생들이 어떻더냐고 묻는다. 떠드는 학생 몇 놈을 밖으로 내쫓았다고 하니, 학장이 깜작 놀라면서 죄송하다고 머리를 조아린다.

그 후 생각해낸 방법이 까부는 놈들의 기부터 꺾어놓는 일이다. 서울 이야기로부터 시작하여 첫 시간을 휘어잡는 비장의 무기는 한글이다.

지구상에서 영어 쓰기를 좋아하면서도 말은 제일 못하는 사람이 누구인줄 아느냐? 바로 일본인 너희들이 아니냐고 단정하면 모두들 조용해진다.

일본인이 영어를 못하는 것은 숙명적이고, 그 원인은 가나문자에 있다고 본다. Two를 '투우'가 아니라 '쓰우'라고 발음하니 자기들 밖에는 알아들을 사람이 없다. 일본의 가나문자는 51개이고, 한 자가 한 가지 소리만 표기하니 그 문자로 온갖 소리를 완벽하게 표기할 수가 없다. 그래서 궁여지책으로 너희들은 자기들만이 쓰는 화제(和製)영어를 만들어내고 있지 않으냐.

배우기 쉬운 한글을 익히면 어려운 영어를 완벽하게 구사할 수 있다. 그러니 영어를 잘 하고 싶으면 한글부터 배워라. 이렇게 역설하며 한글의 우수성을 입증한다.

창제자와 창제일이 분명하면서도 쓰기 편하고 합리적인 문자로는 한글만한 것이 없다. 24개의 모음과 자음을 조합하면 온갖 소리를 표기할 수 있지 않은가.

근래에 와서 미국, 프랑스, 일본 등 여러 나라가 한국어를 제2외국어로 지정하고, 한국어과를 설치한 대학이 수백 개로 늘어나면서 한글 붐을 이루는 것은 우연이 아니다. 이미 인도

네시아의 찌아찌아족이 한글을 공식문자도 채택했다.

한글은 특히 디지털시대에 가장 각광을 받는 준비된 문자다. 인터넷에서의 의사소통에 한글만큼 편리한 문자가 없으렷다.

교실의 분위기를 잡았다지만 한국 법에 관한 교재가 없는 처지에 공부를 하라는 것은 무리한 요구가 아닌가. 급한 것은 일본어로 교재를 만드는 일이다.

『比較企業法講義』, 『韓國會社法講義』에 이어 『韓國法概說(吳旭煥 金知煥 共著)』을 삼지원(三知院)에서 발행했다. 돌아올 무렵에는 『大韓民國法概說(石井文廣 共編著)』을 일본의 성문당(成文堂)에서 발행하여 10년의 흔적을 남겼다. 다단 내 후임으로 후배를 추천하리라던 계획은 실현하지 못한 것이 못내 아쉬움으로 남는다. 대학의 정원이 줄어드는 실정이었으니 어쩌랴.

명예교수 증서 수여식

일본의 대학교수도 정년은 65세이지만, 정년 전에 지방대학으로 옮겼을 때는 70세까지 연장될 수 있다. 명예교수의 요건도 엄격하여 그 대학에서 20년을 근속해야 한다. 그런데 나는 대학원에 법학과를 창설할 때 문부성으로부터 승인을 받은 창립멤버(속칭으로 '마루고 교수')라 2년이 더 연장된다. 또 공교롭게도 내 생일이 4월 1일인데, 일본의 학년도는 4월 1일에 시작한다. 그래서 다음해 3월 말일까지 1년이 더 연장됐다. 결국 8

년 근속으로도 특별히 명예교수 증서를 받았고, 2년을 더 객원교수직으로 근무하여 76세까지 10년의 강단생활을 연장할 수 있었다.

대학 재단 이사장실에서 큼직한 사진틀에 넣은 명예교수증서를 받고 아래층에 내려오니 법과대학 전체교수회의가 소집되어 있었다. 나는 미리 준비해간 자개그림의 명함케이스를 내놓으며 고별인사를 했다.

> 저는 아이찌(愛知)현을 동경해왔고, 사랑합니다. 지식을 숭상하고 지식인을 사랑하는 아이찌가 마음에 들어서입니다. 세월은 빨라 한국의 성균관대학에서 정년퇴임을 하고 아이찌현의 자랑인 나고야경제대학에서 이모작 인생의 보람을 만끽한 지도 어느덧 8년이 지났습니다. 제2의 정년을 맞아 명예교수가 되니 더 없는 기쁨이요 영광입니다. 더구나 대학원 객원교수로서 2년을 더 일할 수 있게 배려해주시니 기꺼이 남은 정열을 쏟아 붓겠습니다. (중략)
>
> 오늘의 저의 소감을 서투른 하이쿠로 표현해봅니다.
>
> 懐かしい犬山の想出(그리운 이누야마의 추억)
>
> 犬山の里(마음의 고향 이누야마)
> 永久に響けよ(영원히 울리거라)
> 友情の鐘(우정의 종이여)

숙연해진 분위기가 어색하여, "저의 하이쿠가 어떻습니까?" 하니, 그때서야 모두들 박수를 쳤다.

후일담이었지만 감동적인 장면이었으며, 모두가 고마워하고 즐거워하더라고 했다.

학술원의 추한 기억

대한민국학술원은 학자들이라면 누구나 선망하는 영예의 최고 전당일지도 모른다. 그만큼 역기능이나 부조리도 따를 수 있다. 불완전한 인간들의 모임이니 어쩌랴.

한때는 법률분과에 한국상사법학회의 초대회장(최태영), 2대회장(서돈각), 3대회장(손주찬)이 함께 건재하기도 했다. 세월이 흘러 세 분이 모두 타계하시고 젊은 김홍규 교수(민사소송법)의 자리까지 비어지는 사태가 왔다. 빨리 충원하라는 재촉을 받으면서도 서두르지를 않았다. 결국 상사법학회에 후보 회원을 추천해달라는 공문이 왔다.

학회에서는 자연스럽게 제4대회장인 나와 박길준 교수(제5대회장)를 추천했으나 정동윤 교수가 개인추천으로 뛰어들어 회원으로 선임되는 이변이 생겼다. 다음해에도 학회는 박길준 교수와 나를 복수 추천했으나 그 결과는 유산되었다. 또 그 다음해에도 박길준 교수, 양승규 교수(제6대회장)와 함께 나를 다시 추천했으나 오묘하게도 또 한 표가 모자라는 결과가 연출되었으니 나는 연속 세 번의 고배를 마시고 말았다.

회원의 자리가 아쉬운 것이 아니라 그 와중에 벌어진 동기동창생이나 성대에서 여러 해 모셔온 선배 교수의 처사가 서글프고 가슴 아팠다.

"문학에 정진하시고 지난번의 이기적 인간상들은 망각하시고 추석명절 뜻있게 보내시기 축수합니다."

그중에는 이렇게 위로를 해주는 선배 회원도 있어 추억하고 싶지 않은 먼지들을 훌훌 털어버릴 수가 있었다.

반면교사

선악이 개오사(皆吾師)라 했던가. 나는 학생 시절에 스승님들에 대해 품었던 불만이나 아쉬웠던 기억들을 되새기며, 나까지 되풀이하지는 않으려고 애써왔다.

외국여행은 꿈도 못 꾸던 시대였으니 출국수속 자체가 궁금하기 이를 데 없었다. 그러니 국제학술회의에 참석하는 것이 얼마나 부러웠던가. 구실을 만들어 데리고 나가주셨으면 하는 생각도 했다. 그래서 나는 제자들과 함께 여행을 하는 기회를 자주 마련했다.

나고야경제대학에서 취임을 결정하던 날도 오 변호사를 동반했고, 양 교수와는 북해도관광까지 함께 즐겼다. 특히 희망자들을 모아 리쯔메이칸대학에서 공동 연구집회를 하고, 밤새 쌓인 눈길을 헤치며 귀국했던 아름다운 추억은 지금도 새롭기만 하다.

내가 대학원 학생 때 한국상사법학회가 창립되었다. 내가 학회 장직을 이어받기까지 30년을 세 분의 회장이 차례로 이끌어왔다. 나는 여러 가지 혁신안을 제시했지만, 그중에도 회장 임기를 2년 단임제로 못을 박은 것은 당시로는 획기적이었다. 이제는 임기 2년도 길다고 1년으로 하여 더욱 활성화되었다.

2장 늙마의 외도(73~80세, 불꽃을 태우며)

3관왕의 수필가

나고야경제대학에서는 방학 때 집중강의만 하니 학기 중에는 여가가 생긴다. 그래서 외국여행을 많이 했다. 남는 것은 사진밖에 없다며 열심히 찍어왔는데, 얼마 지나고 보니 어느 나라 사진인지 분간조차 할 수 없지 않은가. 후일의 추억을 위해서 기행문을 쓰기 시작했다.

그 기행문을 본 청계 화백이 권하여 『수필문학』으로 뒤늦게 등단을 했다. 2005년 8월에 「독도의 존재」로 2회 추천을 완료하고, 바로 그달 하순에 시드니에서 열린 문학행사에 따라나섰다. 시드니수필문학회 문우들과 함께한 자리에서 내 차례가 되어 "저는 3관왕의 수필가입니다."라고 자기소개를 했다. '최근'

의 등단 작가요, '최단기' 천료(2회)에 '최고령(73세)'의 신인이란 뜻으로.

원종린수필문학상 - 4관왕의 수필가

원종린 선생님은 내 수필집 『늙마의 외도』를 읽고 문학성 짙은 좋은 작품이라고 칭찬하시며 '4관왕의 수필가'로 추대한다는 글까지 보내주셨다. 그런데 뜻밖에도 팔순에 『늙마의 외도』로 원종린수필문학상(작품상)을 받았으니 이제 5관왕이 되었노라 원종린 선생님의 영전에 삼가 감사의 뜻을 올린다.

육관왕의 꿈

요즈막 등단하여 최단기의 삼관왕은
늙마에 복을 받은 고령의 작가이니
고인*도 한술 더 뜨셔 관 하나 더 올리네.

가신 님 뜻을 기려 작품상을 보태주니
오관왕 기쁨 안고 채찍도 마다 않네
더 큰 상 욕심을 내어 육관왕은 어떠랴.

* 고인: 수필가 원종린 선생.

수필 쓰다 시조까지

수필을 쓰면서 시도 써보고 싶어지는 것이야 자연스러운 욕구가 아닐까. 시는 쉬울 듯 어렵다. 어떤 시는 엄청나게 어려워 아무나 쉽게 이해할 수도 없고, 또 어떤 시는 하도 길어 수필인지 시인지 구별할 수가 없었다. 그래서 정형시인 시조로 눈을 돌려봤다.

나는 3·4조의 우리 전통 가락이 마음에 든다. 3장에 45자를 넘기지 않는 엄격한 틀에 맞춰 절제된 표현을 하는 데 더 매력을 느낀다. 일본의 '하이쿠'보다 엄격한 틀에 훨씬 풍부한 감성을 담은 그런 우리의 전통시조를 가꾸어가고 싶다. 아직은 기운이 있으니 신발 끈을 다시 조여 보련다.

4부

노년기(81~99세, 노을녘을 달구며)

1장 묵향이 좋아(81~83세, 다시 잡은 붓)

송천서실을 찾아

산수라는 고개는 힘든 고개다. 숨이 차고 다리마저 무거워진다. 여행도 문학기행도 힘겨워지니 홀로 할 수 있는 취미활동을 찾게 된다. 사군자를 그리고 싶어 배울 곳을 추천해달라고 송천서실에 들렀다가 발목이 잡혀 그날로 글씨부터 시작했다.

다른 데 찾아가면 여러 모로 어려움이 있을 것이니 틈이 나는 대로 자기 서실에 놀러 와서 글씨를 써보라고 한다. 아무런 부담도 갖지 말고, 쓰다보면 사군자도 익히게 될 거란다. 참으로 고마운 충고다. 사실은 그것이 정도요 지름길이라 싶었다.

묵향부터 즐기려고

사군자 손대려면 글씨부터 익혀야지
글 못 쓰는 선비가 그림부터 탐내다니
마음을 비울 길 없어 붓끝만 떨어대네.

날렵한 난의 잎은 봄볕에 나부낄 듯
명품 붓 잡는다고 그 흉내 낼 수 있나
향기도 뿜어내려면 추위를 겪던 것을.

일본 격언에 '좋은 일은 서둘러라(善は 急げ)'라는 말이 있다. 하루라도 늦출 필요가 없지 않은가. 당장 그날로 실전에 돌입했다.

돌이켜보면, 30대 초반에 이화대학에서 한글서예로 연을 맺고, 40대에는 어린 아들까지 데리고 서실을 드나들었으나 오래하지 못하고 포기를 했다. 50대에는 성대 교수들의 모임에서 다시 시작하다 바빠지니 후일로 미룬 것이 정년으로 이어졌다. 몇 해 전엔 양재동 노인복지회관에서 또 다시 화선지만 한 봇짐 사놓고 멈추고 말았다. 따져보면 나의 재도전은 자그마치 사전오기가 된다.

송천서회전에 출품

9월에 붓을 잡기 시작했는데, 다음해 4월에 42회 회원전이 있다. 무모하게 출품신청을 했다.

주희(朱熹)의 「권학문(勸學問)」 시가 눈에 들어 골랐다.

少年易老學難成(소년이로학난성: 소년은 늙기 쉬우나 학문은 이루기 어려워)
一寸光陰不可輕(일촌광음불가경: 짧은 시간이라도 가벼이 하지 말지니)
未覺池塘春草夢(미각지당춘초몽: 못가의 봄풀은 꿈에서 깨어나지도 못했거늘)
階前梧葉已秋聲(계전오엽이추성: 뜰 앞의 오동잎에는 어느새 가을빛이 짙구나)

전지 작품 하나만도 힘들었을 처지에, 반절지 소품을 더해 두 점을 내기로 욕심마저 부렸으니….

光陰催白髮(광음최백발: 세월은 백발을 재촉하나)
文學重青春(문학중청춘: 문학은 젊음을 되살린다)

작품이 잘 안 돼 고심을 하는데 때마침 주희가 칩거하며 성리학을 체계화한 곳, 무이산(武夷山)의 관광 안내문이 날아 왔다. 마음을 졸여 봐도 소용이 없으니 명시를 남긴 주희의 삶터 현장체험부터 하자며 작품 마감을 앞두고 중국행 비행기에 몸을 실었다.

주희는 무이구곡계(武夷九曲溪)를 거슬러 오르며 「무이구곡가」를 남겼지만, 옛 임이 그리워 무이산까지 찾아든 나그네는 계곡의 풍광만 노래할 수는 없지 않은가. 그래서 해암의 「무이구절가(武夷九絶歌)」를 지어보았다.

다음해 제43회 회원전에도 두 작품을 내걸었다.

一切唯心造

일체유심조는 『화엄경』의 핵심사상을 이루는 말인데 '세상사 모든 일은 마음먹기에 달려있다'는 뜻이다.

신기선(申箕善 1431~1492)의 권면(勸勉) - 示讀書諸生

方寸不容一點塵(방촌불용일점진) 磨來磨去鏡光新(마래마거경광신)
如何擲却光明寶(여하척각광명보) 甘作醉生夢死人(감작취생몽사인)

가슴 속에 한 점 티끌 용납하지 않으니
갈고닦아 거울 빛이 환하고도 새롭구나.
어이하여 환히 밝은 보배를 던져두고
취생몽사하는 사람이 즐겨 되려 하나.

오기오전

사전오기의 힘찬 발걸음이 또 암초에 걸릴 줄이야 어찌 상상이나 했던가.

2016년 1월 27일이다. 호흡기 내과에서 정기 정밀검사를 했다. 4년 동안 매년 해오던 검사인데, 금년에는 다음 검사일이 7월 21일로 검사기간이 단축된 것이다.

예감이 좋지 않다. 어쩐지 근자에 와서 목에서 잔기침이 자주 나왔다. 고질병인 코 때문인가 했는데 원인은 생활환경에 있다는 심증이 굳어졌다.

서예야말로 최고의 웰빙이요 최적의 힐링이란 송천 선생의 지론엔 공감한다. 그러나 건강한 사람의 경우이지, 미세먼지와 싸워야 하는 호흡기환자에게는 적용될 리 만무하다. 여름, 겨울, 수시로 바람을 날려야 하는 서실 분위기가 내게는 최악의 환경이란 사실을 간과하는 과오를 범했으니 어쩌랴.

결단을 내렸다. 아쉽지만 서실의 방을 빼고 시골로 내려가 환경을 바꿀 수밖에 도리가 없다. 사전오기의 내 먹물 놀음이 오기오전으로 막을 내려야 할 것인가. 마음이 착잡하다. 어차피 우리가 가는 길에 완성이란 없는 법, 주어진 여건에서 최선의 노력을 다할 뿐이다. 진인사대천명(盡人事待天命)이라고 하지 않았던가.

2장 고향이 그리워(81~84세, 여내울 표고농장)

송암정을 세우고

2013년은 우리 부자에게는 귀농 원년이 되는 셈이다. 장남의 결심에 따라 연라동의 산을 밭으로 개간하여 표고버섯농장을 마련하는 대역사를 시작했다. 산에 가득 들어선 상수리나무를 베어내니 뙤약볕을 피할 길이 없다. 화장실보다도 더 시급한 것이 그늘막이니 정자부터 착수를 했다. 표토를 긁어내고 난 바위동산에 덩그러니 송암정(松巖亭)을 올라 앉히고 송천이 쓴 현판까지 걸었다.

> 송천·해암 뜻 모으고 경우 목수 힘 붙여
> 갑오년 큰 추위에 현판까지 매어다니
> 이웃도 함께 즐겨서 더한 정을 나누네.

귀촌의 어려움

서울에서 대학을 다닌다고 시골의 논밭을 팔아다 쓰기만 했다. 나도 돈을 벌게 되었으니 고향에 땅을 다시 사서 자식들에게 물려주어야 아버지에 대한 도리를 다하는 듯싶었다. 물색하던 중, 육촌 형님의 권유로 여러 해전에 임야를 샀다. 나는 외지인으로서 동리의 공동이익을 위해서, 그분들과의 친화를 도모하기 위해서 여러 번 양보를 하며 마음의 문을 열었다. 그러나 시골 분들의 닫힌 마음은 좀처럼 열리지를 않는다.

지난여름이다. 오랜만에 산을 둘러 보러갔다. 나올 때 보니 좁은 농로 위에 경운기를 세워 놓고 밭에서 일을 한다. 좀 치워 달라 하니 이런 저런 불평을 늘어놓는다. 오래전부터 다니는 농로인데….

내가 맹지를 샀으니 내 생전에 그 불편한 관계를 해소할 셈으로 정식 도로를 개설하고 농막이라도 지어보자고 서둘렀다. 우선 측량부터 해보니 농로의 대부분은 하천부지를 차지했고, 밭의 끝이 공교롭게도 길을 가로질러 뻗었다. 불과 십여 평이다.

그 부분을 팔라고 하니, 213평 전부를 사야 팔겠단다. 도리 없다. 동리 분들과 친화를 도모한다는 뜻에서 전체를 사주기로 결단을 내렸다. 값을 말하라고 하니, 가족회의를 거쳐야 한다나. 얼마 후에 평당 20만원을 요구한다. 비싸지만 어쩌랴.

설계사무실을 통해 계약할 날짜를 잡자 하니 소식이 없다. 이유인즉 시동생이 30만원이 적정가격이라고 반대를 한다고. 어처구니가 없어 내가 아는 동리 부인에게 절충을 부탁하니, 며칠 동안에 또 뛰어서 35만원이라야 판다니….

35만원에 동의하면 50만원으로 폭등할 것이 명약관화하다. 결국 안 사겠다고 포기선언을 하고 말았다.

몇 달이 지나도 잠잠하니 20만원에 사라고 다시 전해온다. 농사를 내 손으로 지을 수도 없는 처지에, 샀다가는 또 어떤 고난을 두고두고 겪을지 생각만 해도 캄캄하지 않은가. 결국 연라동에다 농막을 짓기로 방향을 돌리고 말았다.

송암관의 꿈

급한 마음에 정자부터 지었으나 애물단지다. 관리비는 계속 들어가야 하는데, 실제로 이용할 기회는 없지 않은가. 감상용으로 전락한 셈이니 실용성의 예측이 빗나간 셈이다. 그보다 더 필요한 것은 생활공간이다. 아들은 콘테이너 속에서 침식을 꾸려가는 데, 나는 하룻밤도 누울 자리가 없으니 불편하기 이를 데 없다.

궁여지책으로 버섯을 선별하고 보관하는 관리동 하우스 한 편에 창고 겸 쉼터를 마련하기로 했다. 책들도 늘어놓고, 작업복이라도 걸어두고, 간이 침대라도 들여놓아야 하지 않겠는가.

나만의 공간이 마련되니, 멋을 부려 이름까지 지어보았다. 송암정 건너편의 방이니 이름하여 송암관(松巖館)이라고. 그러나 이 작업도 예상이 빗나갈 줄이야.

여내울의 농장에 대한 부자의 꿈이 다르니 어찌하랴. 동상이몽이다. 나는 아름답고 평온한 농원을 만들어 전원의 꿈을 펼치고 싶은데, 농장의 주인은 표고의 생산과 판매에만 마음이 쏠려 있으니…. 도리 없이 노후의 보금자리를 새로 찾아보기로 했다.

월산문학상 - 6관왕의 수필가

어느 문인으로부터 메일이 날아 왔다. 모두들 월산문학상 공모에 응해보라고…. 시상식장의 규모가 대단하다. 구경이나 가볼 생각이 들었다. 내게 무슨 상이 떨어지랴 싶었지만, 공짜구경이니 어차피 가는 길에 밥값 대신 내 책이라도 보내주고 싶었다. 내 이름으로 응모하기는 그렇고, 출판사에서 추천하는 것이 좋을 듯했다. 소소리사에서 기일 내에 우송해주되, 그 대신 만약 상금을 받게 된다면 고스란히 내놓겠다고 우 사장 앞에 큰소리를 쳤다. 그런데, 그 1%의 기대가능성이 실현될 줄이야….

팔순에 『늙마의 외도』로 원종린수필문학상(작품상)을 받고 원 선생님의 뜻을 살려 5관왕이 된 셈인데, 이어서 84세에 『어차피 가는 길을』로 월산문학상(제6회)까지 받게 되었으니, 드디어 6관왕의 수필가로 등극하였노라 원종린 선생님의 영전에 자랑이라도 하고 싶어진다.

3장 고향을 드나들며(85~88세, 남은 불꽃을)

꿈속의 집 - 송암과 자향의 농막

내가 태어난 여주읍 갑동은 솔밭이 울창한 야산 기슭의 자그만 마을이었다. 어린 시절을 보낸 우리 집은 안채를 중심으로 사랑방, 건넛방, 헛간과 외양간, 광이 둘러앉은 널찍한 초가집이었다. 굴뚝 뒤에는 큰 배나무가 있었다. 비바람이 불면 아침 일찍 뛰어나가 땅에 떨어진 배를 주워서 허기를 채웠다. 뒷밭

울타리에는 큰 대추나무가 있어 채 붉기도 전에 장대질을 하던 일이 아련히 떠오른다.

몇 해 전 문득 그 집이 생각나서 찾아가 보았다. 찾을 수가 없었다. 참으로 허무했다. 마을 전체가 49번지였으니 집도 골목길도 없어져 위치조차 분간할 수 없지 않은가.

허전한 마음에 젊은 날 살던 부암동을 찾아가 보았다. 총각 시절에 마련해, 신혼생활을 하며 성종과 영종을 낳은 집이니 잊을 수가 없다. 지번이 각각 다르니 꼬불꼬불 길은 남아 있다. 인왕산 성 밑에 시멘트 벽돌로 지은 18평 후생주택이었다. 앞뜰이 제법 널찍했는데, 새로 붉은 벽돌로 지은 큰 집이 들어앉고 보니 오히려 답답해 보인다.

호흡기도 좋지 않은데 이제라도 고향에 내려가 조용히 살고 싶어진다. 꿈에 그리던 집을 짓고 삶의 무게를 풍기는 작가의 집을 새삼 꿈꿔본다. 배나무도 대추나무도 심는다. 아내가 좋아하는 큰 소나무도 한 그루 옮겨다 놓고, 그 아래 내가 좋아하는 바위를 앉히고 싶다. '송암(松巖)과 자향(慈香)의 농막'이란 팻말도 달아두어야지. 그 글자들이 퇴색할 무렵 송암의 백수 생일잔치라도 열어 묻어나는 삶의 때와 향기를 함께 나눌 수만 있다면….

전철의 개통 - 경강선을 타고

설날이 또 다가왔다. 열차표가 동이 났단다. 고속도로가 꽉 막히고, 밤새워 차를 몰아야 한다는 뉴스가 마음을 설레게 한다. 고향집을 찾는 끈끈한 사랑을 느끼며 가슴을 함께 부풀린다. 젊어서 서울로 올라온 나는 이제는 찾아갈 집도 없고, 거꾸로 올라와주실 부모님도 안 계시니 지난 일만 되새겨볼 뿐이다.

고향이 가까우니 언제든지 찾을 수는 있지만 바쁜 일에 매여 자주 들르지를 못했다. 명절 때 성묘마저도 포기한 지 오래되었다. 세곡동 네거리까지 나갔다가 하도 막혀 되돌아오기를 두어 번 한 후로는 성묘를 안 가는 버릇이 굳어져버렸다. 그런데 언제부터인가 외로울 때면 고향생각을 하게 되었다.

뛰놀던 뒷동산이며 마을을 둘러싼 소나무 둑이 생생하게 되살아난다. 그 둑을 벗어나오면 넓은 개울이 흘렀고, 그 개울을 건너면 수여선 철로가 가로 막고 있었다. 개울가에서 놀다 연기를 뿜어내며 '칙칙폭폭' 기차가 가까이 오면 경주라도 하려는지 건널목까지 달려가 손을 흔들어댔다. 그 추억어린 철마도 자동차와의 경쟁에 밀려나 자취를 감춘 지 오래고, 그 협궤철로는 자동차도로로 변신하고 말았다.

목탄자동차로 한나절이 걸리던 한양 길 이백 리가 고속도로까지 뚫려 한 시간대로 가까워졌다. 남한강가의 작은 전원도시 여주는 시로 승격을 했고, 내 고향 갑동도 중앙동 '가업리'로 자리가 바뀌었다. 영동고속, 제2영동고속, 중부고속도로까지 뚫리고, 여주IC를 비롯해 나들목 만도 다섯 개나 개설되었다. 반도의 중심부에서 사통팔달이니 물류와 교통의 요충으로 발전했다.

얼마 전에 드디어 경강선까지 개통되었다. 한 시간이면 편히 갈 수 있으니 답답하면 고향하늘을 찾을 수가 있다. 양재동에서는 구파발이나 우이동 가기보다도 쉬워졌으니 크나큰 축복이 아닌가. 부풀은 철마의 꿈을 노래해본다.

말이 끄는 수레 타고 넘나들던 한양 길
경강선 거침없어 동서를 꿰뚫으려
철마는 큰 꿈만 안고 번개같이 달리네.

어둡던 여강 하늘 희망으로 부풀고
인적 드문 산골마저 활기가 넘쳐나니
세종 님 지척에 모셔 오며가며 받드네.

전철마저 개통되었으니 늙마에 전원생활을 즐겼으면 좋겠다는 생각이 들었다. 처사(處士)의 표본이라는 남명(南冥) 조식(曺植) 선생은 노후에 산청에 내려와 산천재(山天齋)를 짓고 청빈한 선비의 생활을 즐겼다. 어찌 내가 그 흉내를 낼 수 있을까만, 그리운 고향을 찾아들어 건강을 챙기며 유유자적 여유로운 나날을 보내고 싶었다.

여내울의 새 둥지 - 송암재

병신년 봄이다. 감기에 걸려 기침이 심해지고, 호흡기내과의 정기검진기간이 단축되자 겁이 털컥 났다. 그만큼 전원생활의 꿈은 절실해졌다. 급한 마음에 딸이 작은 집터를 마련했다. 온 식구가 나름대로 설계를 한다.

그러나 날이 갈수록 걱정이 앞서니 어쩌랴. 딸은 시골에 혼자 내려가 살기는 무섭다 하고, 엄마는 팔다리가 점점 무거워지니 귀촌이 어렵다 하고, 아들은 병원이 가까운 서울이 안전하다고 걱정을 한다. 머릿속의 꿈과 현실생활의 괴리를 실감하게 된다. 출발이 성급했으면 빨리 체념하는 것이 현명한 판단이라는 결론이 아닌가. 전원의 꿈은 새봄이 오기도 전에 일장춘몽으로 끝나는 줄 알았다.

급히 대지의 처분을 할 수 없으니, 협의 끝에 표고농장을 경영하는 장남이 인수하여 건축을 기일(2018년 4월) 내에 서두르기로 했다. 아래층 입구에는 '松巖齋(송암재)'란 현판을 붙여 내가 드나들기로 하고, 2층은 장남이 쓰기로 했다. 원한다면 '東園精舍(동원정사)'란 현판을 걸어주고 싶다.

무술년 3월 드디어 집이 거의 완성되었다. 송천 화백에 부탁하니 흔쾌히 글씨를 써주어 '한국서각사'의 정 사장에게 서각을 부탁했다. 준공이 되기도 전에 현관문 위에 현판부터 걸었다.

동원(東園) 뜻에 한(韓) 목수 온갖 정성 쏟아 부어
무술년 새 봄 맞아 송암재(松巖齋) 현판 거니
송암과 자향(慈香)의 농막 편하기 그지없네.

마음을 비우고, 고향이 생각날 때면 가볍게 발길을 옮기자. 오늘도 경강선을 타고 창밖을 내다보면서 이런 저런 생각에 잠긴다. 경강선을 몇 번이나 더 탈 수 있을지….

벗님들을 찾아 - 학지의 추억

우리는 전쟁의 참화 속에서 대학을 다녔다. 1953년에 입학을 해서 1957년(丁酉)에 졸업을 했다. 초등학교 시절에 태평양 전쟁이 일어났고, 일제로부터의 해방을 맞았으나 얼마 안가서 6・25의 한국전쟁을 겪어야 했다. 다시 4・19혁명, 5・16 쿠데타, 10・26사태, 12・12사태, 5・18민주화운동 등 격랑 속에서 살아왔고, 그것도 모자라 대통령의 탄핵정국을 또다시 겪고 있다. 그러나 미수를 바라보는 처지가 되고 보니 지난날의 숱한 일들이 아름답고 소중한 추억으로 되살아난다.

부산의 피난학교에 입학하여 그해 가을에 이화동 캠퍼스로 올라왔다. 어려운 시절이었으니 대학생활의 낭만이란 실감이 나지 않았다. 동기생들이 함께 즐긴 기억이라곤 별로 없다. 3

학년 때 세검정으로 갔던 야유회 기념사진이 한 장 남아 있다. 몇 해 전 반백이 되어서야 부여 관광을 단체로 갔을 뿐이다.

그동안에 남긴 가장 의미 있는 일이라면 입학 50주년 기념 행사로 모교를 방문한 일이다. 그리고 대부분의 동문들이 회갑을 맞는 1994년에 수상집 『학지(鶴志)』를 발간하여 우리들의 감회와 활약상을 일목요연하게 묶어놓았다.

학은 서울대학교를 상징하는 새이고, 지(志)자는 풀어보면 십(十), 일(一)과 마음심(心)으로 이루어졌다. 즉, 서울법대 11회 동문의 마음을 모은다는 뜻에서 '鶴志'가 태어났다.

47편의 글과 48명의 사진이 실려 있다. 주옥같은 글들이 우리들의 우정을 뜨겁게 달구고 청운의 꿈을 부풀려준다. 정겨운 얼굴들이 잠자던 옛이야기를 되살려준다.

> 열하고 하나의 학 무리로 뜻 모으니
> 그 삶은 활기차고 그 모습 아름다워
> 뚜렷이 남긴 발자국 길이길이 빛나리.

『鶴志』를 펼치다보니 문뜩 새로운 욕심이 솟구친다. 올해는 정유년에 졸업한 우리 학지들이 회갑을 맞은 셈이다. 졸업60주년 기념수상집을 엮어내고 싶다. 이름은 '추억의 메아리'라 지어주면 어떨까.

이제는 반도 넘는 수의 분들이 유명을 달리했으니 안타깝기 이를 데 없다. 혹여나 병상에서 투병하기에 추억을 되살릴 기력조차 없는 딱한 분이라도 있을까 걱정스럽기도 하다. 길은 있다. 굳이 오늘의 창작품이 아니라도 좋다. 지난날 발표했던 글, 주고받았던 편지인들 어떠랴. 화가로, 서예가로 거듭난 분이라면 그 작품도 좋다.

내 마음 나의 외침을 묶어놓으면 그 메아리 멀리멀리 오래오래 울려 퍼질지니…. 그러나 이 꿈도 동문들의 호응이 없어 무산되고 말았다.

내 삶의 마무리 - 설계변경

숨차게 달려오다 보니 어느새 한국남자의 평균수명을 훨씬 넘겼다. 축복이다. 나의 노년기를 80세까지로 잡고, 미수를 누리고 간다면 여한이 없겠노라고 학생들 앞에서 공언을 한 것이 어제일 같이 생생하다.

그런데 세상이 바뀌어 100세 시대에 접어들고 보니, 나의 노년기를 81세로부터 시작하여 99세까지로 설정하고, 100세부터는 '장수노령기'로 분류하게 되었다.

본래의 설계대로라면 81세에는 고향에 내려가서 '송암관'을 지어놓고, 유유자적 '송암 시대'를 즐기려 했다. 그러나 바람 따라 살아가는 우리네 삶이니 내 뜻대로만 되라는 법은 없으렷다.

뜻하지 않게 '폐섬유화증'이라는 간질성 폐질환 진단을 받고, 2017년엔 호흡기 내시경검사에 조직검사까지 하게 되었다. 어쩔 수 없이 마음 졸이는 한 달을 보냈다.

드디어 7월 14일이 돌아왔다. 공포의 암은 아니라는 판정을 받고 한숨을 돌린다. 그렇다고 섬유화증의 걱정까지 해소된 것은 아니니 조급해지기는 마찬가지다.

생각 끝에 4부 나의 '노년기' 부분을 서둘러 마무리하기로 했다. 2018년에 맡기로 한 법대 11회 동창회 회장 자리도 미리 사양하기로 선언을 했다. '벗님들을 찾아' '명륜 가족들을 찾아' 보려던 삶의 욕심도 비우지 않을 수 없지 않은가. 물론 '미수잔치'의 꿈도 일단은 접어버리기로 하고.

사군자의 도전

문단에 발을 들여놓으면서 문인화에 대한 관심이 커졌다. 고향을 드나들며 옛 선비들의 삶을 본받아 보겠다는 생각이 드니 더욱더 사군자를 그려보고 싶어진다.

서초구 '아버지 센터'에 개설한 수묵화반에 딸과 함께 등록을 했다. 체력이 달려 힘겹기는 하나 감상하는 안목이라도 갖추겠다는 심산이다.

욕심을 버려야 하겠다. 우선은 눈으로 그리기를 하자. 안고수비(眼高手卑)라 했다. 안목부터 높여야 손이 따라가는 법, 난의 감상법이라도 익히기에 만족하리라.

그런데 뜻밖에 6개월의 노력이 결실을 맺은 셈이다. 제16회 대한민국 서예문인화대전의 '문인화' 부문에 입선하는 기쁨을 맛보게 되었다. 함께 응모한 딸은 '특선'의 통지까지 받고. 나도 더 큰 욕심이 생기는데 부질없는 노욕일까.

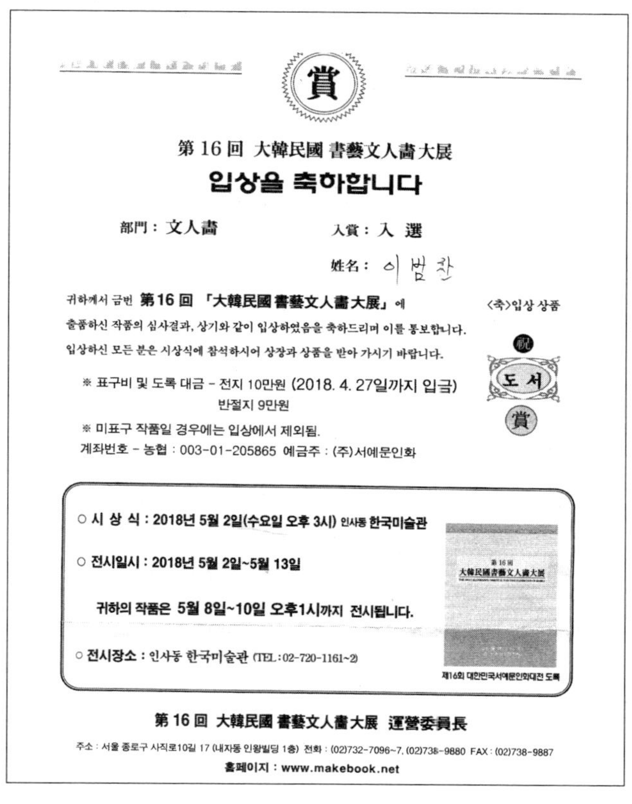

賞

第 16 回 大韓民國 書藝文人畵大展

입상을 축하합니다

部門 : 文人畵　　入賞 : 入 選

姓名 : 이범찬

귀하께서 금번 **第 16 回 「大韓民國 書藝文人畵大展」** 에 출품하신 작품의 심사결과, 상기와 같이 입상하였음을 축하드리며 이를 통보합니다.

입상하신 모든 분은 시상식에 참석하시어 상장과 상품을 받아 가시기 바랍니다.

※ 표구비 및 도록 대금 – 전지 10만원 (2018. 4. 27일까지 입금)
반절지 9만원

※ 미표구 작품일 경우에는 입상에서 제외됨.

계좌번호 – 농협 : 003-01-205865 예금주 : (주)서예문인화

〈축〉입상 상품

祝 도서 賞

○ **시 상 식 : 2018년 5월 2일(수요일 오후 3시)** 인사동 **한국미술관**

○ **전시일시 : 2018년 5월 2일~5월 13일**

귀하의 작품은 5월 8일~10일 오후1시까지 전시됩니다.

○ **전시장소 :** 인사동 한국미술관 (TEL:02-720-1161~2)

第 16 回 大韓民國書藝文人畵大展

제16회 대한민국서예문인화대전 도록

第 16 回 大韓民國 書藝文人畵大展 運營委員長

주소 : 서울 종로구 사직로10길 17 (내자동 인왕빌딩 1층) 전화 : (02)732-7096~7, (02)738-9880 FAX : (02)738-9887

홈페이지 : www.makebook.net

정든 사람들에게

생자필멸(生者必滅) 회자정리(會者定離)라 하지 않던가. 만나면 헤어지기 마련이니 나부터 정든 사람들과의 인연을 하나하나 정리하여야 한다. 나 같은 범부로서는 그렇게 쉬운 일이 아니다.

동고동락하며 내 삶을 지탱하게 도와준 가족들도 어차피 가야 할 길이니 놓아주고, '화목(和睦)'하게 가정을 꾸려가기를 당부할 뿐이다.

그동안 우연히 만나 사랑과 격려를 아끼지 않았던 분들에게도 부탁을 하고 싶다. 욕심에 사로잡혀 배려하고 베풀기에 인색했던 내 일그러진 모습을 너그럽게 헤아려 주십사고.

길손의 한숨

들판 길 끝도 없고 팔다리는 천근만근
저녁노을 한껏 붉어 발걸음 재촉하니
길손은 마음 비우려 큰 한숨 토해낸다.

2.

속내

- 길에서 만난 이들

나는 여행을 좋아한다. 아름다운 풍광이,
이색적인 문화가 내 호기심을 끝없이 자극하니
어쩌랴. 낯선 땅을 찾아 오지로,
오지로 발걸음을 옮겨가며 숨 가쁘게 달려왔다.
그 길에서 만난 사람들이 때로는 내가 가는 길을 돌려놓기도 하고,
내 인생의 물줄기를 크게 바꿔 놓을 줄이야 어찌 상상이나 할 수 있었던가.

200불로 내 인생을 샀다

10분간의 만남이

벨지움의 어느 호텔이었다. 뉴욕의 콜럼비아대학에서 1년의 객원교수 생활을 마치고 8월말까지는 귀국을 해야 할 형편이었다. 이제 돌아가면 언제 또 외국엘 나올 수 있겠나싶어 1981년 5월에 유럽 10개국을 일주하는 런던의 '코스모스' 관광단에 한국인으로는 나 홀로 끼어들었다.

각자 아침 식사로 빵 한 쪽을 얻어먹고 출발시간에 맞춰 버스에 올라타야 한다. 눈을 비비며 황급히 식당에 들어서니 창가의 식탁에서 낯선 한 신사가 손짓을 한다. 내가 일본 사람인 줄 알고 반가워 불렀던 것이다.

그는 영어는 한마디도 못하고 나는 일본말이 서투르니 답답한 노릇이다. 명함을 서로 교환했다. 아오모리에 사는 모리 리끼조(盛力三), 나보다 아홉 살 위의 기업체 회장이다. 3개월 후에는 한국에 돌아가니, 혹 서울에 들르거든 전화를 달라고 하며 작별인사를 했다.

"잠깐만, 객지에서 고생하는데 이거 여비에 보태 써요."

100불짜리 달러가 가득 들은 지갑을 열더니 두 장을 꺼내 주는 게 아닌가. 정부가 송금해주는 1천불로 한 달 생활을 꾸려가는 처지에 이 거금을 쥐어주다니, 참으로 당혹스러웠다.

순간 머릿속에 떠오르는 한마디, '외국에서 이유 없는 호의를 베푸는 사람을 만나면 주의를 하라.'

그 당시는 출국하는 여행자는 중앙정보부에서 소양교육을 받아야 했다. 간첩의 접선을 염려해서.

순간적이나마 망설이다가 설마하고 받았다. 아무리 상황 분석을 해보아도 그가 공작원은 아니다.

뉴욕에 돌아와서도 쉽게 잊어지질 않는다. 길에서 주운 횡재도 아니고, 그런 고마운 일이 어떻게…. 좋다고 그냥 써버리는 것은 인간의 도리가 아닌 성싶었다. 보답을 하자. 서투른 글씨로 처음 써본 일본어 편지다. 돌아갈 때가 되어서 내게 남은 것은 이것 밖에 없다며, 일화 인삼차 한 봉지와 내가 쓴 『상법예해(상)』 한 권을 우송했다.

마음을 열고

3년이 지난 어느 날 조선호텔에서 전화가 왔다. '모리'란 사람이 나를 찾는다고. 모시고 나와 강남에서 이름난 '삼원가든'으로 갔다. 일본 사람들이 좋아하는 불고기로 대접을 했다. 도곡동 개나리아파트가 가까우니 차는 우리 집에 가서 마시자고 제의를 했다.

거실에 진열해 놓은 여러 점의 도자기를 보여줬다. 괴산도요에서 황규동 옹이 재생한 이조백자라고 설명을 하다 보니 문득 떠올랐다. 기념으로 한 점 선물을 하자고. 기왕 선물을 할 바에는 마음에 드는 것을 골라 가지라고 제안했다.

설마 제일 크고 잘 생긴 달항아리를 고를 줄이야…. 아깝지만 꼼짝 못하고 싸 드렸다. 공항까지 전송을 하고 생각하니 너무 과한 보답을 했다는 느낌마저 들었다. 200불을 받아쓴 죄로 그 몇 배의 손해를 본 셈이다. 그래도 나는 한국을 알리는 민간대사라 자처하니, 모리 회장을 놀라게 한 것이 한편 흐뭇하기도 했다.

그 후 또 2년이 흘렀다. 1987년 7월 도쿄대학에서 열리는 제2회 한일법학연구집회에 '한국의 개정상법'을 발표하러 참석하게 되었다. 아오모리 촌구석의 영감이니 점심 한 끼 얻어먹기도 틀렸구나 생각하며, 혹시 사업상 동경에 올 수도 있지 않을까 하는 요행을 기대하며 편지를 띄워보았다.

즉시 회답이 날아왔다. 나를 깜짝 놀라게 하는 내용이다. 학회가 끝난 후 시간만 내어준다면, 아오모리로 초대하고 북해도 관광까지 시켜주겠노라고, 여비는 일체 자기가 부담하겠으니 걱정하지 말라고.

편지를 보이며 귀국 일정이 며칠 더 늦어질 것 같다고 하니, 집사람이 펄쩍 뛴다. 자기도 따라가겠다고. 돈이 한두 푼 드는 것이 아닌데 초청자의 승낙도 없이….

하는 수 없이 아내의 무례를 용서해달라고 편지를 발송하고 출국을 했다. 집사람은 200만원을 일 년간 외환은행에 예치해 놓고 여권을 발급받았다.

학회가 끝나는 날 도쿄에서 세 사람이 만났다. 엔고가 심했던 그때 우리 내외는 호화판 북해도 관광길에 올랐다.

아오모리 현의 시골 기쓰꾸리마찌(木造町)부터 들렀다. 귀빈이 왔다고 이웃사람들을 불러 잔치판을 벌였다. 마음대로 골라 가지라는 말에 감동을 받았다며 달항아리의 사연을 손님들에게 실토하는 바람에 퍽 쑥스러웠던 기억을 잊을 수가 없다.

자기의 농장, 아오모리의 명승지를 안내하고, 마지막으로 타보게 된다는 연락선으로 쓰가루 해협을 건넜다. 노보리베쓰(登別)의 온천장으로, 이국적인 삿포로(札幌) 거리의 관광을 마음껏 즐겼다.

'내가 질쏘냐' 하고 모리 내외를 서울로 초청하기로 했다. 88 올림픽에 초대하겠노라 약속을 했다. 그런데 내 재주로는 올림픽 개막식이나 폐회식의 표를 구할 수가 없고, 서울 시내의 호텔이나 장급 여관까지도 올림픽조직위원회에서 독점한 형편이라 도리 없이 부도를 내고 말았다. 그 다음해에 초청해 설악산 관광으로 대신했다. 강릉 지청에 근무하던 김필규 검사에게 안내의 도움을 청했다.

현직 검사가 직접 속초비행장에 영접을 나와 대명콘도까지 잡아주었다. 이튿날 새벽 백담사까지 동행해주고, 출근 후에는 군청에 부탁해 통일전망대며 김일성별장까지 편히 관광을 하도록 주선해주었다. 일본에서는 상상도 할 수 없는 극진한 대접이다. 모리 회장 내외도 흡족해 했다. 올림픽 구경보다 훨씬 감동적이었노라고 치사를 아끼지 않았다. 북해도 관광의 빚을 조금은 갚은 셈이 됐다.

그 후 1992년에도 조선대학교의 양 교수를 데리고 다시 아오모리에 들러 북해도 관광을 했다. 이번에는 유서 깊은 오타루(小樽)까지 구경을 시켜주셨는데, 헤어질 때는 수산 시장에서 큰 연어까지 사서 안겨주셨던 자상한 분이다.

어디 그뿐인가. 딸 수정과 그 친구까지 왕복 항공권을 보내주어 삿포로 눈축제를 구경시켜주셨고, 내가 IMF를 당해 어려울 때는 많은 경제적 도움까지 주셨던 고마운 분이다.

모리 회장과의 우연한 만남이 계기가 되어 수없이 오가며 편지를 쓰다 보니, 처음에는 힘들었지만 자연스럽게 일본말이 늘었고, 결과적으로 일본의 대학 교수들과도 쉽게 친해질 수 있었다. 그 덕에 정년을 하자마자 나고야경제대학의 교수로 취직까지 하여 내 이모작인생이 화려하게 전개되기도 했다.

"이것이 다 모리 회장님 덕분입니다."

"아니야. 내가 많은 한국인을 만났지만, 모두 일본말을 잘하게 되고, 일본의 교수까지 된 것은 아니잖아."

그렇게 겸손해하시던 그분의 걸걸한 음성을 이제는 들을 길이 없으니…. 참으로 아쉽다.

산길에 엉긴 정

법정대학 등산부

이화대학 법정대학의 등산대원 13명이 산악사진 전문가 김근원 씨와 함께 지리산 종주를 했다. 그때만 해도 등산인구가 얼마 안 되었다. 나는 젊은 교수란 이유로 새로 생긴 등산부의 지도교수를 맡았다. 처음으로 맞은 장기 산행이 지리산 등반이었다.

1969년 7월 21일이다. 아폴로 11호가 처음으로 달에 착륙했다. 그때 우리는 노고단을 지나 임걸령 샘터에서 점심을 준비하고 있었다. 트랜지스터로 그 뉴스를 들으며 탄성을 올리던 기억이 아직도 생생하다.

어깨 위까지 솟아난 억새를 헤쳐 가며 일주일에 걸쳐 종주를 했다. 장터목 야영지에서 산희샘을 만났고, 이대 법정대학 등산부 출신들의 모임인 산희회(山姬會)도 그 이름을 산희샘에서

따왔다. 천왕봉에 올라 악수를 나누고 교가를 합창하며 환성을 올렸던 그 감격은 잊을 수가 없다.

초대회장 이양준과 다음 회장 구혜정은 정외과 학생이었지만 등산을 통해 인연이 맺어졌다. 산의 맛을 알게 된 것도 그들 때문이다. 국내의 큰 산들을 두루 찾아다닐 수 있었으며, 산길에서 엉긴 끈끈한 정이 평생 이어졌다.

내가 이화대학을 떠나온 후에도 산희회 멤버들과 연결이 되어 함께 여행도 할 수 있었다. 알래스카 크루즈와 캐나디안 록키산맥이며 파키스탄의 오지여행까지 함께 즐길 수 있었다. 잊을 수 없는 것은 고희를 기념한다고 단행한 백두산 등반이다. 외륜봉 종주 끝에 너무 지쳐서 저녁까지 못 먹었으니…. 특히 사진을 잘 찍던 이양준 회장 덕에 멋진 사진들을 꺼내보며 지난 일들을 생생하게 회상도 한다.

재경여주중농고동문회

여주중농고동문회 행사로 금강산을 갔고, 그 기행수필이 '수필문학'에서 일차 추천을 받기도 했다. 작년에는 중국의 태항산도 함께 갔다. 그러나 매월 첫 일요일에 모이는 수락산 오르기는 즐거운 만남의 장이지만 이제는 젊은 후배들과는 보조를 같이 할 수 없는 한계를 느껴 체념하기로 했다. 권오일 회장을 비롯해 서영수, 윤광진, 길용태, 강재범, 이갑열, 박성재, 배용

귀, 인만복 등 많은 얼굴들을 자주 보지 못하는 것이 못내 아쉽다. 어쩌랴.

송천산악회

다리가 무거워져 나들이를 할 수 없다. 생각 끝에 나 홀로 할 수 있는 일을 찾아 젊어서부터 미루어 왔던 서예를 배우기로 했다.

일 년 반을 열심히 썼다. 회원전에 두 번이나 작품을 내기도 했으나, 호사다마일까 또 중단을 했다. 호흡기가 나빠져서 서실 출입을 포기했다. 아쉽게도 오기오전(五起五顚)이 된 셈이다.

그러나 회원들과의 만남을 산에서 이어가기로 했다. 매월 첫 일요일이면 송천산악회의 근교 산행에 따라나선다. 마음으로라도 글씨를 써보자는 셈인가. 홍연 회장을 비롯해 중산, 모인당, 유정 등 대 선배들이 반겨주고 배려해줘서 참으로 고맙다.

청계산 모임

매월 셋째 수요일 10시면 신분당선 '청계산입구' 역으로 나간다. 강남에 사는 법대 동기생 네 사람이 만난다. 산에는 가야겠는데 높은 곳으로 젊은이들과 함께할 수는 없으니 허물없는 우리끼리가 편하다.

원터목 쉼터까지 쉬엄쉬엄 올라가서 돌아내려온다. 베테랑인 이규완과 고성교는 답답할 지경이겠고, 회장인 임규운도 여력은 있겠지만 나를 앞세워 오른다. 그들의 배려가 고맙다. 이 만남을 오래 계속하려면 평소에 열심히 걸어 다리 힘을 유지하는 길밖에 없으렷다.

나 홀로 원터골 초입까지

정유년 여름은 참으로 힘겨웠다. 다리가 무거워지니 송천산악회도 청계산 모임도 함께하기가 어려워졌다. 산길에서 엉긴 정을 풀어가며 '나 홀로 족'의 길을 가는 수밖에.

불과 5년 사이에 내 체력이 이렇게 떨어질 줄이야 상상인들 했던가.

나는 청계산을 자주 간다. 산행로는 여러 갈래지만 청계산 입구역에서 내려 원터골을 한 바퀴 돌아 내려오기를 즐긴다. 대개는 원터골 쉼터까지 오르는 것이 보통이지만 요새는 그 마저 힘겨워졌다. 지팡이에 의지하여 더듬더듬 원터골 입구까지 가서 쉬다 돌아서고 마는 처지로 전락하고 말았다. 참으로 한심스럽다.

그 대신 새로운 발견을 하고 스스로를 돌아다본다. 그 입구 왼편에 거대한 굴참나무 한 그루가 서 있다. 지금까지 못 본 것이 아니라 당연히 거기 서 있는 나무려니 하고 지나쳤을 뿐이다. 내 처지가 바뀌어 그곳에서 쉬어야 하고 그 나무와의 대화를 하려니 세상이 바뀐다. 내 마음을 비우고 오만했던 내 자신을 되돌아보니 나무가 새로운 모습으로 다가선다. 그 나무가 위대하고 신비롭기만 하다.

270년 전에 원지동 이 자리에 태어난 원터골의 수문장이자 지나가는 길손을 안내하고 보호해준 신령한 수호신이 아닌가. 자세히 뜯어볼수록 늠름하고 믿음직하다.

옷깃을 여미고 내 건강을 빌어본다. 앞날이 창창하니 이 고을의 청정과 평안을 지켜 주십사고 겸허히 빌어본다.

굴참나무 아래서

굵은 둥치 푸른 가지 마음껏 뻗어내며
긴긴 세월 찬 서리에 원터골 지켜내니
착실히 쌓은 내공이 내 가슴 채워주네.

학술원 회원도 죽더라

열 길 물속은 알아도 한 길 사람의 속은 모른다고 했던가. 그러니 믿었던 사람이 딴지를 걸 수도 있고, 그 믿음의 상실에서 오는 충격은 클 수밖에 없다. 친구 믿고 돈을 꿔주었다 뜯기거나, 제자 믿었다 손해를 보기도 하니 못 믿을 건 사람이고, 또 경계해야 할 건 친한 사람인가 보다. 재물의 손실보다 더 가슴 아픈 것은 믿음의 상실이니.

대학의 동기동창 중에 학술원 회원이 있다는 것은 자랑거리다. 한 사람은 일찍 저 세상으로 갔다. 의리의 사나이였는데 아쉽다. 그가 몇 해만 더 살아줬더라도 내 인생길도 바뀌었을 것을….

또 한 사람이 있다. 동기라지만 나이가 많다. 그래서 '황형'이라 불렀다. 실제로 꼼꼼하고 착실한 분이라 가장 신뢰하고 가까이 지냈다. 처가도 고향의 민씨 집안이라 잘 아는 처지고, 동기생 교수모임인 학지회(鶴志會)에서 매달 만나 회식을 같이

하기도 했다. 성균관대학의 민법강의는 당연히 황 교수 몫이었으니 누구보다 자주 만난 셈이다.

학술원 회원을 뽑게 되었다. 제출할 연구실적을 확인하러 법대 도서관에 들렀다가 돌아오는 길에 만났다. 경력을 서술식으로 기재하라기에 보여주니 "잘 됐군!" 하던 그다. 그런데 자기가 개인 추천으로 후배인 정 교수를 올려 선출했다. 그것이야 회원들의 고유권한이고 엄정히 처리해야 하니 누구를 탓하랴만, 그렇게까지 꼭 시치미를 떼었어야 했을까, 너무도 뜻밖이었다.

오래 살아 활약했더라면 후일담으로 그때의 사연을 물어볼 수도 있었을 터인데 일찍 갔으니 아쉽다. 어쨌든 결과적으로는 내 삶의 방향을 바꿔준 셈이니 그의 명복을 빌 따름이다.

학술원을 생각하면 씁쓸한 또 한 사람이 있다. 대학의 대선배요, 성대 동료교수로서 가까이 모셨던 처지. 그런데 말은 장황해도 진의는 파악할 수 없는 분, 나에게는 좀 더 분명한 표현을 하고 협조도 해줄 수 있었으련만 그의 성품이니 어쩌랴. 선배답지 못한 그분의 처사를 이해할 수 없다 하니, 선배인 김 학장이 "있지, 있지" 하며 그 사유를 추리해냈다.

대학원에 국제법 전공을 개설할 때 내가 총장에게 이의를 제기했던 일을 상기시킨다. 국제법 전공과 동시에 상사법 전공도 개설되어 결과적으로는 윈윈으로 귀결되었기에 나는 다 잊고 지냈건만.

바둑은 인생이다

나는 바둑을 늦게 배운 편이다. 대학원 재학 시절 방학 때 고향에 내려가 친구들과 모여 놀다 자연스럽게 시작을 했다. 그러나 사랑방의 쌈 바둑 스타일이 굳어지기 전에 좋은 스승을 만나 기초를 잘 닦을 수 있었다. 이화대학에 가니 법과의 원로교수인 월천(月泉) 김용제 교수가 아마초단의 실력을 갖춰 명성이 자자했다.

대학의 후배인 최병욱 교수도 바둑을 좋아하는 맞수였으니 시간만 나면 바둑실에 가서 엎치락뒤치락 싸움을 즐겼다. 월천 선생이 지나다가 약세에 몰린 자의 훈수를 둔다. 그러면 판이 뒤바뀐다.

얼마 후에 돌아와서 다시 훈수를 두면 판은 다시 역전된다. 신기할 정도다. 훈수를 싫어하는 사람들도 있었으나 우리는 오히려 즐겼다. 그러는 동안에 나는 바둑의 묘미를 체득했다. 정석바둑을 처음부터 잘 배웠으니 내 바둑은 사관생도바둑이 된 셈이다.

성균관대학으로 옮겨 오니 또 맞수를 만났다. 김종원 학장이다. 김 학장은 싸움경력이 많은지라 포석은 엉성한 듯하나 만만치 않아 땀을 빼게 한다. 특히 엉뚱한 곳에 침입하여 성공하기를 잘하고, 그것을 즐기기도 했다. 서로 자기가 세다며 학생들 앞에 자랑을 하던 추억이 새롭게 되살아난다.

내 실력은 자칭 2, 3급인데, 조좌호 총장님도 점심때면 총무처장인 나를 자주 찾았다. 비슷한 수준에다 내 바둑이 편안한 편이라 즐기셨을 게다.

바둑을 두어보면 상대를 안다고 하지만, 나는 인생살이를 배운다. 처음부터 원대한 계획이 세워져야 한다. 포석이 중요하니, 정석을 배워야 하는 이유다. 과거의 한 수를 바탕으로 현재의 한 수가 놓여지고, 미래의 수가 연결되어야 꿈의 왕국이 성공적으로 이루어진다. 욕심을 부려도 안 되고, 자만은 절대 금물이다. 죽었다 살아나는 것이 바둑알이니 이보다 더 건전한 오락이 어디 있으랴. 돈을 걸지 않아도 밤을 새울 수 있으니 참으로 오묘한 흑백의 도락이요, 시간을 잊고 몰입할 수 있으니 그야말로 신선들의 놀음이 아니던가.

늘그막엔 고향의 12년 동기동창인 여일회 친구들을 자주 만났는데, 나는 고스톱 같은 도박성 놀이는 좋아하지 않는다. 그러다보니 바둑 친구와 자주 만나기 마련, 조긍상, 전인준과 즐겼으나, 전 사장의 건강이 나빠지고 먼저 가게 되니 그 만남도 판이 깨진다. 아쉽지만 어쩌랴.

사제 간의 정

대통령의 권위를 인정하지 않고 스승에 대한 존경심이나 부모에 대한 효심이 없어졌으니 군사부일체(君師父一體)란 말이 공허한 메아리가 된 지 오래다. 그러나 세상이 흙탕물에 휩싸였다 해도 샘물이 흐르는 골짝도 있기 마련이다.

300여 명의 동기생이 몰려다니던 학부 시절은 사제 간의 개인적인 관계나 오가는 정을 기대하기는 어려웠다. 그러나 대학원에 들어가니 스승을 가까이 대할 수 있어 생활이 바뀐다. 무애 선생님의 연구실을 찾아들면서 내 삶에 활력이 생겼다고 하겠다. 나도 헌신적으로 모시면서 열심히 배웠다. 대학원 석사과정을 수료하면서 바로 국민대학 강단에 설 수도 있었다. 동국대학교 총장 시절에 내게 구제 법학박사 학위까지 주셨다.

고병국 학장은 대학원에서 교재로 다뤘던 로스코 파운드의 『법의 새로운 길』을 나와 공역으로 출간도 했다. 주례까지 서

주셨고, 오랫동안 아이들까지 데리고 세배를 다녔다. 이화대학의 김옥길 총장을 직접 찾아가 추천도 해주셨다. 정광현 교수도 이태영 학장에게 기꺼이 추천을 해주셨고.

무애 선생은 석사과정을 밟겠다고 찾아간 김영선을 이화대학으로 가는 것이 좋겠다며 내게로 보냈다. 바로 밑의 후배이고 주부학생이니 난감했지만 도리 없이 받아서 석사과정을 마쳤다. 학위를 받자 바로 법과 시간표에 첫 강의를 넣어놓고 나는 성균관대학으로 옮겨왔다. 그 후 성대 강의도 계속 맡겼고, 서울대학에서 박사학위까지 받자 인천대학에 추천까지 했다. '포니' 차에 태우고 인천대학을 찾아갔던 일이 어제 같은 데 학장까지 지내고 퇴직을 했으니….

김 학장은 끈질기고 변함없는 의지의 학자일 뿐만 아니라 성실하고 어진 성품의 여장부이다. 평생 나를 스승대접을 하고 명절마다 인사를 차리니, 내가 민망하고 부끄러움을 느낀다.

대학에 남은 제자들도 수없이 많다. 그러나 상법교수로 활약하는 제자로는 그리 많지 않다. 최준선 교수는 자청해서 도와주며 배워가던 노력형 학자다. 나도 무리 없이 성대로 끌어들이기 위해 내 교과서를 공저로 바꾸기도 했다.

제도적으로 인정하여 연구실에 들어앉힌 유일한 조교는 김지환 교수다. 교재도 공저로 발간하여 경남대학에 심는데 기여했다. 그때 힘이 되어준 고평석 교수도 고마움을 잊을 수 없다.

스스럼없이 접근하는 하삼주 교수, 김순석 교수, 이홍욱 교수, 서완석 교수, 김학묵 박사나 관가에서 그 재능을 십분 발휘한 임충희 박사도 잊을 수 없는 제자들이다. 한석훈 박사는 변호사에서 교수로 쉽게 잘 풀린 행운아라 할지. 조선대학의 양동석 교수는 자기 힘으로 기회를 활용하며 잘 개척해나가는 적극적인 성품으로 많은 추억거리를 남겨준 사람이다.

4년 장학금을 주기로 하고 그 약속을 지키지 못하게 되어 마음의 빚을 지고 사는 제자는 황교안, 김상봉, 이영현이다. 상법을 전공하지는 않았지만 그 아버지까지 기억이 나는 든든한 일꾼은 모교의 총장이 된 정규상 교수이다.

길고 긴 만남

사제 간의 만남을 제외하고 사회활동을 통해서 이어져온 만남의 고리가 가장 긴 곳은 한국상장회사협의회라 하겠다. 협의회의 창립부터 상자회의 창립까지 관여한 산 증인이 바로 상근부회장이었던 서진석 씨다. 나는 1978년 이래 협회에서 운영하던 주식업무위원회의 자문위원으로 그와 인연을 맺어왔고, 상자회 회원으로 지금까지도 정기적으로 만나고 있으니 가장 긴 만남이라 하겠다.

오랫동안 상근회장을 맡았던 고 박승복 회장도 기억에 남는 분이다. 병원을 모를 정도로 건강하셔 식초전도사로도 통했다. 그분의 권유를 따라 나도 식초 마니아가 되었다.

돌이켜보면 자문위원이 되어 도움을 준 것보다 오히려 배운 것이 더 많았다. '상자회'도 가장 오래된 모임이려니와 기다려지는 모임이다. 그 덕에 시조도 몇 편 남기게 되었다.

불혹의 상장협에 부치는 노래

잿더미 추스르며 일궈낸 한수(漢水) 기적
새살림 꾸려가고 뒷바라지 정성 쏟아
강가의 모래밭에는 금자탑이 솟았네.

거센 물살 타고 넘어 뿜어낸 배달의 꿈
똘똘 뭉친 한 지붕 밀고 끌기 마흔 해라
삭풍이 매섭다 한들 거칠 것이 없느니.

온 누리 밝히려고 파고드는 한류 열풍
임의 뜻 품어 안고 지천명의 길목으로
열망의 깃발 활짝 펴 힘차게 뻗어내리.

빛나는 삶에 부쳐

- 청호 박승복 회장의 구순에

홍안의 그 열정은 백수도 끄떡없다
맑은 생각 후한 가늠 안팎으로 베푸니
세월을 거슬러 올라 저물녘을 밝히네.

벼슬도 물리치고 큰 서까래 올렸으니
그 살림 흥청대며 협회마저 반석이고
값진 삶 올곧게 펴서 이웃도 든든하네.

아, 값진 삶이어라
- 서진석 상근부회장의 고희에 부쳐

큰살림 꾸려가는 상장협의 대들보여
오랜 세월 가슴 큰 안팎을 다독이니
그 열정 하도 뜨거워 이웃까지 데우네.

산업계를 이끄는 일꾼들의 도우미여
어렵사리 풀어내고 막힌 곳 뚫어주니
그 노력 꽃인 듯 맺어 내일을 편케 하네.

노을녘을 달리며
- 벗님의 새 삶에 부쳐

모래톱 황무지에 주춧돌 심어놓고
몸 던져 쏟은 열정 반백년 한결같아
도목수 떠난다 한들 꿈이야 접을쏘냐.

정든 식솔 일군 터에 새 주인 당부하고
달뜨는 노을녘에 마음을 털어내니
부푸는 청마의 기상 너른 들을 달구리.

서울대 문리대의 지리학과 출신이지만 재학시절에 영어 공부하는 모임에서 우연히 만났다. 자주 만날 일이 없지만 60여 년을 잊지 않고 꾸준히 교우하는 믿음직한 인연도 흔하지 않은 듯싶다. 맹물 같은 우정이라고나 할까. 관광공사 임원을 지낸 이광희(李光熙) 씨가 그 사람이다.

늙마의 오솔길에서

젊어서 송천(松泉) 서백을 만난 게 계기가 되어 아천(雅泉) 화백과 청계(晴溪) 화백을 알게 되었다. 청계 화백의 작품을 여러 점 구입하면서 더욱 가까워졌다. 청계 화백의 권유로 『수필문학』으로 등단하여 늙마에 나도 수필가가 되었다. 그로 인해 오우문학회에 합류하여 동인활동도 했고, 의성에 동인들의 문학비까지 함께 세웠다.

문학의 길

의성골 굽어 뵈는 탑산 자락 오솔길에
문사들 정성 모아 큰 산을 일으키니
육십 년 가꿔온 꿈이 세상을 밝히려네.

탑을 쌓아 굽이돌고 손잡아 오르자니
큰 뜻에 맑은 가슴 세상사는 이치까지

옮기는 발자국마다 마음 깊이 스미네.

등단 당시에는 문인이라고 수필문학사의 강회장과 우희정 편집 주간밖에는 몰랐다. 서투른 원고를 다듬어주고 가르쳐주던 우 주간이 얼마 후에 소소리출판사로 독립을 하였다. 도리 없이 나도 소소리사를 드나들며 수필 쓰기를 배웠고, 여러 권의 작품집을 출간하였다. 소소리사에서 상남(尙南) 시인을 만나 시를 배우게 되었고, 시조시인이 되었다.

두 분은 문학의 오솔길을 안내해준 잊을 수 없는 스승이다. 문단생활로 인해 나는 즐겁고 보람 있는 삼모작 인생의 길을 걷고 있다. 그 고마움에 조금이라도 보답하는 뜻에서 원종린 수필문학상의 상금을 마을에, 월산문학상의 상금을 소소리에 아낌없이 내놓을 수도 있었다. 다행스럽게 늙마의 외도가 나의 노후를 밝혀주고, 가는 길에 활력을 부어준다.

나의 수필이 다듬어지는 합평은 매월 넷째 월요일에 한다. '사월애' 모임이다. 기다려지는 모임, 궁금해지는 그 회원들 덕분에 내 늙마의 문학 활동은 힘을 받는다.

직접 만나지는 못해도 글로 격려를 해주는 독자들의 사랑과 고마운 사연도 잊을 수가 없다. 『늦깎이 글집의 자국들』에 올린 분들 중에서도 이상보, 박종철, 김종원, 민아리, 호병규 선생이 열심히 보내주셨고, 특히 최승범, 원종린, 문희봉, 강범우, 박춘근 선생의 정성어린 편달은 큰 힘이 되었음을 실토하면서, 모든 독자 여러분의 격려에 대해 거듭 고마움의 뜻을 올리고 싶다.

『늦깎이 글집의 자국들』에 대한 반응이 굉장히 좋았고, 그 후에 펴낸 『들판을 달리며』와 『길손의 노래』에 대한 고마운 사연도 많이 보내와 이를 합쳐 『내 글집의 자국들』을 다시 펴냈다.

철구 따라 구만리

여행을 좋아하지 않는 사람도 있을까. 낯선 땅의 아름다운 풍광과 색다른 풍물에 마음을 빼앗기다 보면 여행 마니아가 되기 마련이다. 나는 오대양 육대주를 원없이 누볐다.

흔히 여행을 하려면 돈과 시간과 건강이 따라주어야 한다고 한다. 더 중요한 것은 열정이 있어야 한다. 그러나 그 열정은 누군가 기름을 부어주어야 뜨겁게 타오르기 마련이다. 내 가슴에 불을 붙여준 사람이 있었기에 나는 가장 효율적으로 품격 높은 여행을 팔십을 훨씬 넘긴 지금까지도 즐기고 있다. 그 사람이 철구다. '이철구여행'이다.

백문이 불여일견이라 했던가. 한번 함께 가보면 안다. 누구든 홀리기 마련이다. 자기 이름을 내걸고 헌신하는 사나이, 전생부터 준비된 여행가인가 보다. 해박한 역사 지식과 쌓아올린 경륜에 타고난 예술적 감각과 재능이 탁월하니 어쩌랴. 반하지 않을 수 없다.

호소력 있는 노래 실력과 피아노 솜씨에 김치까지 공수해가는 마음씨까지, 장시간 버스로 달려도 지루해할 새가 없다. '내 사랑 참깨' 시리즈를 비롯해 그 익살은 끝이 없다. 과연 '명품 주둥이'이다. 찬탄이 절로 터진다.

이철구 사장은 내 인생을 바꿔놓았다. 울릉도 성인봉을 함께 오르고, 차마고도 험로를 따라붙었다. 터키 일주며 바이칼호 탐방도 잊을 수 없는 추억이다. 그렇다고 팔순의 늙은이를 야꾸시마(屋久島)에 데리고 가다니…. 장장 10시간의 산행이었다. 수령 7,200년의 조몬스기(縄文杉)를 만나 본 것은 감격스럽기 이를 데 없으나, 기다리는 동행자들에게 너무 심려를 끼친 무모한 산행이었다.

그 후에도 무이산을 따라가 천유봉(天遊峰)까지 오른 것도 잊을 수 없는 쾌거다. 그 덕에 '해암의 무이구절가'도 지을 수 있었다.

해암(海巖)의 무이구절가(武夷九絶歌)

1. 서곡(序曲)
옛님 그려 구만리 차밭 찾아 골짝으로
무이암차(武夷岩茶) 깊은 맛에 마음은 달뜨고
꿈 속의 무능도원(武陵桃源)이 보고파 살고파라.

2. 주파이(대나무 뗏목)
얕은 강 맑은 물살 주파이(竹排)에 몸을 싣고
여울목 자갈밭에 삿대 찍는 처녀 사공
구성진 노래 가락이 가슴 깊이 적시네.

3. 일선천(一線天)
돌산을 갈랐거니 어느 장사 칼질인가
좁은 틈 추켜보면 하늘마저 외줄이니
살 빼고 마음 비우라 골바람 속삭이네.

4. 천유봉(天遊峰)
까마아득 계단길 엉기며 올라가니
옹기종기 봉우리들 굽이도는 푸른 물
신선들 구름을 펴고 하늘에서 논다네.

5. 대홍포(大紅袍)
절벽에 뿌리박고 이슬 받아 수백 년
그 모수(母樹) 바라보며 차향에 취하려니
신선이 따로 있으랴 온갖 시름 날리리.

6. 무이정사(武夷精舍)
스승 중 으뜸(萬世宗師)이라 제자들 모여들고
우주 원리 세상 이치 써내고 가르치니
뉘라서 그 깊은 철학 거스를 수 있으랴.

7. 삼현사(三賢祠)
수렴동(水簾洞) 사당 벽에 백세여견(百世如見) 써 붙이니
세 스승 함께 모셔 언제나 뵐 수 있고
내 생각 막힐 때마다 수렴청정(水簾聽政) 청하리.

8. 수렴동 복사꽃
솟구친 절벽에서 물줄기 흩날리고
연초록 차밭둑엔 복사꽃 붉게 피니
바람에 내 마음 실어 이 골 저 골 찾으리.

9. 대왕봉(大王峰)의 옥녀봉(玉女峰)
구곡계(九曲溪) 다스리는 대왕봉이 늠름해도
오뚝한 옥녀봉은 머리에 숲을 이고
멀리서 바라다보니 그 정을 풀길 없네.

10. 인상대홍포(印象大紅袍)
그 큰 봉 앞마당에 관객을 모아놓고
정성껏 선약(仙藥) 빚는 이백 여의 남녀들
손님을 자리 채 돌린 인상 깊은 대홍포.

최근에도 이 사장 덕에 중국의 오지 장가계를 다시 찾아갔고, 일본의 아오모리로 신록나들이와 단풍나들이를 두 번이나 다녀왔다. 떠날 때마다 이번이 마지막 여행이라 다짐하면서.

3.

말과 사연

1부 說과 論

무애(無碍) 서돈각(徐燉珏) 선생님의 영전에

자애로운 눈빛으로 맞아 주시던 무애 선생님은 응답이 없고, 광릉내 숲속의 야유회 옛이야기는 지금도 기억이 생생한데, 그 모습 찾을 길 없는 은사님! 돌아서면 팔을 내밀어 곧 손잡아 주실 듯한데, 그 손길 간 데 없고 유명을 달리하시다니, 이 믿고 싶지 않은 현실 앞에 저희 후학들은 망연자실 오열합니다. 하필이면 온 나라가 어려운 이 시기에 눈을 감으시다니!

그 누가 일장춘몽, 덧없는 인생이라 했다지만, 무애 선생님의 발자국은 너무도 크고, 은사님의 공덕은 헤아릴 길 없습니다. 20여 년에 걸쳐 서울대학교 법과대학에서 수천의 이 나라 동량들을 길러 내기에 심혈을 기울이셨고, 그 여가에 헤아릴 수 없이 많은 저술활동으로 한국 상법학의 기틀을 잡아 주셨습니다. 선생님께서는 서울대학교에서 주요 보직을 두루 거치시고, 동국대학교·

경북대학교의 총장으로 영입되어 교육행정가로서의 역량을 십분 발휘하면서 대학발전에 크게 공헌하셨습니다. 무애 선생님께서는 대한민국학술원 회장을 비롯하여, 한국상사법학회 · 한국해법학회 · 한국보험학회 · 법 및 사회철학한국학회의 회장을 두루 맡아서, 불모지나 다름없었던 이 나라 학계의 수준을 한 차원 높여 놓으셨고, 한국법학교수회 · 한국공인회계사회의 회장도 맡아 사회발전에 폭넓게 공헌하셨습니다. 무애 선생님께서는 마지막까지 대한불교진흥원의 이사장으로서 불교대중화의 기수가 되셨을 뿐만 아니라, 독실한 불교신자로서 구원의 지도자상을 각인해 놓고 가셨습니다.

이제, '인간 무애'의 놀라운 업적과 자랑스러운 삶의 발자취를 되돌아보며, 은사님을 따르던 후학들은 분연히 일어설 것입니다. 청출어람을 수없이 되뇌며, 은사님께서 못다 하시고 남겨주신 과제와 책무를 차질 없이 완수할 것을 다짐하오니, 미련 없이 고이 가시옵소서. 편히 잠드소서. 뜻과 정성을 모아 삼가 명복을 기원합니다.

2004년 8월 27일 문하생 대표 이범찬

(2004년 8월 27일 동국대학교 교정의 영결식장에서,
2004. 9. 2. 법률신문 13면)

변산반도의 유택을 찾아서

- 2주기 추도사

무애 선생님! 선생님의 인자하신 눈매가 눈에 선하고, 부드러운 음성이 귓전에 쟁쟁한데, 세월은 속절없이 흘러 선생님께서 홀연히 떠나신 지 벌써 2년이 지났습니다. 선생님께서 이 나라의 학계에, 불교계에, 사회에 남기신 족적은 너무도 커서, 날이 갈수록 아쉽고 허전한 마음 가눌 길이 없습니다. 오열하던 제자 후학들이 선생님의 은덕을 잊을 길 없어, 행여나 생전의 다정다감하시던 분위기라도 느껴볼까 이곳 변산반도의 유택을 찾아왔습니다.

생전에 무애 선생님께서 베풀어주신 은덕을 되새겨보고 헤아릴 수 없이 많이 남기신 업적을 기리기 위해서 추모문집의 발간을 추진해 왔습니다. 그동안 김철수 이사장님을 비롯하여 최종고 교수, 김문환 총장, 임홍근 교수, 서정항 교수, 법문사 관계자 등 많은 분들이 정성을 기울인 결과, 『부처님과 함께』를 출간하여 선생님 영전에 봉정하는 기쁨을 함께 나누게 되었습니다.

이 추모문집을 읽어보니 선생님께서 후학들에게 베풀어주신 사랑과 자상한 손길을 실감할 수 있게 됩니다. 선생님께서 남모르게 지극히 아껴주신 제자가 얼마나 많은지도 알게 되었으며, 숨겨진 미담들의 일부나마 짐작할 수 있게 되었습니다. 한편 『부처님과 함께』를 통해서, 선생님을 따르던 문하생들이 상호간의 관계와 처지를 재인식할 수도 있게 되었습니다. 아니, 우리는 너무도 무심하게 각자의 길을 걷고 있고, 이러한 처신은 결코 선생님의 뜻과 무애정신이 아닐 것이라는 통렬한 자기반성도 하게 됩니다.

오늘 선생님이 보고파하실 제자들이 몇 사람 모였습니다. 선생님께서 살아생전에 닦아놓으신 학문적 정신적 터전을 이어받아 발전시키는 것이 인간 무애를 영원히 되살려내는 길이고, 후학들이 더불어 잘 살 수 있는 길임을 다시 확인합니다. 선생님께서 생전에 못다 하시고 남겨놓은 과업을 선생님을 추모하는 우리 모두가 단합해서 계승 발전시키고자 다짐하오니, 지켜보아주시고, 부디 극락 영생하시옵소서. 다시 뜻과 정성을 모아 무애 선생님의 명복을 빕니다.

2006년 8월 11일 문하생 이범찬 올림

모원 김욱곤 교수 논문 봉정식 축사

여러분! 반갑습니다. 바쁜 일정을 다 제쳐놓고 이 자리에 참석해 주신 하객 여러분과 더불어, 먼저 모원(慕原) 김욱곤(金旭坤) 교수님의 정년을 축하드립니다. 그리고 정년을 기하여 스승과 제자들의 글을 모아 만든 기념 논문집을 봉정하게 된 것을 진심으로 축하드립니다. 아마도 이 논문집은 김 교수님 본인에게 있어서는 강단생활의 총정리와 새로운 출발의 발판이 될 것이며, 후학들에게는 멀고도 힘든 학문의 길을 밝혀주는 이정표가 될 것입니다. 그런 의미에서, 이것을 준비한 제자 여러분들의 노고에 감사와 격려의 갈채를 아낌없이 보내드리는 바입니다.

세월이 유수 같다는 말을 많이 들어 왔습니다만, 저는 오늘 다시 한 번 실감하게 됩니다. 모원 김욱곤 교수님은 제가 학장 발령을 받던 같은 날, 성균관대학교의 부임 발령을 받았습니다. 그 시절의 기억이나, 1987년 동경대학에서 열렸던 제2회 한일법학연구집회에 발표를 위해 함께 갔던 일, 또 언젠가 모원이 독일에 있을 때 제가 독일을 들렀다가 객고를 같이 풀며 신세를 지기도 했던 일 등등이 바로 어제일 같이 생생한데, 모원이 어느새 정년퇴직을 했고, 오늘 이 자리, 단상 단하에서 이렇게 다시 만나게 되었으니, 참으로 감회가 새롭습니다.

모원의 마음이야 아직도 청년이고, 학문은 이제부터이겠습니다만, 세상이 하도 빨리 변해서, '45정'이란 말까지 유행하는 판국이니, 법이 정해 놓은 정년을 자연스럽게 받아들여야 하겠지요. 그러나 제도권대학의 캠퍼스는 떠났어도, 탈 제도권대학의 선비생활은 그 누구도 말릴 수 없을 것이니, 아마도 계속해서 제자들과 함께 보람 있는 학문생활을 즐기시리라고 믿습니다.

저는 모원 김욱곤 교수님에 대해서는 항상 고맙게 생각하며 살아가고 있습니다. 돌이켜보면, 제가 80년대 중반 그 어려웠던 시절에 학장직 4년을 맡는 동안, 3년이나 주, 야간 학과장을 맡아서 적극 저를 도와주셨던 고마움을 평생 잊을 수가 없습니다.

또 김 교수님은 제게 있어서는 항상 감사의 대상일 뿐만 아니라, 선망의 대상이기도 했습니다. 저는 좋게 말해서 토종학자입니다. 강단생활 45년을 통해서, 외국의 대학이라고는 미국에서 1년, 일본에서 6개월, 겨우 1년 반 밖에는 나가 본 적이 없습니다. 그러나 김 교수님은 외국대학에서 학위를 받고, 대충 계산해서 5년의 세월을 외국대학에서 보내며, 외국에다 많은 연구업적까지 남겨 놓은, 그야말로 국제적인, 자랑스러운 대학자이십니다. 그뿐만 아니라, 김 교수님은 숭실대학교와 성균관대학교에서, 학생처장, 교무처장, 학장, 연구소장 등 중요한 보직을 두루 거치면서 교육행정에서도 그 탁월한 능력을 유감없이 발휘하여 대학의 발전에 크게 기여하셨습니다. 그 바쁜 중에도 주옥같은 논문과 많은 저서를 남겼고, 각종의 학회나 연구원의 임원으로서 학회활동의 중추가 되었으며, 각종의 국가고시위원으로서 국가와 사회의 발전에도 크게 기여를 하였습니다. 그래서 국가에서도 그 공을 높이 평가하여 옥조근정훈장도 수여했습니다.

김욱곤 교수님의 이미지는 공적 생활을 떠나서 보더라도 인격상 전혀 허점이 없는 '구원의 스승상'이라고 하겠습니다. 외유내강의 성품에, 말은 별로 없어도 지조가 있고 신뢰를 할 수 있는 종교인이기도 합니다. 저는 무엇보다도 모원의 여유롭고 멋스러운 사생활에서 더욱 인간적인 매력을 느끼게 됩니다. 왜냐하면, 정년하기 전부터 전원생활의 재미에 푹 빠져 인생의 여유를 즐기고 있기 때문입니다. 강원도라고는 하지만, 저의 고향인 여주군과 인접한 곳인데, 남한강 물줄기가 시원하게 내려다보이는 언덕 위에 아름다운 별장을 지어 가꾸고 있습니다. 저는 모원보다는 재산이 더 많을 것 같은데도, 별장을 갖고 전원생활을 즐기지를 못하고 있습니다. 김 교수님이 괜찮으시다면, 앞으로 가끔 찾아가서 신세나 질까 생각합니다만….

끝으로, 김욱곤 교수님 내외분 내내 건강하고 행복하셔서 만수무강하시고, 계속 정진하셔서 뒤따르는 후학들의 마음속에 영원한 스승으로 남아주시기를 당부 겸 기원하면서, 두서없는 말로 축사에 갈음하겠습니다. 고맙습니다.

(2005. 5. 21. 롯데호텔에서)

내가 만난 회명(晦明)

회갑 때나 크게 다름이 없는 건강한 모습으로 고희라는 인생의 큰 고비를 맞는 회명 박길준 교수 내외분 앞에 진심으로 축하를 드린다. 아울러 스승의 학덕을 기리기 위해 고희기념논문집을 준비하여 봉정하는 후학들의 갸륵한 정성에 아낌없는 찬사와 격려의 말을 보낸다. 이것은 분명, 회명 본인이 평생 걸어온 학문의 길에 중요한 이정표가 될 뿐만 아니라, 이 나라 학계의 발전에도 크게 기여하는 디딤돌이 되고, 날로 삭막해져 가는 학계에 남겨져야 할 아름다운 풍속도가 되리라 확신하기 때문이다.

세상살이란 결국 사람과 사람의 만남과 헤어짐의 연속이렷다. 만났으면 헤어져야 함도 필연인데, 용케도 나는 회명을 일찍 만나 오랜 세월 정을 나누며 오늘에 이르렀다. 아마도 제일

긴 만남이요 가장 많은 기쁨과 감동을 주는 만남 중의 하나이리라.

같은 대학의 선후배로, 같은 스승의 문하생으로 만났고, 한때는 같은 대학의 동료교수로 함께 일했으며, 대학 밖의 중요한 모임에서도 함께 일을 해왔다. 이 끈질긴 인연을 통해서 가슴 깊이 새겨진 회명의 참모습을 그려보는 기회도 다시는 쉽지 않을 듯하여 몇 마디 부연해 보기로 한다.

회명은 얄밉도록 반짝이는 재치를 자랑할 만하다. 꼬집혀도 아프지 않고, 찔려도 기분 언짢지 않게 독설을 쏟아내는 그의 입은 과시 명품이다. 그 유머감각과 날카로운 기지로 하여 회명은 항상 판을 흥겹게 하고 사람의 마음을 끌어 모은다. 그래서 강단에 서면 학생을 휘어잡아 '명강'이라는 평판을 듣는다. 한때는 장안의 특강을 도맡아하기도 했다.

박길준 교수는 건전한 판단력에 남다른 친화력을 지니고 있다. 그러기에 대학에서는 연구소장, 기획실장, 학장 등 중요한 학사행정을 맡겼고, 정부나 사회의 공공기관에서도 자문위원, 연구위원으로 모셨고, 열거할 수 없이 많은 각종 위원회의 위원으로 봉사를 해낼 수 있었다.

특히 박길준 교수의 왕성한 활동력은 놀랍기 이를 데 없다. 상사법과 경제법 분야에서 많은 연구업적을 내놓았을 뿐만 아니라,

여러 국제학술회의에도 폭넓게 관여하였고, 한국상사법학회·한국해법학회·한중법학회 회장을 비롯하여 한국항공우주법학회·한국지적재산법학회의 부회장을 역임하였고, 현재도 한국경제법학회 회장을 맡고 있다. 정년퇴임을 하자 의과대학의 의료법윤리학과의 UB석좌초빙교수로서 계속 봉직하면서, 최근에는 담배규제법안의 연구에도 열을 올리고 있다고 한다.

회명 박길준 교수의 살아온 역정을 살펴보면 참으로 '부럽구나' 하는 생각을 누구나 하게 될 것이다. 좋은 환경에서 구김살 없이 성장해서 흔히 말하는 엘리트과정을 거쳐 활기차게 활동해 왔으니 말이다. 그러나 회명은 내게는 선망의 대상인 동시에 감사의 대상으로 다가선다. 후배인데 실제로는 선배같이 나를 도와주고 이끌어준 분이다. 항상 허물없이 지내다 보니 동년배 친구 같은 마음의 분위기이었기에, 이 친구 이제야 고희를 맞이하나 하는 느낌마저 든다. 특히 회명은 학자로서 뿐만 아니라 장로의 직분으로도 많은 봉사활동을 해왔다. 장로라고 어찌 세상욕심 없을 리 있으랴만, 박길준 장로님은 마음을 비울 줄 아는 선비이다.

최근에 대한민국학술원으로부터 회원 후보자의 추천을 요청받아 한국상사법학회에서는 박 교수와 나를 3개년에 걸쳐서 연속 추천한 일이 있었다. 첫해에는 이범찬을 뽑아달라고 앞장서서 애썼고, 두 번째, 세 번째 해에는 추천은 받았으되 스스로 사퇴까지 하면서 양보를 했다. 욕심을 버리기란 결코 쉬운 일이 아니거늘, 통이 큰 박 교수님은 마음비우기를 실천에 옮겨 선배가 취했어야 할 양보의 미덕을 오히려 가르쳐준 셈이다. 이 기회를 빌려 진심으로 감사를 드린다.

고희란 이제는 고래희가 아니다. 특히 만년청년형인 박길준 교수에게는 전혀 당치도 않은 말이다. 이제부터 보다 활기차게 한층 더 아름답게 연구와 봉사의 길을 걸으며 보람 있는 삶의 모습을 후학들 앞에 보여주십사고 주문을 드리며, 내외분 내내 건강하여 행복한 삶을 누리시기를 기원한다.

2008년 9월 16일 海巖 이범찬 謹識

천료 등단소감

지금까지 써온 전공 외의 글들은 '붓 가는 대로 쓰는 글'이라고 제멋대로 써본 잡문이었습니다. 이제는 잡문을 써도 만인이 수긍할 수 있는 '틀의 품위'도 갖추어 보려고 수필문학공부의 문을 두드렸다는 것이 만학도의 변이랍니다.

논문의 생명은 오리지날리티(originality, 독창성)라고 가르쳐 왔습니다. 그러나 독창성 있는 법학논문이 그렇게 쉽게 써지는 것도 아니려니와, 이제는 그러한 작업을 계속하기에는 체력의 한계를 느낄 뿐만 아니라, 실은 싫증도 느껴지고, 내 생각을 나만의 글로 표출해보고 싶은 욕구를 억제할 수도 없었습니다. 아마도 그런 뜻을 가상히 여기사, 수필문학가의 대열에 넣어주신 줄로 믿습니다. 타다 남은 초 동강이가 다 타버리는 날까지 불꽃을 태울 각오를 새롭게 합니다. 그리고 시를 곁들인 수필도 한번 써봤으면 합니다.

껍질을 막 깨고 나와, 눈도 부시고 날갯짓도 서툴러서 뒤뚱거리는 햇병아리를 바라보는 심정으로, 막내둥이의 발걸음을 지켜봐주시며 따가운 비판의 편달을 아끼지 마십사고, 수필문학가족의 여러 선배님들께 수줍은 인사를 올립니다. 그동안 새로운 장르의 삶의 세계로 안내하느라 애써주신 주위 여러분들께도 충심으로 감사의 뜻을 올립니다.

『수필문학』 2005년 8월호(통권 제177호) 155면

늙마의 외도도 할 만하구나

- 원종린수필문학상 수상소감

고희도 한참 지나 뜻하지 않게 문단에 발을 들여놓았다. 막상 들어와 보니 글쓰기가 무척 어려운 것 같았다. 뿐 아니라 경력이 화려한 대선배들이 그득하고 수상도 여러 차례 경험한 대가가 부지기수니 기가 죽어 쪼그라들 판이었다. 그런데 내게도 수상통보를 해주다니….

강단생활 50년에 법률 관련의 상이라곤 받아본 적이 없는데, 등단 7년 만에 이렇듯 상을 받게 되다니 꿈만 같다. 더 없이 기쁘고 고맙다. 스스로 만족할 수 없는 작품으로 문학상의 꿈까지 노리다니 지나친 노욕이 아닌가 싶어 부끄럽기조차 했다. 그러나 평소에 존경하던 그분의 나에 대한 격려도 생각이 나고, 공정하게 평가를 받아보고 싶은 내 오기도 발동을 하여 도전을 했다. 참 잘했다 생각한다.

등단하던 그해에 문인들을 따라 해외심포지엄에 참석했다. 시드니 문우들 앞에서 차례가 돌아오자 나는 "저는 3관왕의 수필가입니다."라고 소개를 했다. 첫째는 '최근'의 등단 작가, 둘째는 '최단기'의 천료 작가, 셋째는 '최고령 신인'이었기 때문이다. 원종린 선생님은 내 수필집 『늙마의 외도』를 읽고 문학성 짙은 좋은 작품이라고 칭찬도 하시며 '4관왕의 수필가'로 추대까지 해주셨다.

이제 팔순에야 첫 상을 받으니 아마도 '최고령 수상자'라는 5관왕이 되지 않았나 싶다. 고인의 뜻을 받들어 부지런히 더 글을 쓰라는 격려의 채찍으로 받아들인다. 시인 시바다(柴田) 도요 할머니의 말대로 기죽지 말자.

나로선 '대상'에 도전을 하려면 최소한 13년의 세월이 더 필요하다. 건강관리는 물론 더 열심히 쓰자. 이 꿈마저 이루어진다면 6관왕의 수필가로 등극을 하게 될 것이니, 늙마의 내 외도도 즐길 만한 것이 되게.

월산문학상 수상소감

이 뜻 깊은 자리에서 권위를 자랑하는 월산문학상을 받게 된 것을 잊을 수 없는 큰 영광으로 생각하며, 문우들과 관계자 여러분들의 아낌없는 축하를 받자니 더 없이 행복합니다. 기쁘기 이를 데 없습니다.

월산문학상 시상을 위해 애써주신 월산재단 당국자 여러분과 심사위원 여러분에게 충심으로 깊은 감사의 인사를 올립니다.

늦깎이 글쟁이인 저로서는 뜻밖에도 분에 넘치는 큰 상을 받습니다. 기쁨에 앞서 원로 작가나 명망 있는 문단의 대선배님들 앞에 송구스럽기 이를 데 없습니다. 늦게 시작을 했으니 앞으로 더 열심히 창작활동에 힘을 쏟으라는 채찍의 뜻으로 명심하겠습니다.

솔직히 말씀드리면 법학자로 평생을 보내고, 제이모작인생으로 문단에 첫발을 들여놓은 것이 2005년 8월, 수필로 시작하여 시, 시조까지 욕심을 부리며 숨 가쁘게 달려왔습니다.

노을녘에 접어들어 스스로의 한계를 실감하게 되자, 조용히 시골에 파묻혀서 내 삶을 성찰하며 정리를 해보자는 생각이 들었습니다. 그래서 문단생활 10년을 마무리하는 이정표로서, 지난달에 『늦깎이 글집의 자국들』을 엮어보았습니다.

그런데 놀랍게도 이번에 제6회 월산문학상 수상의 영광을 누리게 되니, 본인으로서는 그 깊은 뜻과 월산 선생님의 문학정신을 받들어 새로운 각오를 하지 않을 수 없습니다. 심기일전, 다시 신발 끈을 조여매고 달려보렵니다. 시바다 도요 할머니의 열정을 떠올리며 우선 10년의 이정표를 또 하나 세워보기로 마음을 다지겠습니다.

저의 이 소박한 꿈이 이루어지도록 끊임없는 관심과 따가운 채찍을 보내주시기를 당부 드립니다. 그동안 저의 창작활동을 지도해주시고 아낌없는 격려와 성원을 보내주신 여러분에게도 고마운 뜻을 올립니다.

두서없는 수상소감으로 감사의 인사말씀에 대신하겠습니다. 고맙습니다.

심사평 || 성춘복

2016년 제6회 월산문학상으로 이범찬 님의 수필집 『어차피 가는 길을』이 심사위원 전원의 찬성으로 결정되었다. 상법학의 대가이면서 또한 교수로서 평생을 보내신 분이 일반적인 통념을 깨트리고 뒤늦게 창작문학의 길로 들어선 것 같다.

하지만 그 열정과 부지런함은 타의 추종을 불허할 정도이다. 늦게 들어선 문학의 길을 젊은이 못지않게 부단히 노력하여 수필집과 시조집을 12권이나 내어 저력을 과시하고 있다. 그중에 한 권인 이번 수상작 『어차피 가는 길을』에 담긴 글들은 정년한 후의 삶을 해외여행, 갖가지 체험과 소회, 자연물에 대한 인생론적 사유를 평이하면서도 진솔한 문체로 표현하고 있다. 오랫동안 논리를 따지는 법률학에 종사하여 인문학적 감성과 문장의 세련미가 약간 부족한 듯해도 일상을 지성적으로 담아낸 점은 수필가로서 그의 장점이라고 하겠다. 특히 사물에 대한 예리한 관찰력과 탐구력, 그에 따른 주제와 소재 선택의 능력, 정보와 지식의 풍부함 또한 장점 중의 하나라 해도 과언이 아니다.

작품 곳곳에 묻어있는 인간애, 더불어 자연을 통해 자아를 살펴보고 주변 사람을 따스하게 바라보는 시각 등이 월산 선생의 문학정신에 가깝다고 여겨져 수상작으로 선정하기에 주저함이 없었음을 밝힌다. 수상을 축하드린다.

10년이라는 꼬리표는?

(…앞부분 생략…)

때마침 동아리 문우로부터 메일이 날아들었다. "아래와 같이 문학창작기금에 응모해보심이 어떠신지요. 누구든지 타시면 한 턱 쏘기로 하고요." 지원금이라고 받으면 일일이 정산을 해야 했던 종래의 번거로움이 사라졌으니 얼마나 좋은가. 이제는 요행일지라도 마음 놓고 한 턱 쏠 수도 있지 않겠느냐는 것이다.

한국문화예술위원회의 문학창작기금이 정산의 고충을 해소하기 위하여 2012년부터는 영수증 꿰맞추기가 필요 없는 시상금 제도로 전환한데 고무되어 응모해보자고 독려하는 뜻의 희소식이다.

당장 '2012 아르코 문학창작기금 응모 안내'를 열어보았다. "문학적 성과를 시상하는 일반 시상제도와 차별화하여 우수한 문학적 잠재역량을 지닌 작가를 발굴 지원함으로써 시장기능을 보완하는데 중점을 두고" 있다니 이 얼마나 참신한가.

그런데 그 기쁨도 잠깐, 몇 줄 안 읽고 크게 실망했다. 내게는 그런 잠재역량을 확인해볼 기회조차 없다니. 응모자격이 등단 10년 이상(2001. 12. 31까지)의 작가라야 한다나. 기가 차다. 2005년생 늦깎이의 창작의욕은 안중에도 없는 모양이다. 고참, 어르신들의 밥상을 넘보려하다니 공연히 버릇없는 놈이 되는 셈이다.

다시 생각해보아도 경쟁시켜 창작의욕을 북돋우려는 제도와는 거리가 먼 듯싶다. 경쟁대열에 참여도 할 수 없게 아주 단단한 장벽을 쳐놓다니.

현재 활동하는 작가의 창작의욕을 북돋우기 위하여 지원하는 취지라면 최근의 작품 활동과 그 성과물을 평가하여 앞으로도 훌륭한 작품을 창작해낼 수 있다고 평가받는 자라면 누구든 제한이 없어야 하지 않을까. 과거를 평가한 공로상이 아니라 미래를 독려하려는 장려상이라면 실적으로 검증된 창작역량에 초점을 맞춰야 옳다고 생각했다.

열정과 창의성이 등단기간과 정비례하란 법은 없을 터. 십년의 세월이 지나지 않으면 그만한 창작열은 생기지 않고, 등단하고 세월만 가면 창작능력이 용솟음치기라도 한다는 말인지.

아니면 너도나도 덤벼들면 선정에 힘이 드니 예선의 의미를 부여한다는 뜻일까. 그 역시 설득력은 없는 성부르다. 입력한 조건에 따라 컴퓨터가 선정하는 것은 아니다. 어차피 원로님들께서 심의 결정할 터인즉 어설픈 풋내기에게는 안 주면 될 것을….

항간의 시행되는 시상제도는 수도 없이 많다. 모두가 결과에 대한 평가다. 어떤 경우는 큰 상은 경력자에게만, 작은 상은 등단경력이 소정기간 미만자에게만 주기로 구분함으로써 원로 대접을 제도화한 경우도 볼 수 있지 않던가. 그것이야 시상하는 운영자들의 뜻이니 제삼자가 왈가왈부할 일은 아니다.

그러나 적어도 한국문화예술위원회의 운영은 좀 더 새로워야 하지 않을까 싶다. '그간의 창작성과, 향후 작품 집필계획, 집필작품 원고 일부를 종합적으로 검토하여(…) 적합한 작가를 시상할 계획'이라고 하면서 실제로는 구태의연하게 제약조건을 붙여놓다니, 수상 성과의 극대화를 기하기 위해서는 그런 꼬리표쯤은 과감히 떼어버릴 용단이 필요하다는 내 나름의 생각이다. 정말 아쉽다. 이 또한 나만의 생각일까.

(『문학시대』 2012 가을호, 통권 101호 11면)

고 이제현 중령에게

제현아. 우리는 늘 그렇게 불러왔지. 앞뒷집에 살면서 초등학교 6년을 함께 다닌 죽마고우니까. 그래서 남매간이 된 후에도 그렇게 서로 이름을 부르며 말을 놓았었지. 그런데 유명을 달리했으니 몇 년 만에 불러보는 이름이냐, 제현아!

나는 오늘 네가 잠들어 있는 국립대전현충원을 처음으로 다녀왔구나. 그동안 한 번도 들러보지 못한 것도 미안한데, 그곳을 갔으면서도 너의 비석 앞에다 꽃 한 송이 놓지 못하고 돌아왔으니 참으로 죄스러운 마음에 이 글을 띄운다.

실은 수필문학추천작가회에서 단체로 갔었단다. 그래서 대통령 묘에만 공동참배를 하고, 버스로 묘역을 돌아보고 말았으니, 어찌하겠니. 정말 미안하구나.

그동안 그곳 사정이 궁금했는데 오늘에야 마음이 놓인다. 아니 얼마나 자랑스러운지, 부럽기마저 했다. 나는 6·25때 참전은 했지만 그곳에는 가고 싶어도 가지를 못하니 말이다.

영예의 이 중령! 너의 자리는 장군묘역 바로 앞이라고 들었다.

두리봉 기슭에 자리 잡은 현충원, 광활한 곳이건만 양지바르고 아늑한 보금자리로 계룡산의 지기를 이어받은 명당터, 더더구나 훌륭한 시설에 국가가 완벽한 관리까지 해주니…. 무엇보다도 국가원수를 비롯해서, 장군, 독립투사, 국가유공자 등 몸과 마음을 바쳐 나라사랑을 실천한 분들이 더불어 자리 잡고 있으니 영광, 또 영광이 아니겠니.

초등학교 시절에 호강을 하다가 서울로 옮겨가면서 환경이 급변하였고, 고학을 하면서도 꿋꿋하게 어려움을 극복한 입지전적 인물이었기에 나는 언제나 너를 자랑으로 여겼고 존경했다. 온갖 고생 다 하며 어렵게 서울대학교 의예과에 합격을 하여 첫 학기 등록까지 마치고도 영장이 나와 입대를 하여 포병장교가 되었지. 제대 후에 의사가 되리라던 꿈은 깨어지고 군인으로 한평생을 마쳤으니….

그래도 영어를 잘했기에 미국 육군포병학교로 국비유학도 할 수 있었고, 제1야전군사령부 비서실에서 근무를 했으며, 주월한국군인건설지원단(비둘기부대)에서 파견근무를 할 수 있었으니 그 얼마나 보람이 있는 삶이더냐.

편히 살아갈 형편이 되어 아름다운 황혼을 마음껏 즐기려 하는 참에 병마라니…. 참 안타깝다.

아쉽고 그리움에 발걸음이 안 떨어졌다. 너의 정직하고 검소한 삶은 우리 모두에게 귀감이 되었고, 너의 충성심이 나라를 수호하고 오늘의 번영을 이끌어 내었으니 참 고맙구나. 이 중령!

전쟁의 폐허 속에 외국의 구호물자로 살아가던 우리가 이제 반세기 만에 못사는 고장을 도와주는 나라로 발전했으니 그대의 피와 땀은 결코 헛되지 않았잖니. 안심하고 편히 영면하시라.

두리봉 기슭에 아늑한 보금자리
줄지은 비석마다 이슬은 차갑건만
전우의 끓다만 피는 잔디밭을 녹이네.

내 나라 내 형제들 지키려 나선 그대
젊음도 불사르고 평생을 바쳤으니
거룩타 호국의 충정 자랑이 아니더냐.

2016년 6월 5일 이범찬

자랑스러운 그대

대한민국의 모범적인 군인, 육군 중령 이제현(李濟鉉)은 '짧지 않은 삶 72년'이란 삶의 발자취를 남겨놓고 갔다. 광고지 이면에다 간결하게 적은 눈물겨운 사연들이다. 국군묘지에 잠든 지도 어언 십여 년이 흘렀다.

나는 우연히 그 유고를 보고, 읽어줄 사람이 없다손 치더라도 이 고귀한 피와 땀의 결정체를 그의 사리로 영원히 세상에 남겨놓고 싶어졌다. 미숙한 기록들을 약간 손질하여 출간해 주는 것이 내 친구요 매제인 고인에 대한 도리라고 생각한다.

이제현은 멋진 삶을 살고 갔다. 어려서 몰아닥친 역경을 의지와 열정으로 극복하면서 아름다운 금자탑을 세운 공로자다. 젊은 청춘을 조국을 구하기 위해 던졌고, 화려한 병력을 두루 거치면서 강한 육군의 창건에 공헌한 모범 장교다. 진정한 애국자다. 자랑스러운 인간 승리자다.

맨주먹으로 험한 세파를 극복하면서 치열하게 살고 간 전설적인 인간상을 만난다. 그 자손은 말할 것도 없고, 모르는 사람이라도 한 번쯤 읽고 자신의 삶을 성찰해볼 수 있는 기록이라 높이 평가하고 싶다.

돌이켜보면 우리는 서로가 앞만 보고 자기의 길을 질주하느라 즐거운 시간을 함께하지 못한 것이 못내 아쉬움으로 남는다. 삼가 고인의 명복을 빌면서 이 자랑스러운 발자국을 세상에 드러낸다.

2016년 3월 고인의 십주기에 즈음하여

이범찬

*이제현(李濟鉉) 중령의 유고 자서전 『나는 자랑스러운 군인이었노라』의 편집후기

내가 부러워하는 단 한 사람

- 조긍상 님의 회혼례에 부쳐

참으로 반갑습니다. 우리 두 집이 자동차를 몰고 대관령을 넘어 동해안으로 해수욕을 갔던 때가 어제 같은데, 그 조무래기들이 백발이 성성해졌으니 감회가 새롭습니다. 빠른 세월의 굴곡 속에서도 흔하지 않은 회혼례를 맞이하다니 기쁘기 이를 데 없습니다. 내외분의 큰 복을 충심으로 축하드립니다. 그리고 이 기쁜 자리를 마련해 드리는 자녀분들의 효심과 노고에 대해서도 아낌없는 칭찬과 감사의 뜻을 보냅니다.

나는 제자들이 대통령 권한대행이 되었고, 모교의 총장도 되어 활약하니 대통령도 장관도 총장도 부럽지를 않습니다. 그러나 부러운 사람은 단 한 사람, 그 이름은 조긍상(趙肯相)입니다.

무엇보다도 그 건강이 부럽습니다. 팔뚝이 나보다 훨씬 굵어 지금도 밭일을 할 수 있고, 소주를 병으로 마실 수 있는 그 건강이 부럽습니다. 거기다 금슬 좋은 내외가 함께 노을녘을 즐기니 금상첨화입니다.

나는 3남 1녀인데 두 분은 1남 3녀를 두었으니, 딸을 선호하는 오늘의 세태를 미리 알기라도 했나 봅니다. 아들 딸 모두 잘 길러 사회에 크게 공헌하고 있고, 서로들 화목하게 잘 지내니 참으로 보기 좋고 자랑스럽습니다. 온 가족이 총동원하여 해외 나들이까지 즐길 수 있으니 가장 행복한 집안이라고 부러워하지 않을 수 없습니다.

부디 백세시대에 걸맞게 건강한 모습으로 만수무강하시기를 기원합니다. 온 가족의 앞날에 큰 축복이 내릴 것을 믿고 빌겠습니다.

저의 축하 선물로 시조 한 수를 읊어보겠습니다.

회혼의 향연

- 조긍상 님의 회혼례에 부쳐

두 분이 큰 복 받아 고희 팔순 다 넘기고
일남 삼녀 잘도 길러 효성이 지극하니
새 가연 육십 성상이 부럽기 그지없네.

아들 딸 훌륭하여 누리에 우뚝하고
서로서로 합심하여 큰살림 이룩하니

효도가 따로 있으랴 화목이 으뜸이지.

아빠는 활력 넘쳐 힘든 일도 거침없고
엄마의 끓는 정은 궂은 일도 걱정 없어
내외분 착한 금슬에 만수무강 하리라.

동문회장의 이취임식에 즈음하여

자랑스러운 동문 여러분, 반갑습니다. 닭의 해를 일곱 번째 맞이하는 저로서는 그 어느 모임 때보다도 감회가 새롭습니다. 그동안 여러 가지 어려움을 무릅쓰고 동문회를 이끌어온 길용태 회장의 노고를 치하하며, 10대 회장의 짐을 새로 맡은 배용귀 회장의 취임을 진심으로 축하드립니다.

돌이켜보면, 제가 여주농업중학교에 입학한 지 60년의 세월이 흘렀습니다. 그동안 학제가 중·농고로 개편되었고, 농고는 자영농고로, 전국적인 명문 전문대학으로 발전적인 변신을 거듭해왔습니다. 그 결과 30년 전에 창립된 재경여주중·농고동문회는 실질적으로 맥이 끊긴 모임이 되었습니다. 안타깝기 이를 데 없지만, 그만큼 우리 동문회는 자랑스럽고 소중한 모임으로 발전해왔습니다.

붉은 닭의 해인 정유년을 맞이하여 닭의 덕성을 가슴에 품고 새로운 비상의 꿈을 실현하기를 기원합니다. 비록 동문의 수는 해마다 줄어들 수밖에 없겠지만 애틋한 고향의 향수와 끈끈한 선후배의 열정은 뜨겁게 엉겨 우리들의 앞길은 더 없이 밝고 즐겁기만 하리라 믿어 의심치 않습니다. 신임 회장을 중심으로 똘똘 뭉쳐 힘을 냅시다.

저의 간절한 뜻을 적어 격려와 축하의 말씀에 대신하고자 합니다.

9·10대 동문회장 이취임식에 부쳐

중·농고 문 나선 지 격랑 속에 반백년
서울에 다시 모여 뭉치기 삼십 성상
선후배 끓는 열정은 한없이 넘쳐나리.

어렵게 이끌어온 아홉 번째 길 회장님
태항산 그 추억은 그지없이 아름다워
베푼 덕 잊을 길 없어 길이길이 빛나리.

무거운 짐 걸머진 열 번째 배 회장님
붉은 닭 다섯 덕을 가슴 깊이 품으니
고향땅 옛정 되새겨 힘차게 날아가리.

- 초대회장 이범찬

한국상사법학회 반세기의 소묘

Ⅰ. 첫머리에

한국상사법학회는 한국 상법학의 발전에 중추적이고 선도적인 역할을 하여왔다. 그 역사는 근 반세기를 이어 왔고, 이제는 확고한 기틀이 잡혀서 한국학술진흥재단에서도 학회지 『商事法硏究』를 등재후보학술지로 선정하기에 이르렀다. 오늘날의 이와 같은 위치는 결코 우연히 자생적으로 이룩된 것도 아니요, 그렇다고 어느 날 한 번에 어느 누구의 힘에 의해서 얻어진 것은 더더욱 아니다. 오랜 세월의 역사와 사연이 필요했고, 역대 회장·임원을 비롯한 전체 회원의 지극한 애정과 피나는 노력의 당연한 결실이라고 생각한다. 그러므로 새천년을 맞이하여 지금까지 한국상사법학회가 걸어온 발자취를 되돌아보면서 오늘에 재조명을 해보는 것은, 곧 한 단계 재도약하는 내일의 발전을 위해서 꼭 필요한 과제라고 생각한다.

문제는 지금까지 아무도 학회의 발전사를 다루지 않았고, 특히 초창기에는 아무런 기록도 남기지 않았다는 점이다. 다만 학회를 창립하신 원로 회원님들이 대부분 아직은 생존하고 계셔서 기억을 더듬어 당시의 사정을 짐작해 볼 수 있다는 것만은 다행스러운 일이다. 그러나 한 편 관련된 당사자들이 생존하고 계시다는 점에서, 발전사를 처음 쓴다는 것은 극히 민감한 성질의 것이요, 매우 부담스러운 작업이 아닐 수 없다.

姜渭斗 전임 회장이 이 점에 착안하여 2001년 1월 29일에 63빌딩에서 역대회장님들을 모시고 논의를 했으나, 기록을 남기지 못하고 李均成 신임 회장에게 과제를 넘긴 것도 이해가 되는 부분이라 하겠다. 이균성 회장은 필자가 학회의 초창기에 학회 간사를 맡았었다는 점에서 필자에게 이 작업을 부탁한 것으로 생각되는데, 고희를 목전에 두고 마지막 봉사를 한다는 심정으로, 가능한 한 객관적인 자료에 의거해서 왜곡됨이 없는 진실을 기록하도록 노력하기로 한다. 미흡한 점은 다음 사람의 재조명에 맡기면서.

Ⅱ. 학회발전사의 시대구분

1. 학회창립일(1957. 9. 28.)의 확정

초창기에는 민사법학회와 상사법학회가 분화되지 않았었다. 즉, 1956년에 민·상법교수 20여 명이 모여 '民法草案硏究會'를 조직한 것이 民事法硏究會로 개칭되었는데, 1957년에 그 민사법연구회로부터 독립하여 商事法硏究會를 발족시켰으니, 민사법연구회가 현재의 韓國民事法學會로 바뀌었고, 商事法硏究會가 후에 韓國商事法學會로 개칭되었다. 따라서 한국상사법학회의 창립은 당연히 상사법연구회가 발족한 시점으로 소급해야 한다는 점에는 누구도 이론의 여지가 없다. 다만 창립일에 관하여는 견해를 달리하기도 하나, 1957년 9월 28일을 창립일로 확정하기로 한다. 생각건대, 徐燉珏 박사는 「學會回顧」 중에서 1958年에는 民事法硏究會로부터 독립된 商事法硏究會를 발족시켰다고 기술하고 있고,[1] 梁承圭 박사도 '1958년에 商事法硏究會로 발족하여 성장을 거듭'하여 왔다고 언급하고 있다.[2] 그러나 崔泰永 박사의 약력을 보면 '1957~1972年 7月 韓國商事法學會會長 10餘次 連任'이라고 되어 있고,[3] 朴元善

---

1) 서돈각, 「학회회고」, 『상사법연구』 창간호(한국상사법학회, 1980년) 149면.
2) 양승규, 「개회사」, 『상사법연구』 제10집(한국상사법학회, 1992) 10면.
3) 『상사법연구』 제2집(한국상사법학회, 1982) 5면.

박사의 약력을 보면 '1957年 9月 28日～現在 韓國商事法學會 會員 및 理事'라고 되어 있다.[4] 따라서 이분들의 기록을 종합하여 볼 때, 최태영 박사와 박원선 박사의 약력에서는 1957년 9월이 일치할 뿐만 아니라, 박원선 박사의 약력에서는 28일까지도 명시된 점으로 보아, 1957년 9월 28일에 商事法硏究會(韓國商事法學會)가 창립되었다고 보는 것이 보다 합리적인 해석일 것이다.

2. 반세기의 시대구분

상사법연구회가 발족한 이래 오늘에 이르기까지 근 반세기의 발자취를 되돌아보면, 대체로 3단계로 그 발전과정을 분류할 수 있겠다. 첫째로 처음 민사법연구회로부터 독립한 1957년부터 최태영 회장이 초대회장으로 있었던 1971년까지를 태동기(胎動期-최태영 회장 시대)로,[5] 둘째로 1971년에 서돈각 박사가 제2대 회장으로 취임한 후 孫珠瓚 박사가 제3대 회장직을 맡고

---

4) 『상사법연구』 제2집(한국상사법학회, 1982) 9면.

5) 최태영 박사는 1972년 7월까지 회장직을 연임한 것으로 되어 있으나, 제2대 회장인 서돈각 박사의 약력을 보면 '1971. 8. 29 ~ 1979. 3. 24. 韓國商事法學會長'으로 되어있어서(『商事法論集』- 停年紀念論文集-ix면), 회장직의 인계시기가 일치하지 않는다. 그러나 서돈각 박사의 약력에서는 날짜까지 밝혀진 점으로 보아, 1971년 8월 29일의 총회에서 서돈각 박사를 제2대 회장으로 추대한 것으로 봄이 옳을 것 같다.

있었던 1987년도까지를 정착기(定着期 - 서돈각·손주찬 회장 시대)로, 셋째로 李範燦 박사가 제4대 회장직을 맡은 1988년 이후 현재까지를 중흥기(中興期 - 이범찬 회장 시대 이후)라고 편의상 구분하여 부르기로 한다.[6)]

3. 시대별특색

3-1. 胎動期의 특색: 태동기(제1기)는 회원 중심의 운영 시대라고 그 특색을 표현하고 싶다. 그 시대는 회원의 수도 많지 않았고, 회원명부도 정리된 것이 없어서 회원의 수조차 정확하게는 파악할 수가 없었다. 원로 교수이셨던 최태영 박사를 상사법연구회의 회장으로 추대하였으나, 실질적으로는 그 당시 젊었던 서돈각 박사가 상무이사로서 연구회의 활동을 이끌어 갔었던 것으로 기억된다.[7)] 따라서 연구회의 협의 과정에 회원 개개인의 의사가 직접 반영될 수 있었던 시대요, 상법에 관심 있는 분들의 동호인회·친목단체와도 같은 오붓한 분위기의 학회였다고 기억된다. 월례연구회에 참석하면 학술적인 토론 못

---

6) 필자는 학회발전사의 시대구분을 1) 創立期, 2) 定着期, 3) 活性期로 구분한 때가 있었으나(李範燦, 「韓國 會社法 50年의 回顧」, 『韓國法學 50年-過去.現在.未來(Ⅰ)』(大韓民國建國50周年紀念 第1回 韓國法學者大會 論文集, 1998, 828면 이하), 이번에는 1) 胎動期, 2) 定着期, 3) 中興期로 바꾸되, 그 시대의 기간도, 서돈각 박사를 면담한 결과에 따라 달리 구획하기로 했다.

7) 2001년 6월 5일 서돈각 박사와의 대담에서.

지않게 화기애애한 분위기 속의 회식도 재미있고 즐거웠었던 것으로 기억된다.

3-2. 定着期의 특색: 정착기는 商事法硏究會에서 韓國商事法學會로 명칭이 바뀌고, 회칙도 새로 제정되고,[8] 學會誌(商事法硏究)를 창간함으로써, 학술단체로서의 면모를 갖추면서 학회의 위상을 본격적으로 드러내게 된 시대이다. 특히 1980년에 『상사법연구』 창간호를 발간한 것은 학회발전의 획기적인 전기가 되었다고 보는데, 이것은 서돈각 회장이 마련한 기금의 터전 위에 韓國公認會計士會의 재정적 지원을 받아 손주찬 회장이 적극 추진한 덕이라 하겠다. 손주찬 회장이 "그동안 이(學會誌, 筆者註) 발간사업을 위한 학회의 재정형편이 여의치 못하였으나, 전 회장 서돈각 박사의 애쓰신 보람으로 이 창간호 발행의 여건이 이루어진 것이다."라고 기술한 것으로 보아,[9] 서돈각 회장이 창간호를 발간할 수 있는 재정적 기반을 확충해 놓고,

---

8) 필자는 전계 원고에서 "韓國商事法學會 會則이 1979년 3월 1일부터 시행된 점으로 보아서, '商事法硏究會'에서 '韓國商事法學會'로 학회 명칭이 바뀐 것도 會則制定과 때를 같이 하는 것이 아닌가 추측된다."고 기술했으나(李範燦, 「韓國 會社法 50年의 回顧」, 『한국 法學50年-過去.現在.未來(Ⅰ)』(大韓民國建國50周年紀念, 第1回 韓國法學者大會 論文集, 1998, 828면 이하), 서돈각 박사의 말에 의하면, 1979년 3월 1일부터 시행한 회칙은 그 전에 제정한 회칙을 개정한 것이라고 보아야 할 것 같아서, 시대구분과 함께 달리 고쳐 쓰기로 한 것이다.

9) 손주찬, 「창간사」, 『상사법연구』 창간호(한국상사법학회, 1980, 3면).

학회 회칙도 개정하고, 그 총회에서 손주찬 박사를 회장으로 선임하여 새 회장에게 회무를 넘겨 준 것으로 생각된다. 그때에는 회원의 회비징수도 없었기 때문에, 발전기금을 마련할 수 있었던 것은 '우리나라 상법학회의 원로이신 中央日報社 회장 洪璡基 선생과 숙명여자대학교 車洛勳 총장의 성원을 비롯하여, 李弼圭 회원의 재정적 도움에' 크게 힘입은 것으로 안다.[10)]

그러나 정착기는 회장 중심의 운영시대라고 특정지우고 싶다. 정착기는 명실 공히 서돈각 회장과 손주찬 회장이 각각 학회 활동을 주동적으로 이끌어간 시대이었으니, 회장에 대한 존경과 권위가 인정되었고, 회장의 뜻을 받들어 간사(상무이사)인 邊圭現, 李範燦, 朴吉俊, 李均成이 차례로 수고를 했었던 시대이다. 손주찬 회장은 "회의 여러 가지 일들은 주로 회원인 성균관대학교 법과대학 이범찬 교수·동 대학 박길준 교수·서울대학교 법과대학 양승규 교수, 그리고 한국외국어대학교의 이균성 교수와 함께 항상 상의하여 결정하고, 서로 도와 집행해 왔으며, 그래서 집행부라 스스로 일컬어 온 것이다."라고 밝히고 있는데[11)] 그 점에서 서돈각 회장 시대와 운영스타일이 조금 달라졌다고는 할 수 있다. 그러나 그 집행부란 것이 회칙상 제도화된 것은 아니고, 실제로는 회장과 회장을 보좌하는 간사(상무이사) 중심으로 학회가 운영되었으므로, 손주찬 회장과 간

10) 상게 창간사, 4면.
11) 손주찬, 「간행사」, 『상사법연구』 제2집(한국상사법학회, 1982, 17면).

사이었던 이균성 교수가 온갖 수고를 다했던 시대이다. 이 시대에는 학회 회칙 상 회원의 회비지급의무규정(제15조)이 있었기는 하나, 실제로는 회비를 내지 않는 것이 당연시되기도 했다. 그러한 형편이니 학회의 재정 면에 있어서나 활동 면에 있어서나 한계가 있을 수밖에 없었다. 따라서 전반기인 서돈각 회장 시대에는 학회지가 발간되지 못했고, 후반기를 맡은 손주찬 회장 시대에도 10년간 학회지가 창간호부터 제5집까지 5권만이 발간되었고, 연구발표회도 정기적으로 이루어지지 못했었던 것은 어찌할 수 없었던 것으로 생각된다.

3-3. 中興期의 특색: 중흥기는 제4대 李範燦 회장 시대 이후이니, 임원 중심의 운영이 시작되면서 학회활동이 활발해진 것을 그 특색으로 들 수 있다. 필자는 회장 취임사를 통해서 2년 단임을 천명했는데, 그 후로는 모든 회장의 임기가 단임으로 굳어져 오고 있다. 뿐만 아니라 학회활성화 방안으로 다섯 가지를 밝혔다.[12] 즉, ① 새 회원명부의 정리, ② 회비징수, ③ 회원 간의 유대강화(회보 발간), ④ 학회운영의 합리화(회보에 의한 개시). ⑤ 연구 활동의 활성화(학회지의 속간, 정기적인 연구발표회 등)를 공약하고 실천에 옮김으로써 학회활성화의 전기를 만들었다. 지역별로 다수의 부회장과 이사를 선임하고, 임원들의 협력 체제를 구축했는데, 이러한 방안은 그 후의 회장들에 의해

12) 이범찬, 「취임사」, 1988. 4. 16. 한국상사법학회보, 1면.

계속 이어져 왔고, 대를 거듭할수록 임원의 수도 훨씬 많아지면서 더더욱 활발히 움직여 오고 있다.

돌이켜보면, 필자는 위와 같은 학회활동의 활성화방안의 실천을 위한 노력뿐만 아니라, 가시적인 모양새도 돋보이게 하려고 애를 썼다고 자부하고 싶다. 특히, 서예가 松泉 鄭夏建 선생에게 부탁하여 韓國商事法學會라는 명칭(간판)과 商事法硏究라는 학회지의 제자를 받았다. 따라서 상사법연구 제6집부터는 제자가 바뀌어 학회지의 품위를 한층 더 높이게 되었다. 또 이제는 보물급(?) 예술작품이 된 학회 간판은 韓國書刻社의 서각가 鐵齊 吳玉鎭 선생에게 부탁하여 목각을 했는데,[13] 그 간판의 제작비용은 三英社 高德煥 사장이 부담해준 점도 기억하고 싶다.

中興期에 들어오면서 학회활동은 매우 활발해졌다. 1988년부터는 매년 주로 夏季學術發表大會에서 중요한 당면문제들을 주제로 하여 심층 분석하고, 춘·추·동계에 여는 학술발표회에서는 특정 주제와 관계없이 여러 가지 문제들을 논의하여 왔다.

특히 1994년부터는 연구, 출판, 국제, 섭외, 총무, 기타업무의 專擔理事制를 채택하여(회칙 제7조 제2항) 다수 이사들의 적극적인 협력체제가 구축되었으며, 1995년부터는 상사법연구를 연 2회 발간하고, 1996년부터는 연 3회, 2001년부터는 연 4회 발간하게 되었으며, 編輯委員會 運營規則(1995. 2. 17. 이사회

13) 현재까지 학회장이 바뀔 때마다 돌아가며 학회장의 연구실에 걸려 오고 있다.

결의), 論文審査規程(1998. 9. 17. 이사회결의)이 제정되어 게재논문을 엄격하게 심사하기 시작했고, 1998년부터는 소정의 논문게재료까지 징수함으로써 논문의 질을 한층 더 높이게 되었는데, 이러한 것 또한 학회 발전의 획기적인 전기가 되었다고 높이 평가하고 싶다. 그 결과 1999년에는 학술진흥재단에서 실시한 학술지 평가 결과 『상사법연구』가 총점 70.67을 받아 법률관련학회로서는 유일하게 학술진흥재단 등재후보학술지로 선정되어 A급 학술지로 공인받기에 이르렀다.[14)]

재정적인 면을 보더라도 중흥기에 들어와서는 일반 회원의 회비징수가 철저히 시행되었고, 회장부터 매년 연회비 100만원씩을 내고 다른 임원들도 상응하는 연회비를 냈으며, 법인회원의 가입독려, 기타 유관기관으로부터의 지원 등으로, 정상적인 운영비를 쓰고도 매년 학회기금을 적립할 수 있게 되었다. 또 1996년에 金敎昌 변호사의 특별출연적립금 1천만원까지 가산되어, 2001년 2월 현재로 70,000,000원의 적립금이 모일 만큼 괄목할 만한 발전을 이룩했다.[15)]

회원의 수도 2001년 7월 9일 현재로 377명(개인회원 309+기관회원 68)으로 늘어났으니, 이제는 재도약의 발판이 구축되었다고 자부할 수 있다.

---

14) 『한국상사법학회 회보』 제99-5호(1999. 11. 1.) 2면, 동 회보 제2000-1호(2000. 2. 11.) 2면.
15) 『상사법연구』 제20권 제1호(한국상사법학회, 2001, 789면).

Ⅲ. 학회의 활동상

1. 태동기의 학회활동

태동기는 상사법연구회 시대로서, 학회의 모임이 자주 열리기는 했으나, 소규모의 月例硏究會가 활동의 주축을 이루었다. 회원의 수도 적었고, 주로 서울 시내의 상법교수와 법조실무가들의 모임이었으니, 항상 가족적인 분위기에서 회원 상호간의 친목을 돈독히 할 수 있었다. 그 당시의 회원들을 보면, 최태영 회장, 서돈각 상무이사를 비롯하여 차낙훈, 박원선, 서정갑, 박영화, 정희철, 손주찬, 권경식, 김표진, 이원석, 백이민 교수와 안병수, 조규대 판사, 주문기 검사 외 약간 명이 전부였으나, 실제로는 10명 내외가 주로 모였었던 것으로 기억된다.

상사법연구회의 월례회 모임에서는 법전편찬위원회의 상법초안을 중심으로, 회원의 연구결과를 토론하여 왔으나, 국회에 회부되었던 초안은 5·16군사쿠데타로 폐기되고, 다시 國家再建最高會議의 法制司法委員會에 의한 신 상법초안의 기초 작업이 시작됨에 따라, 상사법연구회도 그 기초 작업 내지 초안의 내용에 관한 연구에 주력하였다. 그 후 1963년에 신 상법이 시행됨에 따라 신 상법이 채용한 새로운 제도와 규정, 특히 영미회사법상의 제도의 수용에 관한 연구를 활발히 전개하여,

그 연구결과가 각 학술지와 상법 교과서에 속속 반영되어 갔다.[16] 다만 태동기에는 학회지가 발간되지 않았고, 그 밖의 자료들도 보존되지 않아서 상세히 알 수 없는 것이 안타까울 뿐이다.

2. 정착기의 학회활동

정착기에는 회원의 수도 차차 늘어 규모가 커지기는 했으나, 학회의 재정을 주로 외부의 지원에 의존했기 때문에 학회활동이라면 대체로 월례연구회의 발표가 주류를 이루었고, 지금과 같이 활발한 학술지의 발간은 어려운 형편이었다.

2-1. 徐燉珏 회장 시대: 정착기의 전반인 서돈각 회장 시대(1971. 8.~1979. 3.)에 와서는 하・동계방학 기간 이외에는 거의 매월 연구발표회를 가져 왔으며,[17] 그것은 1972년 9월 이후의 '주요학회활동개황'이 입증하고 있다.[18] 그 주제만을 열거하면 다음과 같다. …(편집자가 생략)…

그러나 당시의 기록은 남은 것이 없으므로, 서돈각 회장 자신의 회고록의 일부를 아래에 그대로 옮겨 놓기로 한다. "1970

16) 서돈각, 「학회회고」, 『상사법연구』 창간호(한국상사법학회, 1980, 149면).
17) 손주찬, 전게 창간사, 3면.
18) 자료, 『상사법연구』 창간호(한국상사법학회, 1980, 189면 이하).

년대에 와서. 우리나라의 경제가 급격히 성장함에 따라, 기업관계의 기본법인 상법의 비중이 높아 갔고, 그것과 함께 상사법학회의 활동도 더욱 활성화하여 매월 정기적인 연구발표회를 가졌고, 또 최소한 년 1회 지방대학에서 가진 연구발표회에서는, 그 대학의 회원들은 말할 것도 없고, 총・학장을 중심으로 각 대학이 학회를 거교적으로 환영하여 연구발표회에 물심양면의 지원을 아끼지 않고, 참여한 회원의 숙식과 인근의 명승고적의 관광 안내에 여러 가지 편의를 보아 주었다. 1974년에는 경제발전에 따른 기업의 실제와 실정 상법 간의 간격이 서서히 나타나고 기업의 사회적 책임이 강조되기에 이르러, 법무부를 중심으로 한 정부 사이드와, 각종 공・사 기관으로부터 상법개정 문제가 크게 클로즈업되게 되었다. 따라서 상사법학회에서는 상법전 전반에 관한 광범위한 입법론적 연구 사업을 전개하여,[19] 그해 11월[20] 大韓商工會議所의 출판을 통하여, 『商法改正試案 및 意見書』를 내놓았다. 이를 계기로 우리 상사법학회에 대한 내외의 인식이 더욱 새롭게 되었다. 동시에 韓國公認會計士會로부터, 1976년과 1979년 두 차례에 걸쳐 우리 학회

19) 상법개정요강의 심의를 위해, 1974년 12월 9일부터 시작하여, 1975년의 1월 24일, 2월 17일, 2월 24일, 3월 5일, 3월 14일, 6월 9일, 6월 16일, 6월 25일까지 9회에 걸쳐 회의를 하고, 李範燦, 朴吉俊 두 사람이 시내 라이온스 호텔에 며칠 투숙하면서 최종적으로 총정리를 하였다.

20) 책의 판권 부분에는 9월 30일로 되어 있는데, 관행에 따라 날짜를 소급한 것으로 생각된다.

에 대한 연구비지원이 있었고, 中央日報社 洪璡基 회장과 李弼圭 회원은 학회의 연구기금을 위한 성금을 출연하였다. 그리고 1978년에는 외국어대학의 李均成 교수가 우리나라 사법 분야에서는 처음으로 학계를 대표하여, 해상운송법에 관한 종래의 선하증권체제(헤이그규칙과 비스비규칙)를 근본적으로 개편하기 위한 함부르그 전체회의에 참가하였다.[21)]"

2-2. 孫珠瓚 회장 시대: 정착기의 후반(1979. 9.~1988. 2.)에 들어오면, 그래도 그동안 모여진 기금도 있고 해서 학회지를 창간하고 제5집까지 내면서, 崔泰永 博士, 朴元善 博士, 車洛勳 博士, 頌壽記念號(제2집)를 발간했는데, 그 당시로는 쉬운 일이 아니었었다. 李均成 교수의 주요활동보고에 의하면, "… 여러 가지 어려운 사정 아래서, …원로 학자들을 일일이 찾아서 그 延壽祝賀論文集과 함께 축하회를 가진 일은 처음 있는 일로서, 다른 분야의 학회에 좋은 본보기가 되었다고 참석자들은 입을 모았다."고 한다.[22)] 이것은 한국상사법학회의 화목한 분위기를 입증하는 것으로서 좋은 선례가 되었다고 생각한다. 이러한 좋은 선례가 이어져서 徐廷甲 博士 古稀記念特輯號(제4집)와 孫珠瓚 博士・李允榮 博士 停年紀念號(제7집), 徐燉珏 博士・孫聖奎 博士 古稀記念特輯號(제8집), 孫珠瓚 博士 古稀

---

21) 서돈각, 전게 「학회회고」, 150면.

22) 『상사법연구』 제3집(한국상사법학회, 1984, 289면).

記念號(제12집)도 나올 수 있었다고 생각한다.[23)]

정착기의 후반에 있었던 특기할 활동을 들어 보면, 行政改革委員會·文教部·法務部 등 政府機關 및 韓國上場會社協議會·韓國證券業者協會·韓國公認會計士會·韓國船主協會·韓國保險公社등 公·私團體의 재정지원과 후원을 받아 1981년 7월에 '상법개정심포지엄'을 열고 동년 9월에 그 결과를 『商法改正의 論點』(三英社 발행)으로 출간했다.[24)] 또 동년 12월에는 民法·商法改正特別審議委員會가 정부에 의하여 발족되었는데, 商法分科委員會 25인의 심의위원 중 본회 회원 14인이 참여하여, 당시 제1차 연도의 개정작업이었던 상법전 총칙편과 상행위편 및 회사편의 상법개정시안을 작성하였다. 또한 아시아재단의 재정지원에 의한 공동연구를 마무리하여 1982년 7월

---

23) 그러나 金井厚 회장 시대에 들어오면 젊은 회원들의 생각과 분위기가 크게 바뀌게 된다. 즉, 박길준 회장 시대에 "앞으로 회원이 고회가 되는 경우에는 이사회의 결의를 거쳐 고회기념논문집을 만든다."는 이사회 결의(1991. 4. 9.)가 있었는데(『상사법연구』제9집, 401면), 1998년에 오면 이사회에서 앞으로는 개인적인 기념호 특집으로는 학회지를 발행하지 않기로 결의하게 되고, 임홍근 회장 시대에 와서 이것을 재확인하는 결의를 다시 하게 된다(『한국상사법학회 회보』 제98-4호 3면).
서구의 학회지와 같이 학회지를 순수한 연구결과의 발표·전달 기능 만에 국한시켜야 한다는 주장에 따른 것이라는데, 정년·고회기념특집호로 발행했던 묵은 학회지들이 나란히 꽂혀 있는 서가를 바라다보노라면, 우리의 정서가 서려 있는 한복 바지저고리와 양복이 나란히 걸려 있는 것을 보는 것 같아서 감회가 새롭기만 하다.

24) 『상사법연구』 제1집부터 제7집까지, 그 밖에 상법개정의 논점 등 학회 관련 발간물의 편집은 三英社 高德煥 사장이 맡아 헌신적인 수고를 해주었다.

30일자로 『韓美商事法比較硏究』(三英社 발행)를 출간함과 동시에, 이를 바탕으로 하여, 동년 7월에 '한미상사법비교연구'의 특집호(『상사법연구』 제2집)를 냈고, 동년 11월에 '한미수교100주년기념 한미상사법비교연구세미나'를 개최했으며, 1984년 3월에는 손주찬·이범찬·양승규·박길준·이균성이 공동 집필한 '상법개정에 관한 연구'를 특집으로 한 『상사법연구』 제3집을 발행했다. 1985년 4월에는 大韓損害保險協會·生命保險協會의 재정지원을 받아 '보험법개정문제심포지엄'을, 동년 6월에는 韓國海運技術院·韓國船主協會의 재정지원을 받아 韓國海法會와의 공동주최로 '해상법개정문제심포지엄'을 개최했다. 1986년 2월에는 朴榮吉 박사·洪裕碩 박사의 재정적 협조와 韓國法學院의 연구지원금을 얻어 檀也 徐廷甲 博士 古稀記念特輯號로 『상사법연구』 제4집을 발행했고, 동년 9월에는 經濟企劃院의 재정지원을 받아 韓國經濟法學會와의 공동 주최로 '독점규제 및 공정거래법의 문제점에 관한 심포지엄'을 가졌다. 또 1987년 7월에는 일본 도쿄대학에서 열린 韓·日私法共同硏究集會에 대표로 손주찬 박사·이범찬 박사를 파견했고, 동년 11월에는 文敎部 및 財團法人産學協同財團의 재정지원을 받아 보험·해상법특집호로 『상사법연구』 제5집을 발행했다.

『상사법연구』에 게재된 것을 들어보면 다음과 같다. …(편집자가 생략)…

손주찬 회장 시대에 가졌던 연구발표회를 보면 아래와 같다.

…(편집자가 생략)…

1987년 당시의 회원의 수는 170명이었으며, 학회기금으로는 150만원을 상무이사이었던 林泓根 교수가 李均成 교수로부터 인수했다.

3. 중흥기의 학회활동

상술한 바와 같이 중흥기에 들어오면서 학회활동은 매우 활발해졌다. 1988년(이범찬 회장 시대)부터는 매년 주로 하계학술발표대회에서 중요한 당면문제들을 심층 분석하되, 학회 회원뿐만 아니라 해당 분야의 권위자, 실무계의 전문가들까지 초청하여 토론함으로써, 산학협동의 새로운 장을 열게 되었다는 점에서 큰 변화를 찾아보게 된다. 그리고 이때 발표한 것을 보완하여 다음 학회지에 특집으로 실어왔다.

3-1. 이범찬 회장 시대: 1988년의 하계학술대회는 강원대학교에서 신용카드에 관한 법적 제문제를, 1989년의 하계학술대회는 대전 리베라관광호텔에서 '유엔국제물품매매계약에 관한 협약상의 제문제'를 다루었고, 87년도 문교부 학술진흥기금의 지원을 받아 『상사법연구』 제6집을, 88년도 문교부 학술진흥기금의 지

원을 받아 『상사법연구』 제7집(1988)을 孫珠瓚 박사·李允榮 박사 정년기념특집호로 발간했다. …(편집자가 생략)…

3-2. 박길준 회장 시대: 1990년의 하계학술대회는 유성 리베라관광호텔에서 '증권거래법의 문제', 1991년의 하계학술대회는 속리산관광호텔에서 '기업매수·합병(M&A)의 법률상 문제점'을 다루었고, 89년도 문교부 학술연구조성비의 지원을 받아 『상사법연구』 제8집(1990)을 徐燉珏 박사·孫聖奎 박사 고희기념호로, 91년도 문교부 학술연구조성비의 지원을 받아 『상사법연구』 제9집(1991)을 발간했다. …(편집자가 생략)…

3-3. 양승규 회장 시대: 1992년에는 하계학술대회를 간략하게 하고 10월에 대한상공회의소 중회의실에서 大韓商工會議所와 공동주체로 '상사법의 과제와 전망'(상법제정 30주년기념)을, 1993년의 하계학술대회는 수안보 상록호텔에서 '기업의 윤리와 사회적 책임' 등을 다루었고, 92년도 문교부 학술연구조성비의 지원을 받아 『상사법연구』 제10집(1992)을, 93년도 문교부 학술연구조성비의 지원을 받아 『상사법연구』 제11집(19931)을 발간했다. …(편집자가 생략)…

3-4. 정동윤 회장 시대: 1994년의 하계학술대회는 목포대학

교에서 '상법개정'을, 1995년의 하계학술대회는 경주 현대호텔에서 'M&A에 대한 방어대책'을 다루었고, 孫珠瓚 박사 고희기념호로 『상사법연구』 제12집(1993)을,[25] 1994년도 한국학술진흥재단의 지원을 받아 『상사법연구』 제13집(1994)을, 1995년도 한국학술진흥재단의 지원을 받아 『상사법연구』 제14집 제1호(1995)와 제2호(1995)를 발간했다. …(편집자가 생략)…

3-5. 김정후 회장 시대: 1996년 하계학술대회는 부산 해운대 파라다이스비치호텔에서 '재벌문제의 법적 조명', 1997년 하계학술대회는 대전 유성호텔에서 '금융관계법의 현대적 과제'를 다루었고, 한국학술진흥재단의 지원을 받아 『상사법연구』 제15권 제1호(1996), 제2호(1996)와, 제16권 제1호(1997), 제2호(1997)를 발간했다. …(편집자가 생략)…

3-6. 임홍근 회장 시대: 1998년 하계학술대회는 광주대학교에서 'IMF경제시대의 상법적 과제', 1999년 하계학술대회는 삼성생명 휴먼센터에서 '보험법의 제문제', 동년 11월 12일에는 상공회의소 중회의실에서 한국회계학회와 공동주최로 '상법

25) 『상사법연구』 제12집의 발행일은 1993년 12월 25일로 되어 있는데, 정동윤 회장은 1994년에 회장이 되었으므로 기이하기는 하나, 실제로는 1994년에 발행한 것을 어떠한 사정이 있어서 발행일만 소급한 것이라고 추측된다.

상의 계산규정과 기업회계기준과의 조화'를 다루었고, 『상사법연구』 제17권 제1호(1998), 제2호(1998), 제3호(1999)와 『상사법연구』 제18권 제1호(1999), 제2호(1999), 제3호(2000)를 발간했다. …(편집자가 생략)…

3-7. 강위두 회장 시대: 2000년 하계학술대회는 한국해양대학교와 부산파라다이스 호텔에서 '디지털경제와 상사법'을 다루었고, 『상사법연구』 제19권 제1호(2000), 제2호(2000), 제3호(2001)를 발간했다. …(편집자가 생략)…

3-8. 이균성 회장 시대: 2001년의 하계학술대회는 배재대학교 21세기관 콘서트홀과 유성 아드리아호텔 대연회실에서 '주요국가의 기업지배구조 개혁과정과 성과'를 다루었고, 2000년도 한국학술진흥재단의 지원을 받아 『상사법연구』 제20권 제1호를 발간했다. …(편집자가 생략)…

Ⅳ. 학회발전사의 재조명

1. 학회발전의 추이

한국상사법학회가 1957년 9월 28일에 商事法硏究會로 발족한 지 정확하게 44년의 성상이 흘러갔다. 그동안에, 10명 내외의 상법 교수가 주축이 되어 연구 겸 친목을 도모하던 상사법연구회가 한국상사법학회로 변신을 거듭하면서, 자타가 공인하는 모범적인 학회로 자리를 굳히게 되었다.

기록이 남아 있는 1980년 이후의 발전상을 되돌아보면, 별표에서 알 수 있는 바와 같이, 최근 10년 사이에 양적으로나 질적으로나 경이적인 성장을 하여 왔다. 즉, 1980년 당시 개인 회원 100명이었던 회원의 수가 2000년에 개인회원 354, 기관회원 63으로, 1980년에 창간하여 1987년까지 5권의 학회지가 발행되었는데, 현재 통권 제30호가 나왔고, 1년에 4권씩을 발행하게 되었으며, 1988년 2월에 150만원을 인수한 학회기금이 2000년까지 7,000만원으로 축적되었다. 회장과 상무이사(간사) 중심의 학회운영 스타일이, 부회장 8명, 감사 3명, 이사 92명의 협력체제로 변신했다. 내기만 하면 고맙다고 실어주던 원고가 이제는 엄격한 심사를 거쳐 소정의 게재료까지 내어야 게재할 수 있게 되었고, 한편 그렇게 게재된 원고는 연구업적으로 높이 평가 받을 수 있게 되었다.

<한국상사법학회의 발전추이>

비교기간 / 비교항목		1979.9.-1988.2. (손주찬)	1988.2.-1990.2. (이범찬)	1990.2.-1992.2. (박길준)	1992.2.-1994.2. (양승규)	1994.2.-1996.2. (정동윤)	1996.2.-1998.2. (김정후)	1998.2.-2000.2. (임홍근)	2000.2.-2001.2. (강위두)
적립기금(누계)		1,500,000원	3,000,000원	4,986,377원	6,459,931원	20,000,000원	40,132,333원	60,532,006원	70,000,000원
징수회비	회장		1,000,000원	1,000,000원	1,000,000원	1,000,000원	1,000,000원	1,000,000원	1,000,000원
	부회장		100,000원	200,000원	200,000원	200,000원	200,000원	200,000원	200,000원
	이사, 감사		100,000원	100,000원	100,000원	100,000원	100,000원	100,000원	100,000원
	일반회원		20,000원	20,000원	20,000원	20,000원	20,000원	20,000원	20,000원
	법인회원			1,000,000원	1,000,000원	1,000,000원	1,000,000원	1,000,000원	1,000,000원
	도서관		50,000원	50,000원	50,000원	50,000원	50,000원	50,000원	50,000원
인원수	부회장		4인	5인	5인	7인	8인	10인	8인
	이사, 감사		16인	14인	39인	47인	70인	72인	95인
	일반회원★	170인	179인	190인	236인	263인	287인	298인	354인
	법인회원△			2인	2인	3인	4인	4인	4인
	도서관회원					5인	30인	42인	59인
회지(연간)		총5권	1권	1권	1권	2권	2권	3권	3권
회보(연간)			3회		2회	2회	2회	2회	4회
학술발표(연간)									
월례연구발표회		수시로 많이 함							
기타									학회지 학술진흥 재단등재 적격판정

※공란은 해당사항이 없거나, 기록이 없어서 확실하지 않은 부분임.

☆ 한국공인회계사회는 3,000,000원임.

★ 일반회원의 수에는 학회의 임원이 포함되었음.

△ 법인회원의 수에는 지원기관(한국경제인연합회, 한국증권업협회, 금융감독원)은 포함되지 않았음.

2. 학회의 당면과제

2-1. 학회지의 상품화: 『상사법연구』는 제5집까지는 비매품이었다. 그러나 이범찬 회장 시대에 들어오면 제6집 '정가 5,000원'이라고 판권에 가격이 표시된다. 임홍근 회장도 학회지의 상품화를 주창하기는 했으나,[26] 예나 지금이나 실제로는 별로 팔지를 못했고, 그래서 상무이사가 바뀔 때마다 이 대학에서 저 대학으로 쌓아 두었던 학회지를 트럭이나 용달차에 실어 옮겨야 했다. 그러다 보니 흐지부지 다 없어지고, 현재로는 지나간 학회지를 구하려 해도 구할 수 없게 되었다. 이제는 『상사법연구』의 권위도 인정되어 상품성은 인정되나, 교수가 유통시장에까지 뛰어들 수는 없는 형편이라, 학회지를 상품화하려면 그 학회지를 안정적으로 보관할 수 있는 공간(창고)과 전문적으로 판매 업무를 전담하는 인적 조직이 필요하게 된다. 따라서 이 문제의 해결책은 학회의 법인화 과제와 직결되는 것이라 하겠다.

2-2. 학회의 법인화와 회관의 확보: 한국상사법학회가 현 단계에서 한 단계 재도약을 하려면 학회를 법인화할 필요가 있다. 법인화하여 학회의 회관을 소유하고, 고정적인 학회사무국을 확보하여야 한다. 학회활동의 본거지가 고정됨으로써, 학회

---

26) 한국상사법학회 회보 제97-1호(1997. 4. 1.) 2면.

의 여러 가지 사무적인 잡무로부터 이사들이 벗어날 수가 있고, 학회 관련 자료의 영구보존이 용이해지며, 학회회관이 상호간의 연락과 만남의 장(사랑방)이 될 수 있기 때문이다.

2-3. 학회지의 질적 향상: 『상사법연구』가 학술진흥재단의 등재후보학술지로 선정된 것만을 자만할 것이 아니라, 이제부터 한층 더 분발하여 세계적 수준의 학술지로 발돋움하여야 할 것이다. 논문의 질적 향상이야 회원 각자의 몫이라 하겠지만, 학회지의 편집형식의 통일(확정)이나 심사의 엄격화 등은 학회의 몫이기 때문이다.

2-4. 회원 역량의 집중: 회원의 학문적 역량을 모아 국가와 사회의 발전에 적극 기여할 수 있어야 할 것이다. 임홍근 전임 회장이 '상사판례연구회'를 상설하자고 주창한 것이나[27] '상법개정연구 소위원회'를[28] 구성하였던 것도 같은 취지이었다고 생각된다. '상사법 개정에 있어서 주도적인 역할을 하지 못하였던 점'을 반성하는데 그칠 것이 아니라[29] 회원의 역량을 한 곳으로 모아 영향력을 행사할 수 있도록 단결하여야 할 것이다.

한편 그동안 여러 개의 학회가 창립되었는데, 그것은 다양한

---

27) 한국상사법학회 회보 제97-1호(1997. 4. 1. 1면).

28) 구성한 뜻은 좋았으나, 그 활동은 미미하였다고 기술하고 있다. 한국 상사법학회 회보 제2000-1호(2000. 2. 11. 1면).

29) 한국상사법학회 회보 제2000-1호(2000. 2. 11. 1면).

학문영역의 발전이라는 순기능의 면도 있겠지만, 상사법학회의 힘을 나누어 약화시키는 역기능도 있을 것이다. "우리들을 안타깝게 하는 것이 韓國商事法學會를 '總論' 學會로 만드는 일련의 '各論' 學會의 誕生이다."라고 염려한 것도,[30] 같은 맥락에서 이해될 수 있다. 일본의 私法學會는 민·상법의 구별 없이도 잘 운영되고 있는데, 우리도 이제는 유사학회로의 분화는 지양하고, 오히려 발전적인 통합을 통해서 한국상사법학회의 역량이 집중적으로 분출될 수 있기를 기원하고 싶다.

3. 도약의 꿈

한국상사법학회의 발전사에 있어서 중흥기에 이어지는 제4기는 '도약기'라고 명명하고 싶다. 그 시기는 한국상사법학회의 독자적인 회관이 마련되는 시점으로 잡으면 어떨까 하고 꿈을 꾸어 본다. 그 도약기가 반드시 韓國商事法學會百年史를 쓰기 전에 다가오기를 기원하고, 또한 확신하기도 한다. 그 도약기의 도래를 한 해라도 앞당기기 위해서, 학회장을 중심으로 일치단결하여, 모든 회원이 會員倍加運動에 적극 협력하고, 會館建立基金積立運動을 전개하여 모두 동참하기를 당부 드린다. 시작이 반이요, 천리 길도 한 걸음부터 시작되는 것이니.

---

30) 임홍근, 「우리 학회를 한번 키웁시다!」, 한국상사법학회보 제4호(1989. 4. 1. 1면).

韓国会社法再改正の方向

李　範燦　成均館大学教授

一　会社法再改正の背景

韓国の現行商法は、一九六二年一月二〇日に制定公布され（法律第一〇〇〇号）、一九六三年一月一日より施行された商法典である。これは、二一年間も改正されないまま適用されてきたが、さる一九八四年三月一七日にようやく改正が行われ、この改正法は同年九月一日から施行されて現在に至っている。この改正では総則編・会社編のみが対象とされたが、四〇余項目・一二四箇条におよぶ大改正である。その主眼は、第一に、最低資本金制度および休眠会社整理等の株式会社制度の濫用対策、第二に、株式会社の運営の効率化、第三に、企業資金調達の円滑化、第四に、投資者などの利害関係者の保護強化、第五に、不合理または非現実的な規定の整理、第六に、関連法令の整備などの諸点にあるといえよう。

改正法の具体的内容を日本の商法と比較してみると、大部分の規定は類似しているが、特に相違する項目として、最低資本金制度、休眠会社の整理、株式の相互保有制限、株式の額面額の引上げ、株券発行前の株式譲渡制限の緩和、相互保有株式の議決権の制限、取締役・監査役の任期伸長、監査役の職務権限の強化、計算書類に関する調整、株式配当、利益準備金の積立限度、配当金の支払時期、社債総額の制限、実態に即した社債金額の調整などをあげることができる。

この一九八四年の商法改正後間もなく、八五年一一月一四日に法務部（日本の法務省に該当）に法務諮問委員会商法改正特別分科委員会が設置され、保険編・海商編の改正作業が行われ、約四年間の審議を経て、八九年に同改正案がまとめられ、現在、国会に提出されている。

ところで、一九八四年の商法改正後の韓国の社会的・経済的環境の変化には著しいものがあり、企業の量的膨脹とともに質的進展がもたらされた。そこで、一九九〇年の四月一日に再び商法改正特別分科委員会が発足し、改正作業が開始された。同委員会は、航空運送契約法（仮称）および油濁損害賠償保障法の制定と会社法の再改正を目的としてそれぞれ三つの委員会に分かれている。

会社法分科委員会では、まず、一〇〇余の関連団体から寄せられた改正要望事項を参考として審議を進め、改正意見書を作成した後、全体委員会において改正要綱を確定することにした。ところが、九月二九日に開かれた全体委員会で、急遽、予定が変更され、あと一カ月ほど延長し、より多くの意見を集めてから、一一月の全体委員会で改正要綱を確定することに合意した。それから、この要綱に即して審議を進め、一九九一年末までに具体的な改正試案を作成する予定である。

以上の、この度の会社法再改正の目的は、八四年改正法の施行以来、表面化してきた副作用や矛盾を排除し、新たな企業環境に即応した法体制の整備にあるものといえよう。

二　改正要望事項の主要内容

1　最低資本金の引上げ

この度の日本の商法改正においても株式会社について最低資本金制度が採用されているが、韓国の場合には、すでに八四年の改正で同制度をとりいれ、株式会社の最低資本金を五、〇〇〇万ウォンとするとともに（商三二九条一項、

まえがき

昨年の一〇月二七日に、早稲田大学比較法研究所の主催で、「会社法の改正——日韓両法制の現状と課題」と題するシンポジウムが開催された（本誌一二三二号トピック欄紹介）。韓国では、一九八四年に、わが国に先立って株式会社に最低資本金制度を導入するほか、株式会社の運営の効率化や資金調達の円滑化をはかる各種制度を新設するなど、かなり大規模な会社法の改正が行われたが、その後の改正法の実施状況等に鑑みて、昨年の四月から再び会社法の改正作業が開始された。わが国でも昨年六月に平成二年の会社法改正が実現したものの、なお多くの立法課題が残されており、引き続き改正のための審議が行われることになっている。もともと日韓両国の会社法は、その沿革から基本的構造を同じくしていることもあり、現在多くの共通の課題や問題点を抱えていると思われるので、相互の立場から実情を紹介し討議しあう機会がもてれば、それぞれの改正論議に役立たせることができるのではないかというのがこのシンポジウム開催の目的であった。そこで、韓国側から、韓国商事法学会の前会長であり、この度の改正についても委員をしておられる成均舘大学校の李範燦教授と、同学会の常任理事をしておられた成均舘大学校の林泓根教授のお二人に、また日本側からは京都大学の龍田節教授に、両国の現状と課題についてご報告頂いた。その詳細は、比較法研究所の機関誌である「比較法学」に近く掲載されるので、それを参照して頂きたい。そのうち、李教授のご報告部分にあたる韓国会社法の再改正をめぐる各界の改正要望事項の紹介は、同国の現状と会社法の問題点を知るうえでも関心をもたれる向きが多いと考え、本誌に掲載して頂くことにした。本稿は李教授のご報告（日本語）をなるべく忠実に論文にまとめたものであるが、もし誤りがあれば私どもの責任であることを明記しておきたい。なお、このシンポジウム開催にあたり、辻眞基金の助成を得たことをここに誌して感謝申し上げる次第である。

酒巻俊雄（さかまきとしお）＝早稲田大学教授

有限会社は一、〇〇〇万ウォン（旧法一〇万ウォン）に引き上げた（商五四六条一項）。株式会社の最低資本金については、小商人の範囲を決める資本金額を従来の五〇万ウォンから一、〇〇〇万ウォンに引き上げたことや、改正当時の経済実情から見ても、その最低限をより高く定めることが望ましい、という私見を述べてきた。この度の改正意見書の中には、最低資本金を二億ウォンに引き上げ現実化すべきこと、さらに、小規模株式会社を有限会社に誘導するために、有限会社への組織変更要件を緩和すべきであるとの意見が証券監督院より提案されている。

八四年の改正では、既存会社に対して施行後三年内（すなわち、八七年八月三一日まで）に増資をして基準を達成するか、有限会社へ組織変更をしなければ、その株式会社は解散したものと見なすという経過規定（商付則四条一項、二四条二項）を設けていた。この点、日本の改正法は、五年の猶予期間内に増資をするか、または合名会社・合資会社・有限会社へ組織変更をしなければ解散したものとみなすが、さらに、その後三年内に限り会社を継続することができるとして、結局、八年間の猶予期間を認めていると聞いている。しかし、韓国改正法は三年間の猶予期間しか認めておらず、しかも、解散したものとみなされた会社の処理方法について何らの規定もおいていない。

そこで、韓国の大法院（日本の最高裁判所に該当）は、「商法付則四条二項および二四条二項の規定により解散したものとみなされた会社に対する登記事務処理指針」という例規九九二一二に基づいて、八七年八月三一日までに解散みなし会社を確認し、その登記用紙の右側上段の適当なところに「解散みなし（株式）」または「解散みなし（有限）」と表示した索引票を付けておき、以後、解散みなし会社に対しては印鑑証明および登記簿の抄本の発行を禁止することを命じた。

大法院法院行政所の非公式集計によると、一九九〇年九月三〇日現在、商法付則四条および二四条により解散したものとみなされた会社数は、ソウル市管内で四、二八二社であり、全体五万四、五八四社のうち、七・八％に達している。しかし、今後、これらの解散みなし会社をいかに整理していくかについては、いまだ見通しが立っていない。早急の立法的措置が要望されている。

2　株式譲渡の制限

韓国の商法三三五条一項は、定款の規定をもってしても株式の譲渡を禁止または制限することはできないとし、株式譲渡の絶対的自由を保障している。しかし、多数存在している小規模・閉鎖的株式会社にとって、その閉鎖性維持は保障されるべきであると考えられるし、早晩、実施される予定である資本自由化に備えてその必要性が切実に要望されている。この点、各団体から寄せられた改正意見を検討してみると、定款の規定をもって取締役会などの承認を要する旨の規定を設けることを認めるという方向については、大体、意見が一致しているようである。しかし、会社の意思に反して株式の譲渡がなされた場合の措置や、取締役会などの承認が得られない株主に対して、どのように資本回収の手段を与えるべきかについては、いろいろの意見が出されている。前者については、会社または他の株主に株式の買取請求権を認めたらどうかという意見と、後者については、株式を譲渡しようとする株主にも会社に対する譲渡の相手方の指定請求権を認めたらどうかという意見が一応採用されている。この点については、今後、慎重な検討がなされるであろうが、その際、日本の研究成果や判例の動向などは貴重な参考になるものと思われる。

3　自己株式の取得制限の緩和

自己株式の取得制限に関する韓国法の基本的立場は、日本法と同様であるが、自己株式の取得を認める例外事項に若干の違いがある。すなわち、韓国法は、端株の処理のため必要なとき、その取得を認めるが、株式買取請求の制度を採用していないのでそれに相当する規定はない。ただ、今度の改正で、同制度が取り入れられることになると、当然、この場合にも自己株式の取得を認めざるを得ないであろう。

さらに、改正意見の中には、外国資本による国内企業の買収防止のため必要なとき、また、従業員持株制度の運営のため必要なときにも自己株式の取得を認めたらどうかという意見が出されている。また適法に取得し保有している間の自己株式について自益権を認めるか否か、また、自己株式の保有期間を明示すべきではないかという提案もなされている。

4　数種の株式

韓国法は、日本法と同様に、新株発行または株式配当がなされる場合に、優先株に対して割り当てる株式の種類について規定していない。この点について学説は分かれており、実務上は、定款の規定をもってそれぞれ異なる取扱いをしているのが現状である。そこで、この場合、政策的に優先株にも普通株を発行するようにしたらどうかという改正意見が出されている。

韓国の上場会社協議会が一九八九年一〇月三一日を基準に集計した優先株発行状況をみると、上場会社五八九社中、九〇社が無議決権優先株を発行しており（約一五・二八％）、この優先株による資本金総額は、上場会社全体の発行済資本金一九兆五、七二三億六、八〇〇万ウォン中、五・〇六％に達する九、八九五億三、九三三万ウォンである。ところが、この九〇社の中の八八社の優先権の内容は、金銭による配当の時、普通株式より額面価額の一％だけを優先配当する非参加的・非累積的なものとなっている。これは、名目的優先株であり、無議決権株を発行するために形式的な条件を付したものにすぎない。このように、優先株制度は、その本来の趣旨が没却され、大株主の経営権確保の手段として利用されているのが実状である。このような状況のもとで、大株主がその所有する優先株を大量に売り渡すなどして、優先株の価額が普通株より二〇〜三〇％も安くなるなど、株価の歪曲現象が起こり、少額投資家の保護という観点からもそのあり方が問われている。

このような弊害を阻止するため、証券監督院は行政的に優先株の発行を禁止したり、優先株に割り当てる新株を普通株にするよう指導・監督しているが、制度そのものの再検討とともに、立法的解決策がはかられるべきであると考える。

5 議決権のない株式

前述したように、議決権のない株式の優先配当率が名目的なものになっている実態を考慮に入れ、優先権の内容について、たとえば、優先配当が累積的である旨を法文上明らかにしたらどうか、という意見が出されている。私見としては、むしろ優先配当率について最低限を法定したほうがより効果的ではないかと思う。

6 無記名株券制度の廃止

無記名株券の制度は、実務上利用されたことがなく、記名式株券も交付のみをもって譲渡可能になっている現行法の下では、この制度に関する諸規定が有名無実化しているので、同制度の廃止が要望されている。

7 株主総会の定足数の緩和

韓国法は、通常決議の定足数について、日本法と同様の規定を設けている。しかし、株式分散の高度化や企業の大型化が進むにつれ、大衆株主が急増しており、とくに、議決権行使に関心のない群少株主の総会出席率の低下によって、定足数の確保が難しくなっている。そこで、株主総会の定足数要件を緩和するか、あるいは、定足数に達せず、総会を再招集した場合には、定足数を発行済株式総数の三分の一以上にしたらどうかという意見が提案されている（米国模範事業会社法三〇条、ニューヨーク事業会社法六〇八条b項は三分の一以上、フランス商事会社法一五五条二項は四分の一以上）。

8 書面による議決権の行使

株主総会の成立を容易にし株主の議決権行使の円滑化をはかるため、議決権のある株主数が一定水準以上の大会社に対しては、書面による議決権行使を認めたらどうかという意見が提案されている（ニューヨーク州銀行法六〇一五条、日本商法特例法二一条の三参照）。

9 新株の利益配当起算日

現行法上、新株の効力発生時期は場合によって異なるので、新株の利益配当における起算日も異なることになる。その結果、同一会社の株式でもそれぞれ格差が生じている。韓国の企業慣行や法務部の有権解釈はいわゆる日割配当を認めているが、近時、この点に関する疑問が提起されている。すなわち、議決権の行使および新株引受権等においては新株と旧株との格差が認められないのに、利益配当の場合に限ってそれを認めるのは法理上衡平を欠くのではないかという理論的理由と、株式市場における流通の効率性をはからなければならないという実際上の理由に基づき、同一の事業年度内に、有償増資・準備金の資本組入れ・株式配当に伴って発行した新株について、その配当起算日は、ともに遡及して事業年度の初日としたらどうかという意見が提案されている。

10 株式配当

韓国の八四年改正法は、株式配当制度を導入したが、株式の配当により発生した端株の処理方法については、株式併合などの場合の処理方法、つまり、併合に適合しない部分について発行した株式を売却して、その代金を支払うという方法を準用せず、端株分につき金銭をもって配当する簡便な方法を取り入れた。ところが、ここ数年間、株式の市価は非常に高く、改正当時に比べて、平均四、五倍にはなっている。このような状況では、金銭をもって配当する方法は、端株主にとって不利であることはいうまでもない。そこで、株式配当のときにも、株式併合のときの処理方法を準用するように改正することが要望されている。

また、韓国法は、株式配当額について、日本法とは異なり、利益配当総額の二分の一に相当する金額を超えてはならないという規定をおいている。ただ、資本市場育成に関する法律の適用をうける上場会社等には、この制限の適用はなく、利益配当総額に相当する金額の範囲内で株式配当をなすことができるようになっている。私見では、このような制限の実効性いかんについて疑問をもっており、いずれこの制限は撤廃されるべきではないかと考えている。

11　配当金の支払期間の短縮

配当金の支払時期について、日本法には規定がないが、韓国の場合には、意図的な配当金支払の遅延を防止するため、定時総会で計算書類の承認がなされた日より二カ月以内に支払うことが要求されている。ということは、実際上、配当金の支払いを二カ月間遅滞することを認めた結果にもなるわけである。そこで、この支払期間を一カ月以内に短縮するとともに、その時期をすぎた場合には、延滞利息の支払いを義務付けようという改正意見が出されている。

12　社債発行総額の制限廃止

韓国法は、八四年改正の際、従来の資本および準備金の総額までとなっていた社債の発行総額の限度を、企業界の強い要望に応じて、その二倍までに緩和したという経緯がある。しかし、この度の改正意見としても提案されているように、企業界としてはその制限をさらに緩和するか、あるいは廃止することを要望している。特に、廃止を主張する者は、おそらく、発行総額の制限そのものが実際上、大きな意味を持たないと考えているようである。私見ではあるが、この立場にたって制限を廃止するならば、既存社債に未払込みのある場合の制限（社債募集の制限）も廃止すべきではないかと考える。

13　合併貸借対照表等の開示

韓国法は、株式会社の合併に際して開示すべき事項について、おおむね日本法と同様の規定をおいている。しかし、この点に関連して、合併契約書の要領の通知および合併貸借対照表の開示だけでは、合併比率の公正性判断はほとんど不可能であるという指摘がなされてきた。そこで、改正意見として、取締役の権限濫用を事前に防止し、かつ、一般投資家を保護すべきであるという趣旨で、合併承認総会前に合併契約書、合併貸借対照表および取締役会議事録等を株主に開示すべきこと、また、合併検査役制度を導入することが提案されている。

14　吸収合併の報告総会

韓国の現行法は、日本法と同様に、吸収合併がなされたとき遅滞なく報告総会を招集することを要求している。この点については、株主総会の招集の困難さを考慮に入れ、さらに、合併手続の長期化を防止し合理化をはかるために、報告総会を廃止し、存続会社は次期の定時株主総会で合併事項を報告すれば足りるという手続上の簡素化が要望されている。

15　株式買取請求権

韓国の場合、株式買取請求権制度について、商法は何ら規定を設けておらず、証券取引法上、会社の合併または営業譲渡・譲受けが株主の意思に反してなされる場合、その株主に株式買取請求権を認めているにすぎない。そこで、証券取引法の適用をうけない非上場会社の少数株主にもこの請求権を認めようという改正意見が出されている。

16　債権者の異議提出期間の短縮

韓国法は、合併・資本減少・株式併合の場合の債権者異議提出期間を二カ月以上と定めている。この点については、マスメディアの発達により迅速な情報伝達が可能になっていること、異議提出期間の長期化は、債権者などの利害関係者にむしろ不便であることなどを理由にして、その期間を一カ月以上に短縮したらどうかという意見が提案されている。

17　旧株券の提出期間の短縮

韓国法では、株式併合をなすとき、旧株券の提出期間を三カ月以上とすべきことが定められている。この点についても、債権者の異議提出期間の短縮の場合とほぼ同様の理由でその提出期間を一カ月以上に短縮したらどうかという意見が提案されている。

18　設立手続の合理化

現行法上の株式会社の設立手続については、会社設立の段階から、事実上一人の出資者によって、しかも、株金の仮装払込みが行われるなど、種々の問題が山積している。そこで、韓国税務士会より、募集設立の場合、設立時に発行する株式総数の五〇％以上を必ず発起人以外の者に引き受けさせるなど、その要件を強化すべきであるという意見が提案されている。その他にも、発起人数を現行の七人以上から三人以上に緩和することや、株金の払込み、増資、名義書換の時に第三者機関による登録制度の導入いかんについて検討することが要望されている。もっとも、現行法上の払込仮装罪等に関する規定（六二八条）を見せ金による仮装払込行為に適用するのは、その構成要件が不明確であるがゆえにきわめて困難であるとして、見せ金による仮装払込行為を払込仮装罪の一類型であることを明文化すべきこと、また、見せ金による払込みの欠缺が著しい場合には会社設立無効の訴えの原因とすることを明らかにして解釈上の争いを立法的に解決することなどが改正意見として寄せられている。

この度の日本法の改正においても、設立手続の合理化をはかるため、多くの措置がとられたようであるが、韓国においても同様な問題が存在している限り、日本の改正法また改正議論などを参考にして積極的に取り組んで行かなければならないと考える。

19　株券の記載事項の簡素化

従来より、株券記載事項のそれぞれの存在意義については、多くの疑問が提起されてきた。この度の改正意見としては、会社が発行する株式の総数および株式の発行年月日を記載事項より削除することが要望されている。

20　抱合せ増資

資金調達の便宜をはかる趣旨で、有償・無償並行増資のとき、日本商法二八〇条ノ九ノ二に倣って、抱合せ増資制度を導入することが提案されている。

21　少数株主権の行使要件の緩和

日本法は、少数株主権の行使の要件として、一定割合以上の株式の保有率のほか、株式の絶対数または株式の保有期間も取り入れ、各場合によって多様な取扱いをしているようであるが、韓国法は、一律に一〇〇分の五以上という株式の保有率だけを要件としている。しかし、近時の国営企業の民営化による国民株普及および株式投資の大衆化が進むにつれ、零細投資家が急増している実態からすると、この要件は、非現実的であると思われる。大株主や理事者の専横を防止し、かつ少数株主の地位を強化するためにはこの要件を緩和する必要がある。改正意見としても、その要件を現行の一〇〇分の五以上から一〇〇分の三以上に緩和することが要望されている。

22　休眠会社の整理

韓国法は、休眠会社の整理につき、大体、日本法と同様な規定をおいている。ただ、その整理にあたる主務部署が、日本の最高裁判所に該当する大法院の法院行政所長であること、営業継続の届け出をなすところが法院（日本の裁判所に該当）になっていることのほか、日本法では解散したとみなされる会社を、その後いかに扱うべきかについて規定していないが、韓国法は、その後三年内に会社継続の決議によって会社を継続しない場合には清算が終結したものとみなすといういわゆる清算結了擬制規定をおいていることが日本法と異なっている。韓国法の立場においても、清算結了擬制後の扱いについて、一応、法院の嘱託登記により登記簿から削除されるようになっているが、このような処理の当否いかんについて、なお検討の余地がある。

（イ・ボンチャン）

韓國と日本における 監査委員会制度の採択

李　範燦*
金　知煥**

I．はじめに

韓国は，1999年の改正商法で経営監督機構を抜本的に改革した[1]。1984年の商法改正以後，監査制度に関する改正がしばしば行われたにもかかわらず，1997年には企業の不祥事に因った通貨危機を体験することになった。これは監査役制度の有名無実化が明らかにされる契機になったともいえる。従って経営の透明性を高め企業の健全性を確保するために，1999年の改正商法では社外取締役制度と監査委員会制度を採用することになった[2]。

日本の場合にも平成14年の改正法で社外取締役制度と監査委員会制度が新設された。即ち，大会社及びみなし大会社では，委員会等設置会社と従来型の監査役設置会社のどちらかが選択できるようになり，委員会等設置会社においては，社外取締役で構成される指名委員会・

*　名古屋経済大学教授　Lee Beom Chan
**ソウルサイバ大学校教授　Kim Ji-Hwan　Seoul Cyber University
1）これに関する紹介は，李範燦，「韓国における会社法の最近の動向と課題」，商事法務 No. 1576（2000.11.5），25頁；孫珠瓚「韓国における最近の株式会社法の改正とその問題点」，証券研究年報（第15号），大阪市立大学，2000，131頁参照。
2）弥永眞生，平成14年改正商法解説，有斐閣，2002，60頁。

報酬委員会・監査委員会が設けられることになった。

このように韓国と日本は，いわゆるアメリカ型の社外取締役制度と監査委員会制度を導入したという点では同じである。しかし，その制度の内容面では異なる点も少なくない。従来，日本と韓国は，企業の経営監督制度や企業文化において類似した点が多かったので，両国で新設された制度の内容を比較することは興味深く，既に韓国で施行されている社外取締役制度及び監査委員会制度の運営の実態とその問題点を分析することにより，お互いに各々何か示唆する点が見つけられるのではないかと思うのである。そこで，本稿では，両国の監査委員会制度の規制内容を比較検討しながら，韓国における運営の実態を紹介し，いくつかの問題点を指摘してみることにする。

II．社外取締役制度及び監査委員会制度の創設

1．社外取締役制度及び監査委員会制度の新設背景

韓国の場合，1996年に現代グループが大株主の独断と専横を牽制・監視し，大企業に対する国民の否定的なイメージを改善するために，社外取締役制度を自発的に採用した。しかし，社外取締役制度と監査委員会制度が制度的に導入される直接的な契機となったのは1997年の通貨危機であった。その際，監査委員会制度の導入に対しては学界での反対意見も少なくなかった[3]。けれども，国際通貨基金（IMF）や世界開発銀行（IBRD）からの採用勧告もあり，韓国政府も企業の不祥事を除いて国際競争力を強めるためには社外取締役制度及び監査委員会制度が有効であろうと判断し，結局1999年の商法及び証券取引法の改正でこれらの制度に対する規定が明文化されたのであった。

一方，日本の場合には，平成14年改正法における社外取締役制度

3）孫珠瓚，前掲論文，147頁。

と委員会等設置会社制度の導入は，企業の健全性を確保するための監査制度の改正目的もあるが，寧ろ経営管理機構構築の自由度を広げて効率的経営を促すためであるとされている[4]。

2. 社外取締役制度及び監査委員会制度の採用

(1) 社外取締役制度の採用

韓国における社外取締役制度が制度的に義務化されたのは1998年に改正された有価証券上場規程においてである。同規程によれば，株券上場法人の場合，取締役の4分の1（最低1人）以上を社外取締役として選任するように定め（同規程48条の5第1項），同規程附則では1998年以内に社外取締役を1人以上選任しなかったまま決算日から6ヵ月が経つと，1部の銘柄（種目）は2部の銘柄に移転するとともに「上場警戒法人」に指定し，2部の銘柄はすぐ「上場廃止考慮法人」に指定することにしている（同規程附則3条，4条）。なお，1999年からは社外取締役を選任しなかった株券上場法人に対して「管理銘柄」として指定することにした。一方，1999年の改正商法は監査委員会制度を採り入れながら監査委員の欠格事由を定めている。立法趣旨によりそのような欠格事由に当たらない者を一般的に社外取締役として取り扱っている。しかし，証券取引法は明文で株券上場法人または資産総額が1千万ウォン以上である協会登録法人の場合，社外取締役を取締役総数の4分の1以上選任するように定めている（韓國証券取引法（以下，韓証取という）191条の16第1項前段，韓証取施行令84条の23第1項）。とくに資産総額が2兆ウォン以上である株券上場法人または協会登録法人の場合は，社外取締役は3人以上とするが取締役総数の2分の1以上でなければならない（韓証取191条の

4） 森本滋，「委員会等設置会社制度の理念と機能［上］」，商事法務 No. 1666（2003.6.25），4頁。

16第1項後段，韓証取施行令84条の23第2項)。

日本の場合には，平成14年改正法で大会社またはみなし大会社で社外取締役が選任できるようにしている。即ち，大会社またはみなし大会社の中で重要財産委員会を設ける会社（日商特1条の3第3項及び4項）または委員会等設置会社の場合には必ず社外取締役を選任しなければならない（日商特21条の8第1号)。

要するに，韓国の場合，一定規模以上の株券上場法人または協会登録法人の場合には，一定数以上の社外取締役の選任が義務化されているが，日本の場合にはあくまでも会社の選択事項として定めているという点で違いがある。

(2) 監査委員会制度の採用

韓国の場合，1999年3月に民間機構として設置された「企業支配構造改善委員会」の模範基準（Code of Best Practice）で大規模公開企業，政府投資機関，金融機関のような企業経営の公益性が強調される企業に対して監査委員会制度の導入を促した（同規準1.1条)[5]。即ち，監査委員会は，企業の経営活動が一層複雑になる大企業や多様な利害関係者を持っている金融機関にあって，牽制と均衡を通じて経営陣が企業価値の極大化を達成するように監督し，支援することになる点で肯定的な効果をもたらすというのである。このような監査委員会制度が商法に明文化されたのは1999年の改正商法においてであった。即ち，商法は会社が従来の監査役でも監査委員会でも定款によって選択できるようにした。しかし，1999年の改正証券取引法は最近事業年度末の資産総額が2兆ウォン以上である株券上場法人または協会登録法人にあっては監査委員会制度の採択を強いている（韓証取191条

5）詳しい内容は，王舜模，「韓国におけるコーポレート・ガバナンスと商法の動向［下］」，商事法務 No. 1572（2000.9.25)，24～26頁。

の17第1項，韓証取施行令84条の24第1項）。さらに将来には監査委員会の設置が義務づけられる対象企業の範囲を広げていくという方針である。

日本の場合は，平成14年の改正商法特例法で委員会等設置会社制度を創設した。即ち，大会社またはみなし大会社の委員会等設置会社は，監査委員会・指名委員会・報酬委員会及び1人または数人の執行役機関を置かなければならない（日商特21条の5）。この場合，監査役を置くことはできない（日商特21条の5第2項）。

Ⅲ．監査委員会制度の規制内容

1．監査委員会の設置

韓国の商法と日本の商法特例法によれば会社の自律で監査委員会が設けられるという点では同じである。即ち，韓国の場合，会社は定款の定めによって監査役の代わりに監査委員会が設けられ（韓国商法（以下，韓商という）415条の2），日本の場合は，大会社またはみなし大会社のうち委員会等設置会社においては監査委員会を置き，このような株式会社においては監査役（会）が置けられないようにしている（日商特21条の5第1項，2項）。しかし，韓国の証券取引法によれば直前事業年度末の資産総額が2兆ウォン以上の上場会社または協会登録会社においては監査委員会の設置が義務化されているという点で（韓証取191条の17第1項，韓証取施行令84条の24），全ての株式会社が自律的に設置できる日本の場合とは異なる。立法政策上，監査委員会の設置を強いることが良いのか，自由な選択が良いのかにつき実務界の対応を見守るのは興味あることであろう。

日本の場合，委員会等設置会社においては，①指名委員会，②監査委員会，③報酬委員会，④1人または数人の執行役の機関を同時に設けるようにしているという点で，各種委員会の設置は会社の自律に任せながら，監査委員会の設置だけを明文で規定している韓国の商法との違いがある。但し，韓国の証券取引法によれば社外取締役候補を薦めるためには社外取締役候補推薦委員会を置いて，ここから候補を薦めるようにしている。思うに，監査委員会がその機能を果たすためには監査委員の地位の独立性が強く要求される。そこで，監査委員会の機能発揮のための前提条件の確保が指名委員会の忠実な役割と言える。このような脈絡から見れば指名委員会を一緒に取り入れて，取締役の選任及び解任の案件を処理するようにした日本の立法例がより合理的であると言えよう。

さらに日本の場合，委員会等設置会社にあって取締役は業務執行を担当することができないが（日商特 21 条の 6 第 2 項），韓国の場合に監査委員会設置会社である場合にも機関としての執行役は商法及び証券取引法に明文規定がなく，従って取締役が業務を執行することもできるし，業務執行取締役が 3 分の 1 の範囲の内では監査委員会の委員にもなることができる。日本の場合，監督機関と業務執行機関を分けようとしたのであるが，韓国の場合は，監査委員会を取り入れる株式会社においても監督機関と業務執行機関の分離を試みなかった。従って韓国の場合は，自己監査という批判が免れられないと思える。

2. 監査委員会の組織

韓国と日本の場合，監査委員会は各々3 人以上の取締役で構成される（韓商 415 条の 2 第 2 項，日商特 21 条の 8 第 5 項）[6]。監査委員会の組織は，韓国商法の場合，法定の欠格事由に当たらない取締役（いわゆる社外取締役）が 3 分の 2 以上でなければならないのに比べて（韓商 415 条の 2 第 2 項，韓証取 191 条の 17 第 2 項，54 条の 6 第 2

6）韓国の場合，監査委員会を除き他の委員会は，取締役 2 人以上で構成することができる（韓商 393 条の 2 第 3 項）。

項），日本の場合は，過半数が社外取締役でなければならない（日商特21条の8第4項）。

監査委員会を構成する社外取締役の資格要件について，韓国商法の場合には，①会社の業務を担当する取締役及び被用者または選任された日から2年以内に業務を担当した取締役及び被用者であった者，②最大株主が自然人である場合，その法人の取締役・監査役及び被用者，③最大株主が法人である場合，その法人の取締役・監査役及び被用者，④取締役の配偶者及び直系尊・卑属，⑤会社の親会社または子会社の取締役・監査役及び被用者，⑥会社と取引関係など重要な利害関係にある法人の取締役・監査役及び被用者，⑦会社の取締役及び被用者が取締役として勤めるほかの会社の取締役・監査役及び被用者を欠格事由に定めている（韓商415条の2第2項）。

一方，証券取引法は監査委員会の構成につき商法を適用しないで，別に監査委員の資格要件を定めている（韓証取54条の6第6項，191条の17第2項）。即ち，監査委員である社外取締役になろうとすれば，①未成年者，禁治産者または準禁治産者（限定治産者），破産者として復権されなかった者，禁錮以上の刑を受けてその執行が終了されたり執行を受けないことが確定されてから2年を経たなかった者，証券取引法によって解任されたり免職されてから2年を経たなかった者，②当該会社の株主として議決権ある発行済株式総数を基準に本人及び彼の特殊関係人が有する株式の数が一番多い場合の当該本人（以下，最大株主という），③最大株主の特殊関係人，④当該会社の主要株主（だれの名義に係わらず自分の計算で議決権のある発行済株式総数または出資総額の100分の10以上の株式または出資証券を有する者と大統領令が定める者をいう）及び彼の配偶者と直系尊・卑属，⑤当該会社または系列会社の役職員（常務に勤める者をいう）または最近2年以内に役職員であった者，⑥当該会社の役員の配偶者及び直系尊・卑属，⑦当該会社と大統領令が定める重要な取引関係があったり，事業上競争関係または協力関係にある法人の役職員または最近2年以内に役職員であった者，⑧当該会社の役職員が非常勤取締役である会社の役職員，⑨その他社外取締役としての職務を忠実に履行し難いまたは当該会社の経営に影響を及ぼしうる者として大統領令が定める者であってはならない（韓証取54条の5第4項，191条の17第2項）。さらに，社外取締役ではない監査委員は，①未成年者，禁治産者または準禁治産者，②破産者として復権されなかった者，③禁錮以上の刑を受けてその執行が終了されたり執行を受けないことが確定されてから2年を経たなかった者，④証券取引法によって解任されたり免職されてから2年を経たなかった者，⑤当該会社の主要株主，⑥当該会社の常勤役職員または最近2年以内に常勤役職員であった者，⑦⑤及び⑥以外に当該会社の経営に影響を及ぼしうる者として大統領令が定める者に該当してはいけない（韓証取54条の6，191条の17第2項）。但し，上の⑥の規定にもかかわらず常勤監査役または社外取締役ではない監査委員として勤めている場合には，社外取締役ではない監査委員になることができる（韓証取54条の6第3項但書，191条の17第2項）。

これに反して，日本商法の場合，社外取締役とは，会社の業務を執行しない取締役であり，過去にその大会社または子会社の業務を執行した取締役，執行役，支配人その他の使用人になったことがなく，現在に子会社の業務を執行する取締役またはその会社または子会社の執行役または支配人その他の使用人ではない者をいう（日商188条2項7号の2）。また，監査委員は，委員会等設置会社またはその子会社の執行役または支配人，その他の使用人または当該子会社の業務を執行する取締役を兼ねることはできない（日商特21条の8第7項）。韓国と日本両国には監査委員の欠格事由に対する規定はあるが，アメリカのブルーリボン委員会（Blue Ribbon Committee）の勧告のように財務的理解能力（Financial Literacy）に対する積極的資格要件[7]を求めてはいない。一方，韓国の場合は，代表取締役も監査委員になることができるから，監査委員会が代表取締役の手中に置かれる可能性もありうるという問題点がある。

3. 監査委員の任免

韓国の商法及び日本の商法特例法によると監査委員は取締役会で任免する（韓商415条の2第3項，日商特21条の8第5項）。ところが，監査委員は取締役であるから，先ず株主総会で選任されなければならない。この場合，日本では，取締役の選任及び解任の議案の内容は指名委員会で決め，韓国では社外取締役の場合，証券取引法によって資産規模が一定の規模以上である会社では社外取締役候補推薦委員会で薦めた者を社外取締役に選任するようにしている[8]（韓証取54条の5第3項）。なお，株券上場法人または協会登録法人である会社の社外取締役候補推薦委員会が社外取締役候補を推薦するときは，証券取引法第191条の14で規定した株主提案権の行使要件を備えた株主[9]が薦めた社外取締役候補を必ず含めるようにしている（韓証取54条の5第3項，191条の16第3項）。

監査委員の選任は，定款に別途の規定を置いていない限り，現取締役過半数の出席と出席取締役過半数の賛成でなす（韓商391条，日商特21条の9，日商260条の2第1項）。しかし韓国の場合，監査委員の解任の時には取締役総数の3分の2以上の決議を要することにして，

7）Report and Recommendations of the Blue Ribbon Committee on Improving the Effectiveness of Corporate Audit Committees, Feb. 1999, 54 Bus. Law 1081～1082 (May, 1999, No. 3)。

8）韓國の場合，株券上場法人または協会登録法人が社外取締役を選任または解任するか，社外取締役が任期満了外の事由によって退任した場合には，その内容を選任・解任または退任した日の翌日まで金融監督委員会と証券取引所または協会に申告しなければならない（韓証取191条の16第6項）。

9）6月前より続けて株券上場法人または協会登録法人の議決権のある発行済株式総数の1000分の10（大統領令が定める法人の場合には1000分の5）以上に該当する株式を保有した株主をいう。

選任時の決議要件より厳しく規定している（韓商415条の2第3項)。これは監査委員の身分を保障してその地位の独立性を高めるためである。

韓国では，株券上場法人または協会登録法人の場合には，監査委員の選任及び解任の時最大株主などの議決権を制限している。即ち，証券取引法は，「最大株主とその特殊関係人その他大統領令が定める者が有する株券上場法人または協会登録法人の議決権ある株式の合計が当該法人の議決権ある発行済株式総額の100分の3（定款でその割合をもっと低く定めた場合にはその割合にする）を超える場合に，その株主はその超える株式について社外取締役でない監査委員の選任及び解任において議決権を行使することができない」と規定している（韓証取191条の11第1項)。また，社外取締役である監査委員の選任の時に監査役の選任時の大株主の議決権制限規定[10]を準用するようにしている（韓証取191条の17第2項，韓商409条2項，3項)。要するに，証券取引法の適用される会社にあって監査委員は株主総会で任免することにしている。しかし，これは次のような問題があると思える。即ち，株主総会で監査委員を選任することによっても監査委員の地位の独立性が保障されない危険があるのである。寧ろ日本の立法例のように指名委員会で取締役の選任と解任の内容を扱うようにするのがもっとも合理的であると思える。また，社外取締役である監査委員の選任の時よりも社内取締役である監査委員の選任の時に大株主の議決権がより限られているという点も問題である。さらに，社内取締役である監査委員の場合，解任の時にも大株主の議決権が制限されるが，社外取締役である監査委員の解任の時には大株主の議決権が制限されない。これは社外取締役である監査委員の地位を商法より寧ろより一層不安

10）韓国商法第409条第2項によれば，議決権なき株式を除く発行株式総数の100分の3を超える株式に付き，株主総会で監査役を選任する時に議決権が行使できないし，定款でこの比率を下げることはできるが上げることはできない（韓商409条3項)。

定にさせかねないように思えるのである。立法上の改善が要望される事案だといえよう。

4. 監査委員の任期

監査役に関する規定を監査委員会に準用するようにしている韓国商法第 415 条の 2 第 6 項は，監査役の任期に関する規定の第 410 条を準用していない。これは，監査委員も取締役であるから取締役の任期内で会社が定款や取締役会規則などで自律的に監査委員の任期を決めることができるようにしたからである。即ち，韓国商法上取締役の任期は，3 年を超えてはならないから，監査委員の任期は 3 年を超えない範囲で定められなければならないと解釈される。日本の場合，元来，取締役の任期は 2 年を超えてはならないが（日商 256 条 1 項，3 項），委員会等設置会社における取締役の任期は，就任後 1 年以内の最終の決算期に関する定時総会の終結時までとされている（日商特 21 条の 6 第 1 項）。即ち，委員会等設置会社において会計監査人及び監査委員会の適法意見がある場合には，利益処分案または損失処理案は定時総会の承認を求める必要がなく，取締役会の承認によって確定されるようになる。このように利益処分案または損失処理案の確定が定時総会の権限から取締役会の権限に移ったことに対応し，株主に取締役の信任を問う機会を毎年付与すべきとの考えから[11]，取締役の任期が委員会等設置会社においては 1 年となり，結局，監査委員の任期は，就任後 1 年以内の最終の決算期に関する定時総会の終結時までとなったのである。

5. 監査委員会の運営

(1) 監査委員会の代表

11) 近藤光男・志谷匡史，改正株式会社法，弘文堂，2002，293 頁。

韓国の場合，監査委員会は，必ず一人または数人の代表委員を選定するように規定されている（韓商415条の2第4項）。日本の場合にも監査委員中で監査委員会が指名する委員に取締役・執行役・使用人に対する報告請求権及び会社の業務・財産の調査権，子会社・連結子会社に対する報告請求権・業務財産調査権，監査委員が当該訴えの当事者ではない取締役・執行役と会社との訴えにおける会社の代表権を付与している[12]。このように代表委員を置くようにしたのは3人以上の会議体である監査委員会の運営の円滑化及び活性化を図るとともに，決まった事項の執行を迅速・正確にするためである。一方，韓国の場合，株券上場法人または協会登録法人の場合に監査委員会の委員長は，社外取締役とすることと定めている（韓証取54条の6第2項後段，191条の17第2項）。

監査委員会の代表委員または監査委員会委員の選定は監査委員の過半数の出席と出席委員過半数の決議でする（韓商415条の2第4項，393条の2第5項，391条，日商特21条の9第6項，日商259条の2，259条の3，260条の2，260条の4）。

⑵ 取締役・執行役の説明義務，委員会の議事録の閲覧・謄写

監査委員会がその権限を行使するためには，取締役または執行役の説明を要する場合があり得る。そこで，日本の場合には，取締役及び執行役に監査委員会の要求事項に対して説明する義務を賦している（日商特21条の9第1項）[13]。韓国の場合には，監査委員会がいつでも取締役に対して営業に関する報告を求めたり，会社の業務と財産状態を調べることができるようにした（韓商412条，415条の2第6

12） 近藤光男・志谷匡史，前掲書，306頁。
13） 江頭憲治郎，株式会社・有限会社法［第2版］，有斐閣，2002，425頁。
14） 韓国の場合は取締役が，日本の場合には執行役が3ヶ月に1回以上取締役会で自分の職務の執行の状況を報告するようになっている（韓商393条4項，日商特21条の14第1項）。

項）[14]。

日本の場合，監査委員会の議事録について当該議事録に係わる委員会を組織する取締役でない場合であっても，取締役は，①当該議事録が書面で作られているときにはその書面，②当該議事録が電磁的記録で作られているときにはその電磁的記録に記録された情報の内容を法務省令で定める方法によって表示したものを，各々監査委員会設置会社の本店で閲覧または謄写できるようにした（日商特 21 条の 9 第 5 項）。これに反して韓国の場合は，監査委員会は決議された事項を各取締役に知らせるようにしている（韓商 393 条の 2 第 4 項）。また，監査委員会の議事録に対して，株主は営業時間内に議事録の閲覧または謄写が請求できるようにしている（韓商 393 条の 2 第 5 項，391 条の 3 第 1 項，3 項）。

(3)　取締役会と監査委員会との関係

韓国の場合，監査委員会は決議された事項を各取締役に知らせなければならない（韓商 393 条の 2 第 4 項）のに比べて，日本の場合，監査委員会が指名する者（監査委員）は，監査委員会の職務の執行状況を取締役会に遅滞なく報告するようにしている（日商特 21 条の 9 第 3 項）。この日本の場合，取締役は，監査委員会の議事録の閲覧，謄写権を持って（日商特 21 条の 9 第 5 項），監査委員会が指名する監査委員は取締役会を招集すべき取締役が定められている場合にも（日商 259 条 1 項但書）取締役会を招集する権限を持つ（日商特 21 条の 9 第 2 項）。韓国の場合にも監査委員会の通知を受けた取締役は取締役会の招集を求めることができる（韓商 393 条の 2 第 4 項）。これは，取締役会と監査委員会間の緊密な提携が期待でき，監査委員会もあくまでも取締役会の内部機関としての性質を持つというのを表している。しかし日本の場合，監査委員会は，取締役会の単純な内部機関ではなくて取締役会から独立した権限を持った機関として取り扱っている点で韓国とは異なる。即ち，日本の場合，監査委員会の決定は，取締役会の決定を待たなくて，会社の機関の決定として取り扱うという点で取締役会と並んで機関性を認めているが（日商特 21 条の 5 第 1 項），韓国の場合には，取締役会は委員会が決議した事項に対して更に取締役会で決議することができるように規定している（韓商 393 条の 2)。この規定を監査委員会にも準用するとすれば問題となり，韓国商法第 393 条の 2 第 4 項は，監査委員会を除いた他の委員会だけに適用される規定だと解釈する見解もある[15]。しかし，監査委員会も委員会の一つの類型であり，監査委員会の決議事項を取締役会が更に決議することができないとする明文規定もない。このため，決議事項に対する取締役会と監査委員会の同等な地位を明文で認めることが合理的であると思われる。

(4) 監査委員の費用償還請求権

監査委員が監査委員会の活動を遂行するためには費用を支出しなければならない場合がある。日本においては監査委員が監査委員会の職務の執行について支出した費用の償還を認めている。即ち，監査委員は，会社に対して監査委員会の権限の行使に関する費用の前払い，支出した費用の償還及び当該支出をした日以後における利息の償還，負担した債務の債権者に対する弁済（当該債務が弁済期にないときには相当の担保の提供）の請求ができ，この場合会社は，その費用または債務が当該監査委員の職務執行に必要でないことを証明しなければこれを拒めないようにしている（日商特 21 条の 9 第 4 項）。これに反して韓国の商法は，監査委員会の活動と関連した全般的な費用償還請求権の規定はなくて，ただ監査委員会がその監督機能を遂行するために外部専門家の手助けを請求した場合の費用償還請求権だけを認めてい

---

15) 鄭東潤，「韓国型監査委員会制度の虚と実」，上場 2002 年 2 月号，15～16 頁。

る（韓商 415 条の 2 第 4 項)。しかし，仮に明文規定がなくても日本の立法例のように職務の執行と関連して支出した費用及び負担した債務の償還請求権は認めることと解釈するのが望ましいだろう。

⑸　取締役会に関する規定の準用

監査委員会の運営に関して取締役会に関する多数の規定が準用されているが，そうでない部分もある。即ち，招集通知を発しなければならない時期，招集通知手続きの省略，決議方法（定足数と決議要件，特別利害関係人の排除）は，取締役会に関する規定が監査委員会に準用される[16]。しかし，各委員が監査委員会を招集するが，韓国の場合，監査委員会の決議で招集すべき監査委員が決められるのに対し（韓商 393 条の 2 第 5 項，390 条 1 項)，日本の場合は，特定の委員だけを招集権者と定めることはできない（日商特 21 条の 9 第 6 項，日商 259 条 1 項本文）点が違う。また，日本の場合，（定款でなく）取締役会の決議による招集通知期間の短縮，定足数と決議要件の加重が認められる（日商特 21 条の 9 第 6 項，259 条の 2，259 条の 3，260 条の 4）だけではなく，取締役会を招集すべき取締役が決められている場合でも当該取締役でなくて監査委員会が指名する取締役であっても取締役会を招集することができる（日商特 21 条の 9 第 2 項)。

6. 監査委員会の権限

韓国の場合，監査委員会を採択する場合には従来の監査役を廃しなければならないから，従来の監査役が行使した権限を監査委員会に付与することにして，監査役に関する条文を監査委員会に準用するようにした。即ち，監査委員会は取締役の職務執行を監査し，子会社調査権（韓商 415 条の 2 第 6 項，412 条の 4 第 1 項)，取締役の報告受領

16）江頭憲治郎，前掲書，427 頁。

権（韓商415条の2第6項，412条の2），臨時総会招集請求権（韓商415条の2第6項，412条の3第2項，366条2項），取締役と会社間の訴えに関する代表権（韓商394条1項），違法行為差止請求権（韓商402条）を有する。

日本の場合にも，監査委員会には原則的に監査役の権限規定を準用する[17]。即ち，取締役及び執行役の職務の執行の監査と株主総会に提出する会計監査人の選任・解任・不再任に関する議案の内容の決定権（日商特21条の8第2項），監査委員会が指名する監査委員は取締役・執行役・使用人に対する報告請求権及び会社の業務・財産の調査権，子会社・連結子会社に対する報告請求権・業務財産調査権，取締役会招集請求権，取締役・執行役と会社との訴えにおいての会社代表権（但し，監査委員が当該訴えの当事者である場合は，取締役会または株主総会が決める者が会社を代表する）を有する。しかし，緊急性が認定されたり，各監査委員が合理的に行動できる事項である[18]違法行為の差止請求権と取締役会に対する報告業務は各々の監査委員の権限事項としている。

Ⅳ．韓国における監査委員会の運用実態

社外取締役制度と監査委員会制度は，その採択時期は異なっても制度の趣旨は同じであり，両者が密接な関係があって，両者の運用実態を共に把握する必要があると思う。

1．社外取締役の運用実態

(1)　社外取締役の選任

17）近藤光男・志谷匡史，前掲書，303頁。
18）森本滋，前掲論文，15頁。

〈表1〉によれば，社外取締役は，最大株主及び主要株主によって76.0%が推薦され，小口株主による推薦はほんの0.8%に過ぎないことが判明された。また，2002年株券上場法人110余社を対象とした設問調査結果を見れば[19]，社外取締役候補推薦委員会がある場合にその社外取締役の推薦につき実際にだれがもっとも強力な影響力を行使しているかに対して回答会社33社において，大株主及び支配株主が6.06%，最高経営者とその他経営陣及び支配株主（大株主）が26社約78.7%を占めている。これは社外取締役の選任が最大株主や大株主の手中から外れられないことを示唆する。事実上これらの意思によって社外取締役が選任されると言っても言い過ぎではない。このように社外取締役の選任が経営陣とか最大株主の手中にある限り，経営陣を監督しようとする社外取締役の本来の機能を期待するということは無理であろう[20]。

表1　社外取締役の推薦方法

区　　分	構成比率（%）
最大株主及び主要株主の推薦	76.0
小口（少額）株主の推薦	0.8
債権者の推薦	5.9
社外取締役専門管理業体の推薦	－
機関投資家の推薦	0.2
その他	17.1
合　計	100.0

資料：「上場法人支配構造改善実態調査（2001.12. 証券取引所）」，上場 2003年3月号，37頁。

19）姜熙甲，「株式会社の経営監督・監査役及び監査委員会制度に関する研究」，韓国上場会社協議会研究報告書（2002.8.），165頁

20）2003年9月経実連の6大グループの社外取締役の人物分析によれば，法曹界出身の弁護士，系列社と密接な利害関係がある政府部所及び研究院の前・現職人，言論社出身，グループ系列社の前・現職役員が主流となっているのが判明された。

〈表 2〉によれば，社外取締役制度が制度的に導入された 1998 年以後，取締役の平均数は倦まず弛まず減っている。即ち，1998 年に 1 社当り平均取締役総数は 7.96 人だったのが，1999 年には 6.92 人に，2000 年には 6.64 人に減った。また，2002 年 4 月現在上場会社 110 社に対する調査によると[21]，1 社当り平均 6.5 人になった。このように平均取締役数が減少しているのは取締役会が多数の社外取締役で構成されるのを望まないからであろう。平均 6.5 人の取締役数で取締役会及び各種委員会を構成して運営することは容易なことではないだろう。要するに，これは会社が社外取締役制度の積極的導入にどのくらい否定的な視覚を持っているかどうかを明らかにするものであろう。

表 2　年度別社外取締役の推移

	1998（736 社）		1999（701 社）		2000（693 社）	
	総人員	1 社当り平均	総人員	1 社当り平均	総人員	1 社当り平均
社外取締役	669	0.91	1,204	1.72	1,418	2.05
社内取締役	5,188	7.05	3,646	5.20	3,183	4.59
合　計	5,857	7.96	4,850	6.92	4,601	6.64

資料：「2000 年度上場会社経営人現況分析」，上場 2000 年 9 月号，73 頁。

(2)　社外取締役の活動現況と制度運営の評価

〈表 3〉によれば，社外取締役の取締役会出席率は 66.0%であり，議案賛成率は 99.3%である。最近の市民団体が 6 大グループ 54 系列社を調べたところによれば[22]，社外取締役全体出席率は 83.8%と高く現われている。しかし，〈表 3〉の通り議案賛成率が 99.3%というのは，社外取締役が大部分最大株主の推薦によって選任され，また社外取締役に充分な情報も提供されていないからであり，社外取締役で構

21）姜熙甲，前掲書，165 頁。
22）経実連，「6 大グループ社外取締役制度の運営現況の調査研究結果報道」，（朝鮮日報，2003 年 9 月 2 日）。

成された取締役会においても社外取締役の本来の機能が果たせていないのではないかと思える。

表 3 社外取締役の取締役会出席率と議案賛成率

取締役会出席率	議案賛成率	その他会社業務参加率
66.0%	99.3%	6.2%

資料：上場法人企業支配構造実態調査，韓国証券取引所報道資料，2000.11.29。

株式会社における社外取締役制度の運営に対する隘路事項としては〈表 4〉，一番目が会社事情など経営に対する理解不足であり，二番目が専門性と経験を備えた社外取締役の選任の困難であり，三番目が取締役会開催日の選定の困難及び意思決定の遅延である。とくに，助けよりは費用だけ増えるという答えが 11.2% もある。一方，2002 年 4 月の 110 社の調査によれば[23]，取締役会開催日の選定の難しさなどで意思決定が遅延されるというのが 42 社約 27%，社外取締役が会社事情など経営に対しての理解不足というのが 31 社約 20.3%，大株主，

表 4 社外取締役制度運営上の隘路事項

区　　分	会社数	比率(%)
取締役会開催日の選定の難しさなどで意思決定が遅延	51	19.0
大株主や経営陣との親密な間柄による独立性不足	25	9.3
会社事情など経営に対する理解不足	74	27.6
専門性と経験を備えた社外取締役選任の困難	59	22.0
企業情報提供の困難及び機密漏出の恐れ	27	10.1
助けよりは費用だけ増加	30	11.2
その他	2	0.8
合　計	268	100.0

資料：「社外取締役制度関連設問（2003.1）」，上場 2003 年 3 月号，40 頁。

23） 姜熙甲，前掲書，188 頁。

支配株主，経営陣との独立性欠如が25社約16%，専門性と経験を備えた社外取締役の選任が困るというのが17社約11.3%，企業情報提供の困難及び機密漏出の恐れが15社約10%であり，助けよりは費用だけ増えるという否定的な意見が10社約7%であった。

〈表5〉によれば，社外取締役制度につき改善が必要な事項に対して27.3%は，社外取締役の法的責任緩和など運営の円滑化のための制度改善であると答えた。社内取締役と同様に社外取締役の場合にも一定の要件下に会社に対する損害賠償責任（韓商399条1項）と第三者に対する損害賠償責任（韓商401条1項）を負担する。しかし社外取締役の場合には，経営意思決定に必要な情報への接近が容易でなく，報酬も社内取締役に比べて格段の差がある。従って，アメリカや日本のように社外取締役の責任を緩和する制度的整備が必要だといえるであろう。

一方，社外取締役及びその候補者を対象とする職務及び関連法規・倫理など，社外取締役が基本的に理解して備えなければならない素養教育課程と専門性向上のための教育課程を用意して，その履修を義務化する必要があることも表に現われている。

既述の通り，韓国の場合，株券上場法人または資産総額が1千万ウォ

表5　社外取締役制度につき改善が必要な事項

区　　　分	会社数	比率(%)
選任手続きの改善	30	12.6
社外取締役欠格事由の緩和	46	19.3
社外取締役の法的責任緩和など運営円滑化のための制度改善	65	27.3
社外取締役の教育義務化など質的水準の向上	52	21.9
社外取締役人材プールの活性化を通じた資源拡充	40	16.8
その他	5	2.1
合　計	238	100.0

資料：「社外取締役制度関連設問（2003.1）」，上場 2003年3月号，40頁。

ン以上である協会登録法人は，社外取締役を最少1人であると同時に取締役総数の4分の1以上になるように選任しなければならないし（韓証取191条の16第1項前段，韓証取施行令84条の23第1項），最近事業年度末の資産総額が2兆ウォン以上である株券上場法人または協会登録法人の場合は，社外取締役は3人以上とするか取締役総数の2分の1以上になるように選任しなければならない。〈表6〉の設問調査によれば，現行通りに社外取締役の規制内容を維持すべきという意見が55.8%を占め，現行より緩和して運営されなければならないという答えが26.0%を占めて，81.8%が社外取締役の運営範囲の拡大を望ましくないものと受けとめている。

表6　社外取締役制度導入の妥当性（評価）

区　　分	会社数	比率(%)
より強化されて運営されなければならない	28	17.0
現行通りに維持されなければならない	92	55.8
現行より緩和されて運営されなければならない	43	26.0
答え無し	2	1.2
合　計	165	100.0

資料：「社外取締役制度関連設問（2003.1）」，上場 2003年3月号，37頁。

2. 監査委員会の運営の実態

(1) 監査委員会の設置現況

〈表7〉によると，2000年5月現在，12月決算上場会社の中で監査委員会設置義務会社は69社であり，自律的に監査委員会を設けた会社は12社である。2002年4月110社を対象とした設問調査によれば，監査委員会設置義務会社は16社であるが，監査委員会を設けた会社は25社であった。従って設置義務会社でないにも拘らず監査委員会を自律的に設けた会社は9社に過ぎない。結局，自律的に監査委員会を設けて運営する株式会社の数は微々たることに現われたし，監査委員会の活用が期待ほどではないことがうかがえる。

表 7　監査委員会の設置（単位：社，%）

区　分	対象会社数（a）	設置義務会社数（b）	自律設置社数（c）	設置社数（d＝b＋c）	割　合（d/a＊100）	割　合（d/b＊100）
合　計	566	69	12	81	14.3	117.4

資料：企業支配構造改善関連取締役会及び監査委員会制度の運営現況（2000.5.15），韓国上場会社協議会報道資料。

〈表 8〉によると，監査委員会を組織している 81 社において，監査委員の総数は 254 人であり，1 社当り平均委員数は 3.1 人で，法律が要求している最少委員 3 人を選任することは満たされている。

表 8　監査委員会設置社の委員現況（単位：社，人，%）

監査委員会設置会社	総委員数（b）	1 社当り委員数（b/a）
81	254	3.1

資料：企業支配構造改善関連取締役会及び監査委員会制度の運営現況（2000.5.15），韓国上場会社協議会報道資料。

(2)　監査委員会運営とその評価

監査委員会制度が既存監査役制度と比べて経営の透明性向上に寄与しているかについての設問調査〈表 9〉に現われたように，57.6%（83 社）が寄与する方だと答えている。2002 年 4 月の設問調査でも回答会社の約 74%が監査委員会の監査機能が従来の監査役より優れていると評価している[24]。

24）姜熙甲，前掲書，196 頁。

表 9　監査委員会制度が既存監査役制度と比べて経営透明性向上に寄与した程度

区　　分	会社数（社）	構成比（%）
大いに寄与する	4	2.8
寄与する方だ	83	57.6
寄与しない方だ	50	34.7
全然寄与しない	7	4.9
合　計	144	100.0
答え無し	22	

資料：「公正公示制度と社外取締役及び監査役制度に対する設問分析」，上場 2003 年 3 月号，45 頁。

しかし，〈表 10〉を見ると，向後監査委員会制度の運営方向に対して，現行通りに維持されるのが良いという答えが 62.6% で一番高いし，より強化されて運営されなければならないという答えと，現行より緩和されて運営されなければならないという答えが同一に 18.7% で，監査委員会制度の拡大強化運営には否定的な見解を見せている。

表 10　向後監査委員会制度の運営方向

区　　分	会社数(ヶ社)	構成比(%)
より強化されて運営されなければならない	27	18.7
現行通りに維持されるのが良い	90	62.6
現行より緩和されて運営されなければならない	27	18.7
合　計	144	100.0
答え無し	22	

資料：「公正公示制度と社外取締役及び監査役制度に対する設問分析」，上場 2003 年 3 月号，45 頁。

V．結びにかえて

韓国は，1963 年の新商法の施行以後数十年間施行してきた監査役制度を事実上振り替えて社外取締役と監査委員会制度を導入した。日本の場合には，既存の監査役（会）制度と平成 14 年に新設した委員会等設置会社制度の中で大会社等が選択できるようにして，両制度間の競争を導いている。また，制度の導入方法の面でも，日本の場合は，指名委員会・報酬委員会・監査委員会を一セットで採択し，業務執行と監督の分離のために執行役制度を新設したが，韓国の場合には，既存の監査役に交替して監査委員会の設置を強いながらその他の委員会の設置は会社の自律に任せている。アメリカで指名委員会がコーポレート・ガバナンスの中心的役割を担っている現実を勘案してみれば，韓国の場合にも完全なアメリカ型の委員会制度と執行役制度を規定する方がより望ましいのではないかと思える。〈表 1〉に現われた通り，社外取締役の選任が最大株主とか経営陣の手中にある韓国の現実では指名委員会の役割の重要性がもっとも大きいといえるだろう。

なお，〈表 7〉で見られたように，韓国において監査委員会の設置会社の割合は 14.3%であり，それも自律設置会社の割合は約 0.02%に過ぎない。それにもかかわらず，1995 年改正商法以後に監査役制度の改善に対する対策は全く用意されていない。これは，監査委員会を設けていない多くの株式会社の監督機関をそのまま捨て置いているのだともいえる。結論的に，現行監査役制度のありかたに関しても論議を尽す必要性があって，この場合，日本の監査役会制度を韓国の監査制度の改革のために多いに参考すべきであるといえよう。

우정의 종

저는 아이찌(愛知)현을 동경해왔고, 사랑합니다. 지식을 숭상하고 지식인을 사랑하는 아이찌가 마음에 들어서입니다. 세월은 빨라 한국의 성균관대학에서 정년퇴임을 하고 아이찌현의 자랑인 나고야경제대학에서 이모작 인생의 보람을 만끽한 지도 어느덧 8년이 지났습니다. 내게는 이 이누야마 캠퍼스가 그리운 제2의 고향이 되었습니다. 제2의 고향에서 제2의 정년을 맞아 명예교수가 되니 더 없는 기쁨이요 영광입니다. 더구나 대학원 객원교수로서 2년을 더 일할 수 있게 배려해주시니 여러분에게 마음으로부터 감사의 뜻을 올립니다.

이후에도 대학원의 객원교수로서 기꺼이 남은 정열을 쏟아 붓겠습니다.

실은 매년 집중강의 때만 일본에 왔기 때문에 이번이 여러분과의 초대면이며, 동시에 정년퇴직의 마당이 되었습니다. '그동안 참으로 고마웠습니다.'라는 한마디로 인사를 올리기에는 아쉬움을 금할 수 없습니다. 그래서 여러분에게 드리려고 한국에서 조그만 선물을 가지고 왔습니다. 조품(粗品)이지만 하나씩 받아주시면 고맙겠습니다.

오늘의 저의 소감을 서투른 하이쿠로 표현해봅니다.

懐かしい犬山の想出(그리운 이누야마의 추억)

犬山の里(마음의 고향 이누야마)
永久に響けよ(영원히 울리거라)
友情の鐘(우정의 종이여)

끝으로 나고야경제대학의 영원한 발전과 동료교수 여러분의 건강과 행복을 빌겠습니다. 고맙습니다.

友情の鐘

私は知識を崇(あが) め知識人(じん) を愛する愛知縣を憧れて來ましたし、 愛しています。 韓國の成均館大學で停年退任をして愛知縣の誇りとも言える市邨學園と共に二毛作人生のやりがいを満喫(きつ) したのもいつのまにか8年が経ちました。私にとって此の犬山Campusは懐かしい第2の故郷となりました。第2の故郷で第2の停年を迎えながら名譽教授の光榮も頂き、皆様に心より感謝の御礼を申し上げます。

今後も大學院の客員教授として喜んで殘った情熱を降り注ぎたいとおもいます。

實は毎年集中講義の時期だけ日本に參りましたので、今度が皆樣との初對面となり、同時に停年退職の場となりました。'この間(かん) 眞に有難うございました'と一言に御礼を申し上げるだけには何か物足りない氣がしました。そこで、皆様に一つつづ韓國製のお土産を差し上げたく、此處に持って參りました。粗品ですが記念に一つつづお受け取り頂けば有難く存じます。

私の氣持を次のように下手な俳句で表現させて頂きます。

懐かしい犬山の想出

'犬山の里　永久に響けよ　友情の鐘'

終りに名古屋経濟大學のますますの發展と同僚教授皆様の御健康と御多幸をお祈り申し上げます。有難うございました。

명성당 할아버지를 모시면서

풍광이 수려하고 아늑한 대모산 자락에 새로 태어난 지도 어언 반백년, 외진 변두리였던 이곳이 서울의 중심축으로 개발되어감에 따라 몇 해 전에 부득이 신축을 했지요.

내 몸에 '종회당'이란 굵직한 글씨의 현판을 붙여주시어 의기충천 새 기분을 만끽하며 보람찬 나날을 보낸답니다. 뿐만 아니죠. 종친이나 탐방객이 찾아줄 때면 얼마나 반갑고 흡족한지요. 대군의 묘역이 유형무화재(48호)로 지정됨에 따라 이곳을 찾는 발걸음도 잦아졌습니다. 울창한 노송에 백설이 뒤덮인 겨울, 진달래, 산수유가 활짝 핀 봄날의 정취가 아니라도 잘 정돈된 수백기의 분묘만으로도 놀랍고 자랑스럽기 그지없지요.

그런데 얼마 전에 놀라운 사태가 벌어지고 말았습니다. 이 평온하고 경건해야 할 곳이 시중잡배들의 싸움터같이 되었으니 저는 순결을 짓밟힌 꼴이 되었고, 그 오욕의 아픔을 잊을 수 없게 되었답니다. 그것도 저를 책임지고 관리하시는 이사장 어른께서 폭력행사로 먹고사는 조직을 동원하셨으니 얼마나 부끄럽고 원통한지요.

검정 양복의 젊은이들 십여 명이 출입문을 가로막고 이사회에 참석하려는 종현들까지 못 들어오게 했으니 말입니다. 옥신각신 몸싸움을 하다 피까지 흘리는 불상사가 벌어지고 말았지요. 이 어찌 명문가의 후손이라 자부하는 분들의 처사라 하겠습니까.

더욱 한심스러운 것은 사기꾼인 양 꼼수 행각까지 연출하시니 이를 어쩌지요. 점입가경이라 말문이 막혔어요. 드디어 마당에서 웅성거리는 많은 종현들 앞에 이사장님이 나타났지요.

"오늘은 이사회를 할 수 없으니 모두들 들어가세요."

산회를 선포하니 한두 사람씩 자리를 뜨기 시작했습니다. 그런데 본인은 집무실에 간다고 들어와 지하의 회의실로 직행, 문을 잠그다니요. 미리 들어와서 대기 중인 자기 지지파 이사들끼리 이사회를 하자는 것이지요. 배부한 유인물로 대신한다며 설명도 없이 2, 3분도 안 걸려 방망이를 치고 뒷문으로 몰래 빠져나가시다니요. 회의 절차도 안건의 내용도 상식 밖이니 기가 막히네요. 엉터리 결의를 가지고 다음날 대의원총회를 한다니 천하에 이런 모임도 있단 말입니까.

나는 자랑스럽게도 '崇祖惇宗(숭조돈종)'이라는 큼직한 액자를 벽에다 지니고 있지요. 조상을 받들어 모시고 종친들 간의 화목을 돈독히 한다니 종사에 그 이상의 가치가 어디 있겠습니까. 이것이야말로 종중의 존립 목적이요 행동 강령이지요. 실은 나도 이 넉 자를 위해서 존재하는 셈이지요. 그런데 막상 이번의 사태를 당하고 보니 얼굴이 화끈거리고 가슴이 울렁거려 견딜 수가 없었습니다.

내 생각 같아서는 숭조, 곧 조상을 위한다는 것은 조상의 제사를 잘 지내고 종사를 돌보는 것이 첫째로 꼽을 일이지요. 그러나 나라 안팎에서 자기에게 주어진 일을 열심히 해서 나라를 위하고 조상의 이름을 빛내는 것도 조상을 위하는 일이지요. 조상을 모신답시고 개입하여 종재나 축내며 파당을 만들어 사욕을 챙기는 것보다야 종무에 종사하지 않더라도 멀리서 지원하는 것이 훨씬 더 칭송할만한 숭조의 모습이 아닐는지요. 제사 때 절이나 열심히 하고 음복주나 거푸 마시면 그것이 숭조의 길이라고 자랑하는 것은 큰 착각이자 오만의 극치가 아닌지요.

그러다 보니 종회의 규약이나 운영세칙마저도 오만과 독선을 조장하고 지켜주는 장치로 변질되고 말았지요. 대의원이 아니면 이사가 될 수 없고, 이사가 아니면 이사장이 될 수 없으며, 이사장이 되기만 하면 마음대로 대의원이나 이사의 자격까지도 좌지우지할 수 있게 되었으니…. 그러니 아무도 쓴소리를 하지 못하고 꿀 먹은 벙어리인 양 이사장의 눈치만 살피며 그 전횡을 묵인하는 수밖에 없겠지요. 밖에서 신선한 물이 들어올 수가 없게 제도적으로 옹벽을 쳐놓았으니 그 물이 썩을 수밖에 없어요.

돈종이란 또 무엇입니까. 종친 간에 화목하여 일치단결 종사에 협력하고, 종중과 종친들의 발전을 도모하는 것이지요. 그러자면 임직원은 모름지기 사심 없이 종사를 처리하여야 하겠지요. 일의 처리에 거짓이나 숨김이 없어야 하고 양심에 부끄러움이 가셔야 하겠지요. 모든 종친들에게 기회와 혜택이 고루 돌아가도록 배려를 해야겠습니다. 마땅히 사심을 버리고 봉사를 해야지요. 종사를 밥벌이의 수단으로 삼거나 종재를 눈먼 재산이라고 챙기기나 하려고 음모와 협잡을 일삼아서는 안 되지요. 자신의 행적을 의심하는 종친이 있다면 적극 나서서 해명을 하고 이해와 단결을 도모하여야지, 종회를 망치려는 '파탄세력'이라고 비난하며 회피하고 배척해서야 종회의 발전은 요원한 일이지요. 공직을 맡으려면 마음부터 비우고 봉사한다는 각오로 임해야 합니다.

제사만 숭조이고 패싸움이 돈종인가
어르신 바로 골라 새바람 일으켜야
그 집안 살림살이가 만세에 번창하리.

주먹으로 가로막고 편들러 숨어들어
방망이 땅땅 치고 뒷문으로 달아나면

뉘라서 그 꼼수 결의 잘했다 칭송하랴.

참신한 생각을 하는 어른을 새로 모셔 들여 구정물에 찌들은 곳을 구석구석 파헤치고 제도의 혁신을 단행하여 퇴폐한 분위기를 일신해주시기 두 손 모아 간절히 빕니다. 새 기둥과 문틀이 길들여지기도 전에 시중의 경로당 같은 분위기로 퇴락하는 것은 참으로 서글프기 이를 데 없습니다. 더더구나 주먹까지 동원하며 으스대는 협잡배의 소굴 같은 분위기는 꿈이라 해도 소름끼칠 일이구요.

새봄에는 마파람 따라 아름다운 꽃동산이 되고, 오가는 분들의 편안한 쉼터가 되어 명성당 할아버님을 비롯해 여러 선조님들을 기쁘게 해드린다면 얼마나 행복할까요.

2부 교재 서문

はじめに(比較企業法講義)

本書は名古屋経濟大學で担当している比較企業法の集中講義の教材として執筆したものである。その内容は日本の會社法と韓國の會社法を比較するものである。今や生活の國際化の進展, 太平洋地域経濟の發展にともない, 日・韓兩國相互の経濟的交流・協力はいつよりも切實に要請される。兩國の企業活動の提携が進めば進むほど兩國の法律, ことに會社法の理解は必要となるであろう。

周知の如く, 韓國においては終戰後, 1962年に新商法を制定するまで, 日本の會社法がそのまま依用(適用)された。1962年會社法の內容は相当部分が日本の會社法とほぼ同じものであった。しかしそれ以降, 兩國の商法は10回余にいたり改正を繰り返してきた。そしてその改正の都度, 會社法, 特に株式會社法の內容は各々異なったものに変ってきたのである。そればかりか, 同じ內容の條文であっても，その實際の機能はまったく違うものさえ見つかるのが兩國の今の法律環境であるともいえる。

本書の執筆はこのように異なってきた日・韓會社法の比較研究の第一段階の作業にあたる。まず兩國會社法の体系的理解を目指し，その枠組みを概觀しながら，實定法の個別的な條文を對照することによって，兩者の法律上の形式的差異点を正確に把握する必要がある。したがって，會社法の精緻な理論の展開や學說・判例の領域までの探究はなるべく避けることにした。法律上の制度を平面的に簡潔に解說することによって，兩國の會社法に興味をもつ研究者や，初めて會社法を學ぶ學生に基礎的資料とその總括的鳥瞰図を提供することができると思う。

日・韓會社法の本格的比較研究ともいえる第二段階の作業は重要項目の徹底的分析・考察である。すなわち，重要制度につき，解釋論の差をはじめ實際の機能の差や實務界の實狀を實証的に比較しながら，効率的な制度のあり方までも摸索することである。この第二段階の作業は「日・韓會社法の特殊研究」として今後の課題にする。

本書の執筆を終えることができたのは，1994年の立命館大學での集中講義と1997年の早稲田大學大學院での集中講義のため作成した講義案とその経驗のお蔭だったといえる。当時の講義を勸めて頂き，勇氣を吹き入れて頂いた酒巻俊雄教授と志村治美教授にことさら心深く感謝のお禮を申し上げる。 また教材開發費の一部を支援して頂いた篤志家, 京都の岡松慶久様のご厚意も忘れることができなく, ここにお禮を申し上げる。

資料收集・原稿の整理や校正には成均館大學校大學院出身の教え子達の協力もあった。KAIST(韓國科學技術院) 待遇教授 任忠熙博士, 成均館大學校講師 金知煥博士, 國務總理國務調整室專門委員 李昌基修士, 金融監督院 銀行監督一局の陳洪洙修士, 成均館大學校大學院の孫鐘鶴, 朴哲泳諸君, 早稲田大學大學院の楊萬植君にも謝意を表し, 最後に嚴しい出版環境にもかかわらず, 本書の出刊を引受けて下さった三知院および高德煥社長に對しても心よりお禮を申し上げたい。

平成 12(2000)年 5月 10日
李範燦

はじめに(第2版 比較企業法講義)

本書の初版が出版された後，新世紀の初頭は，急速な経済的・社會的変化にみまわれ，これに對応する企業法制の整備においても激変の連續であったといえる。韓國においては2001年に會社の支配構造の改善，事業構造改革の支援や経営の合理化を目指して，株式の交換・移轉を始め大幅な改正が斷行された。日本においても，2000年の會社分割制度の導入，2001年6月の金庫株の解禁，株式單位の見直し等に引續き，11月，12月にも改正が行われ，株式制度の見直し，會社關係書類の電子化，監査役の機能强化，取締役等の責任輕減，株主代表訴訟の合理化等大幅な改正が斷行された。さらに，2002年にも會社の機關構造に關する劃期的な改正が行われた。そこで当然，數十項目にわたる兩國の改正法の內容を反映させるため，本書にも大幅な加筆・修正をほどこすことが必要になった。

日・韓兩國の會社法の內容は今や相当異なるものとなってきているが，兩國會社法を体系的に學び効率的な比較研究を試みようとしている讀者諸君にとって，本書が何らかのお役に立てるものであるならば，著者としてこれにまさるよろこびはない。

これまで本書の內容を檢討し，御教示し下さるとともに激勵して下さった酒巻俊雄先生，石山卓磨先生，石井文廣先生に心より感謝の意を表したいと思う。また，本書の改正作業に協力して下さった，ソウル・サイバ大學教授金知煥博士，韓國銀行の李昌基修士，成均館大學校大學院の朴哲泳君にも謝意を表したい。最後に，改訂版の刊行を快諾して下さった三知院高德煥社長に對しても厚く御礼を申し上げたいと思う。

2002年 12月 20日

李範燦

はじめに(韓國會社法講義)

狭まりつつある地球上で互いに隣接しあっている韓國と日本は、近年ともに開放の速度を高めてきた。とくに相互間の経濟交流はますます活發化してきているし，文化交流も開放されてきている。このような狀況下において，法學の交流，とくに日・韓兩國の會社法の比較研究と相互理解が要求されるのはしごく当然のことといえる。

振り返ると，日本の會社法は戰後15回，韓國の會社法は1962年の新商法制定以後5回も改正を斷行されてきた。その過程で新商法制定当時には相当部分似ていた內容も，今では大きく変わってしまっている。それにもかかわらず，韓國の會社法を紹介した文獻がまったくないため不便が感じられてきたおり，名古屋経濟大學においては韓國會社法の講座が開設されることになり，その教材として本書が刊行されることになった次代である。

本書はハングル文獻を讀めない日本の讀者のために韓國會社法の

概要を紹介したものであるが，株式會社に力点を置いて解說している。說明は可能なかぎり簡潔にしながら，學說と判例の流れも容易に摑めるように幅廣く解說しているが，脚註は省略した。詳細かつ本格的に研究しようとする讀者におかれては，著者の韓國語版の韓國會社法あるいは商法概論を參考することを勸めたい。

本書の敍述に對し御助言して下さった成均館大學校敎授崔埈璿博士とソウル·サイバ大學敎授金知煥博士を始め，何時も惜しみなく激勵とご敎示を下さった名古屋経済大學の石井文廣先生，日本大學の石山卓磨先生に對しても深く謝意を表したいと思う。最後に，本書の刊行を快諾して下さった三知院高德煥社長の御厚意に對しても厚く御礼を申し上げるとともに，編集部職員皆さんの御勞苦に對しても感謝の意を表したいと思う。

平成16(2004)年 2月 14日

李範燦

はじめに(韓國法概說)

日・韓兩國は地理的に隣接しているので近い國同志であるというだけではすまされない。経濟的・社會的・文化的にも世界のどの國よりも似ている共通分母を持っている以上，近くて近い隣の國といえる。隣の國を正確に知って，隣の國との交流を活性化しようとすれば，何よりもその國の法制を正確に理解する必要がある。それにも拘らず，殘念ながら，韓國の法と韓國人の法意識に關して總体的かつ体系的に，紹介した日本文獻はまだ見られない。今まで出版された韓國法の紹介文獻は大部分が特定分野に偏った專門書籍である。

本書は名古屋経濟大學において新たに開設された韓國法講座の講義用教材である。韓國における各種の法の內容と特色が一目で眺められる鳥瞰図である。重要な道路網と要衝の地だけを示した簡便な韓國法の旅行案內図的な役割を果たせれば幸いである。韓國法に關心のある讀者におかれては，先ずは韓國法の全体を体系的に理解してから，興味のある特定分野の探究に立ち入ることを勸めたいと思う。

最後に，本書の著述に關し多大な御助言と御教示をたまわった酒巻俊雄先生，石井文廣先生，石山卓磨先生に對し，また司法制度・刑事法及び刑事訴訟法部分の原稿を監修して下さった大韓民國學術院の會員金鍾源博士，民事訴訟法部分の原稿を監修して下さった同會員金洪奎博士，民法部分の原稿を監修して下さった同會員高翔龍博士に對し，心より感謝を申し上げたい。さらに，本書の出版を快諾して下さった三知院の高德煥社長に感謝いたすとともに，原稿の整理に精一杯協力して下さった成均館大學校大學院博士課程の金泰貞君，三知院の編集部職員皆さんの御苦勞に對しても謝意を表したいと思う。

平成16(2004)年 5月 20日

李範燦

はしがき(大韓民國法概說)

日本と韓國の兩國は，地理的に隣接して經濟的・社會的・文化的にも世界のどの國よりも似ている共通分母を持つた「近くて近い」隣國といぇる。

私たちわは，隣の國を正確に知り，隣の國との交流を活性化するためには，何よりもその國の法制を正確に理解することが第一步であると考えた。殘念ながら，日本において今日までに出版された韓國法の紹介文獻の大部分が特定分野に偏つたもの，つまりは，韓國の法と韓國人の法意識に關して，綜合的かつ體系的に，紹介された文獻が見受けられないことに氣がついた。

本書は，韓國における各種の法の內容と特色を一目で眺めることのできる鳥瞰圖を目指した。韓國法に關心のある方方に，先ずは韓國法の全體を體系的に理解してから，興味のある特定分野の探究に入つていかれることをお勸めしたい。本書が，重要な道路網と要衝の地だけを示した簡便な韓國法の案内圖的な役割を果たすことができれば幸いである。

本書は，學校法人市邨學園創立 100周年記念事業の一つとして刊行することとなつた名古屋經濟大學叢書第3巻である。

本書の著述に關し多大な助言と教示を賜わつた酒巻俊雄先生，石山卓磨先生に對し，また 司法制度 ・ 刑事法及び刑事訴訟法部分の原稿を監修してくださつた大韓民國學術院會員の金鐘源博士， 民法部分の原稿を監修してくださつた同會員の高翔龍博士に對し， 心から感謝を申 し上げたい。さらに，本書の刊行には，名古屋經濟大學から絶大なご協力を賜わつたことに感謝いたすとともに， 本書の刊行について， 甚大なるご協力をいただいた成文堂編輯部の土子三男，條崎雄彦の兩氏に厚く謝意を表したい。

平成20年 9月 吉日

李範燦

石井文廣

현대주식회사의 기관구조

OECD에 가입하고 세계화를 외치던 소득 만불국민의 꿈은 하루아침에 물거품으로 사라졌다. 6·25동란과 견줄 만큼 1997년의 환란은 너무도 충격적이다. 멀쩡한 수많은 기업의 도산으로 실업자가 속출하고 있으며, 주가는 바닥을 모르고 추락하는 등 우리 경제는 파탄의 위기를 맞이하기에 이르렀는데, 이 총체적 파탄의 위기를 극복하고 소생하려면 IMF의 뜻대로 속히 구조조정을 단행하여야 한다고 한다. 우리가 직면한 구조조정은 기업의 선단식 투자의 구조조정, 재무관리의 구조조정, 지배구조의 조정으로 요약할 수 있다. 특히 기업경영의 투명성을 최고하기 위해서는 주식회사기관의 구조조정이 무엇보다도 절실하게 요청된다. 『현대주식회사의 기관구조』는 이러한 시대적 상황에서, 우리나라의 주식회사기업이 지니고 있는 구조적 모순을 분석하고, 개선의 방향을 모색하는데 일조를 하리라 믿어 출간을 서둘렀다.

이 책의 바탕이 된 것은 염정의 교수의 박사학위논문 「주식회사의 기관구조에 관한 비교법적 연구」이다. 염 박사가 긴키대학(近畿大學)에서 연구에 몰두하고 있을 때, 필자도 교토(京都)의 리쯔메이칸대학(立命館大學)에 가 있었기 때문에 매주 주말이면 만나서 피차의 객고를 달래며 자료를 수집하고 의논을 거듭한 것이 기연(機緣)이 되어 염박사의 논문을 함께 개편하고 보완하여 이 책을 공저로 출간하게 되었다. 이 책은 주요한 선진국의 주식회사의 기관구조를 연구하되, 현재의 주식회사로 발전하기까지의 과정과 배경을 이해하기 위해서 그 나라 회사법의 변천사와 주식회사기관의 연혁을 살펴보았다. 그리고 그 이해의 바탕 위에서 우리나라 주식회사가 안고 있는 지배구조(Corporate Governance)의 개선문제를 해결하기 위해서 우리나라 주식회사의 기관의 발전과정을 연혁적으로 고찰하고 기업실무계의 경영관행을 실증적으로 분석하여 봄으로써 현시점에서의 좌표를 확인하고, 끝으로 우리나라 주식회사기관의 구조조정을 위해서 바람직한 입법론적 방안을 제시하고 있다.

그러나 공저라는 점에서 논의의 한계가 있음도 인정하지 않을 수 없다. 또 출간을 서두르다 보니 쏟아져 나오는 새로운 자료들을 전부 활용하지 못한 점도 아쉽게 생각한다. 잘못된 부분, 미진한 부분이 있다면 앞으로 독자 여러분의 편달을 받아 보완하기로 약속하면서 미흡한 대로 세상에 내어 놓는다.

출판계에도 도산사태가 몰아치고 있는 어려운 여건하에서도 이 책의 출간을 쾌락해 주신 삼지원 고덕환(高德煥) 사장님을 비롯해서, 더위 속에 애써주신 삼지원 편집부 여러분들에게 깊이 감사드리고, 프랑스 주식회사에 관한 자문에 기꺼이 응해주신 청주대학교 교수 박상조(朴相祚) 박사, 논문번역에 많은 도움을 준 호남대학교 강사 허덕회(許德會) 박사와 홍규선(洪奎善) 박사, 원고정리와 교정 등 여러 가지 어려움을 마다 않고 성심껏 도와준 성균관대학교 대학원 김지환(金知煥) 석사와 황숙연(黃肅淵) 군의 노고에 대해서도 고마운 뜻을 표한다.

1998년 7월 10일

李範燦 씀

회사법의 제문제

대학원을 수료한 1960년(4월)에 국민대학강단에 선 후, 외길 인생 38년의 강단생활을 금년 8월로 마치게 되었다. 대과(大過) 없이 평범한 삶을 정리할 수 있다는 점에서 안도의 숨을 돌리기는 하지만, 돌아보면 좀 더 연구에 열중했었더라면 하는 아쉬움도 남는다. 그 아쉬움을 달래며, 하나의 이정표를 남겨보자는 욕심에서 그동안 쓴 많은 글 중에서 회사법에 관한 것만 몇 편 골라서 『회사법의 제문제』를 펴내기로 했다. 회사법을 연구하는 분, 입법에 관여하는 분에게 조금이라도 참고가 될 수 있다면 다행으로 생각한다.

이 『회사법의 제문제』는 처음에는 필자의 논문만을 모아 실어 보려고 했다. 그러나 성균관대학교의 제자들이 정년퇴임기념으로 필자의 수상집(隨想集) 『海巖의 자화상』과 함께 법률논문집도 발간하자고 간곡히 요청하기에, 그동안 필자와 가깝게 지내면서 공동연구활동에 참여했던 한국과 일본의 저명한 교수의 글도 승낙을 얻어 8편을 함께 싣기로 하고, 편저(編著)로 출간하기로 했다. 이 글을 통해 거듭 간행위원 여러분들의 배려와 노고에 깊은 사의(謝意)를 표하고 싶다.

① 이 『회사법의 제문제』에는 오늘날의 회사법 기본문제를 이해하는데 도움이 될 만한 글만을 골라서 실었다. 그러나 신상법 제정 후에도 84년, 95년에 크게 회사법이 개정되었으므로 과거에 쓴 논문은 현재의 규제내용과는 당연히 다를 수밖에 없다. 그럼에도 불구하고 그 변천과정과 그 개정배경을 이해하는데 도움이 될 듯하여, 될 수 있는 한 과거의 내용을 그대로 살리면서, 부득이 한 경우에만 약간의 보완을 하여 싣기로 했다.

② 가급적 원형을 살린다는 뜻에서 한자를 많이 쓴 논문도 그대로 옮겼으며, 조문이나 각주의 표시방법 등도 논문에 따라, 필자에 따라 다르지만 가급적 통일을 기하려고 했으나, 경우에 따라 그대로 싣기도 했다.

필자가 다루지 못한 부분을 메워서 균형잡힌 내용이 되도록 협력해 주신 와세다대학(早稲田大學)의 사까마끼 도시오(酒卷俊雄) 교수, 리쯔메이칸대학(立命館大學)의 시무라 하루요시(志村治美) 교수, 교토가쿠엔대학(京都學園大學)의 이또 유고(伊藤勇剛) 교수, 인하대학교의 김영선(金英仙) 학장, 중앙대학교의 임중호(林重鎬) 교수, 성균관대학교의 최준선(崔埈璿) 교수, 조선대학교의 양동석(梁東錫) 교수에게 충심(衷心)으로 감사를 드린다.

끝으로 IMF 사태로 누구나 예외없이 어려운 때인데도 불구하고, 이 책의 출간을 위해서 물심양면으로 정성껏 지원해준 간행위원 여러분과 이 책의 제자(題字)를 써주신 사단법인 한국서가협회(韓國書家協會) 송천(松泉) 정하건(鄭夏建) 회장님께 심심한 사의(謝意)를 표한다. 또한 출판계 사정도 어려운 때인데 이 논문집의 출간을 쾌락해 주신 삼지원의 고덕환(高德煥) 사장님께도 깊은 감사를 올린다. 그리고 원고정리에 동참해 준 성균관대학교 대학원의 김지환(金知煥) 법학석사를 비롯해서 석사과정의 이창기(李昌基), 이종호(李鐘昊), 진홍주(陳洪洙), 박철영(朴哲泳), 안덕종(安德宗), 최승선(崔勝善), 한대성(韓大成), 인하대학교 대학원의 장윤숙(張允淑) 법학사의 노고를 잊을 수 없고, 원고수집과 편집에 노고를 아끼지 않은 편집위원 여러분에게도 사의(謝意)를 표하고 싶고, 특히 무더위 속에서도 교정 등 번거로운 작업에 수고를 아끼지 않은 삼지원 편집부 직원 여러분에 대한 감사도 빼 놓을 수 없다.

1998년 9월 일

이범찬 씀

자화상을 그리며

-『해암의 자화상』

5년 전 예순의 고개 위에서 한숨 돌리며 하객 앞에 약속을 했다. 청출어람(青出於藍)이란 말을 되새기며, 남은 5년 만이라도 열심히 연구 활동을 해서 은사님의 명예에 누를 끼치지 않는 제자가 되겠노라고.

막상 정년의 고개 위에 올라와 보니 제3의 고개는 힘겨워 엄두도 못 내겠고, 그렇다고 내려가자니 뒷면은 절벽이고 벼랑길이 험난하기 이를 데 없다.

우선 교단 40년을 정리하고 마음을 가다듬는다는 뜻에서, 주위분들과 제자들의 협조를 얻어 『회사법(會社法)의 제문제(諸問題)』를 펴내어 검증을 받기로 했다. 그러나 그 논문 몇 편만으로는 어려서부터 가슴속에 해암(海巖)의 꿈을 품고 달려온 내 삶의 모습은 나타낼 길이 없다. 참회록을 쓰자니 용기가 없다.

그렇다고 자서전을 쓰려고 하니까 너무도 부끄러운 일들이 많을 뿐 아니라, 관련된 분들에게 행여 누를 끼칠까 염려도 되어 체념하고 말았다. 그러다보니 보기 좋은 해암의 앞면만을 나타내 보기로 한 것이다.

나는 일찍이 돌아가셨다는 할아버지의 이름 석 자밖에 아는 것이 없다. 할아버지의 사진도 행적도 보고 들은 적이 없다. 할아버지, 할머니 제사는 큰집 조카 몫이 되었지만 제사에 참여할 정이 생기지 않는다. 그렇다고 내 손자·증손들에게 제사를 받아먹기 위한 것은 아니지만, 무엇인가 내 모습과 흔적을 정리해서 남기고 싶은 생각에 나의 모든 것을 숨김없이 드러내놓기로 했다. 나의 참모습과 속마음을 알고 싶은 분만이 읽어주십사고, 그리고 제2의 삶의 인생살이에도 많은 협조와 편달을 보내 주십사고 기원하면서.

해암의 교신을 비롯하여 몇 군데 글 속에 내용이 여과 없이 밝혀졌다. 본인들의 허락이나 양해를 직접 얻으려 했지만, 사정이 여의치 못했기에 이 글을 통하여 충심으로 사과를 드리며 감사의 뜻을 올린다.

이 책이 빛나게 제자를 기꺼이 써주신 사단법인 한국서가협회 송천(松泉) 정하건(鄭夏建) 회장님께 마음으로부터의 사의를 올린다. 또 그동안의 끈끈한 정을 못 잊어 이 어려운 IMF 난국 속에서도 물심양면으로 적극 협력해준 간행위원, 편집위원 여러분의 후의와 노고에 대해서 깊이 감사드린다. 특히, 최준선(崔峻璿) 교수, 임충희(任忠熙) 박사, 김지환(金知煥) 조교의 헌신적인 노고를 잊을 수가 없다. 제2의 삶을 보람 있게 살아가는 것으로 보답하기로 다짐해본다.

끝으로 출판사정이 극히 어려운 때에 이 정년기념물을 두 가지씩이나 흔쾌히 출간해주신 삼지원 고덕환(高德煥) 사장님을 비롯하여 제작과정에 여러모로 애를 써주신 편집부 이신행(李信行) 주간님과 관계직원 여러분께도 심심한 감사의 뜻을 올린다.

1998년 10월 14일 동산재(東山齋)에서

해암(海巖) 이범찬(李範燦) 씀

주석 상법(Ⅲ) 「회사법(2)」

1997년 말 IMF 사태 이후에 생겨난 급격한 경제적 변화를 반영하여 수년간에 걸쳐 여러 번 상법전이 개정되었고 또 많은 상사특별법이 제정 또는 개정되었으며, 새로운 대법원 판례도 다수 출현하였다. 또한 기업지배구조 모범규준이 작성되어, 기업의 지배구조(corporate governance)를 선진화하여 주주의 이익을 보호하기 위한 노력이 다각도로 추진되어 왔다. 뿐만 아니라 미국, 일본, 도이칠란트 등 많은 나라에서 회사법이 크게 개정되었고, 새로운 실무관행도 많이 생겨났다. 이러한 이유로 이번에 주석 상법 중 회사 편을 전면적으로 손질하여 새로운 모습으로 내어놓게 되었다.

그동안 주석 상법은 법조인, 기업인 및 학자 등 각계각층으로부터 많은 사랑을 받아 왔는데, 이번 개정을 통하여 더 충실한 내용을 담게 된 것을 기쁘게 생각하며, 앞으로 더 많은 이

용이 있기를 기대한다. 집필을 하여 주신 여러 선생님께 감사를 드리며, 수십 년에 걸쳐 주석서 시리즈를 완성하신 한국사법행정학회 이종균 회장님의 높은 뜻과 노고에 대하여 진심으로 경의를 표하는 바이다. 우리 집필자들은 주석 회사법이 더 충실하고 믿음직한 주석서로 성장할 수 있도록 계속 노력하여 나갈 것을 다짐한다. 독자들의 질정(叱正)을 바라 마지않는다.

2003. 3. 5.

편집대표
학술원 회원 손주찬
고려대 법대 교수 정동윤

제5판 상법(하)

제4판이 나온 이후 해상법을 비롯한 많은 법률이 개정되었기 이를 반영하여 제5판을 낸다. 곧 상법총칙·상행위편과 회사편 및 보험편도 개정이 예정되어 있어서 개정안이 발효될 2009년에 대폭 개정을 하기로 하고, 이번에는 소폭개정만을 하였다. 제5판의 출판에 애써 주신 삼영사의 이신정(李信正) 주간님을 비롯하여 편집부 직원 여러분의 노고에 감사드린다.

2008. 8. 15.

저자 씀

초판 상법(하)

상법을 2권으로 나누어 해설하기로 했다. 상권에서는 상법총칙 · 상행위법 · 회사법을, 하권에서는 어음법 · 수표법 · 보험법 · 해상법을 다루기로 하고, 먼저 준비된 하권부터 출간하기로 했다. 강의용 교재로서는 기간(既刊)의 상법개론으로도 부족함이 없다고 생각하지만, 사례를 중시하는 사법시험의 근래의 경향이나 좀더 친절한 해설을 갈구하는 독자들의 갈망에 부응하기 위해서 지면을 늘리지 않을 수 없었다. 또한 법학교재에서 한자가 사라져가는 것이 안타까운 일이기는 하나, 기본적인 용어만이라도 한자를 사용하기로 했다.

상법 하권의 집필에서도 중점적으로 간결하게라는 서술방침에는 기간(既刊)의 상법개론과 다름이 없다. 다만, 1997년 5월말까지 나온 대법원의 판례는 빠짐없이 소개함으로써 사례중심의 생동감있는 강의와 철저한 시험준비에 만전을 기할 수 있도록 노력했다.

또한 깊이 있게 상술(詳述)하되 가급적 많은 저자들의 저서나 논문의 요지를 두루 소개하려고 애썼다. 그러나 저자의 게으름과 이해의 부족으로 자료의 누락이나 학설의 오해라도 없었는지 걱정스럽기도 하지만, 독자들의 편달에 힘입어 차후에 계속 보완 · 정정해 가기로 약속한다.

끝으로 본서를 준비함에 있어 성심성의껏 도와준 성균관대학교 박사과정의 김지환(金知煥) 법학석사와 황숙연(黃肅淵) 조교의 노고에 대해서 심심한 사의(謝意)를 표한다. 그리고 본서의 출간을 쾌락하여 주신 삼영사의 고덕환(高德煥) 사장님, 무더위 속에 편집과 교정을 위해 애써주신 삼영사의 이신정(李信正) 주간님과 편집부 여러분께도 깊이 감사드린다.

1997년 8월 11일
저자 씀

제2판 한국회사법

이 책이 출간된 지도 10년이 가까워 간다. 회사법 전면 개정안은 수년째 논란을 거듭하고 있지만, 그 사이에 「자본시장과 금융투자업에 관한 법률」이 제정되어 2009년 2월 4일 전면적인 시행에 들어갔고, 그에 따라 2009년 1월에 종래 증권거래법에 있던 상장회사특례규정을 상법으로 이관하는 상법개정이 있었다.

또한 2009년 5월에 회사 창업을 손쉽게 하고 소규모 주식회사의 운영을 간편하게 하며, 기술의 발달에 따른 전자문서 및 전자투표의 도입에 관한 상법개정이 있었다. 뿐만 아니라 국내외적으로 경영진의 책임이나 적대적 M&A방어수단과 관련된 쟁점 판결이 다수 나왔다. 필자의 바람 같아서는 회사법 전면 개정안이 국회를 통과하면 이를 반영한 개정판을 내는 것이 독자들의 수고를 덜어주는 것이라 생각했지만 개정판 출간을 더 이상 미룰 수는 없었다.

이번에 이 책을 개정하면서 개정상법의 주요 내용뿐만 아니라 관련 특별법의 개정 내용도 충실히 반영하였다. 특히 몇 년간 국내외적으로 학계나 실무계에서 큰 이슈가 되었던 쟁점 판례를 소개하는 것도 잊지 않았다. 나아가 외국법령의 개정부분도 반영하려 애썼으며, 쏟아져 나오는 학회 잡지의 논문내용도 참고하였다. 개정작업은 힘들었지만 개정판이 나온다는 생각에 가슴 설렌다. 그럼에도 불구하고 독자들의 질책과 평가는 필자와 다를 수 있을 것이다. 이 책에서 미진한 부분과 독자들의 지적은 다음 개정판에서 반영하여 보완하기로 한다.

이 책 개정판의 오류와 탈자를 바로 잡는 작업은 경남대학교 법학부 강민경 양과 이가영 양이 수고해 주었다. 이들에게 학문적 성공이 있기를 빈다. 또한 최근 경제위기와 함께 불어 닥친 혹독한 추위와 인터넷 등의 기술발달로 출판업계의 형편이 어려움에도 불구하고, 개정판을 내어주신 삼영사 고덕환(高德煥) 사장님께 깊이 감사를 드린다. 또한 개정작업의 수고를 아끼지 않은 임진숙 과장과 직원 여러분께도 고마운 뜻을 전한다.

2010년 2월 10일
저자 씀

초판 한국회사법

필자가 외길 40여 성상(星霜)의 강단생활을 통해서 가장 흥미를 느끼고 역점을 두어 연구해 온 부문이 회사법이다. 그러기에 주식회사법을 중심으로 서술하되, 판례나 기업계의 실무관행까지 실증적 연구를 하여, 학생들은 물론 기업실무나 법조실무에 종사하는 분들에게도 도움이 되는 한국의 회사법을 써보겠다는 것은 평생의 꿈이었기도 했다.

바쁘다는 핑계로 한 해 한 해 미루어 오다 정년(停年)을 맞고 말았다. 이 책은 정년(停年) 후의 무료하기도 하고 허탈하기마저 했던 자신의 마음을 달래며, 평소에 아끼던 임충희(任忠熙) 박사와 김지환(金知煥) 박사와 더불어 엮어 놓은 공동저작이다. 매주 모여 읽고 토론하고 써오기를 해를 거듭하였는데, 우여곡절 끝에 2001년의 상법개정을 기다려 햇볕을 보게 되니 감회가 새롭기만 하다. 앞으로 독자 여러분들의 편달과 조언을 받아 보다 알찬 내용으로 증보함으로써 "믿고 읽히는 책"이 되도록 노력할 것을 다짐한다.

이 책의 내용을 서술하는데 있어서는 시종 중도적인 자세를 견지하면서 외국의 동향과 판례도 정확하게 반영하려고 노력하였다. 기업의 글로벌화 시대를 맞이하여 회사의 자금조달과 영업활동은 국내외를 가리지 않고 행하여지고 있는 바, 내국회사의 외국인주주는 경영투명성의 국제기준준수를 요구하고 있고, 외국에서 활동하는 내국회사는 외국회사가 향유하는 선진제도 및 선례를 지득하고 활용할 준비가 되어 있어야 하기 때문이다.

이 책은 또한 단순한 법의 해석과 적용 및 입법작용에만 치중했던 종래의 일반적 서술방식을 뛰어 넘어, 기업의 현안문제가 장래에 소송으로 발전하는 것에 대비하기 위하여 종합적인 이해득실의 검토 및 처리를 할 수 있도록, 증권거래법·세법 기타의 관련 법률을 모두 언급하는 이른바 Business Planning적 요소도 가미했다는 점을 밝혀 둔다. 그리고 앞으로 이 부분을 보다 더 강화하기로 약속한다.

한편 표기방법에 있어서는 최소한의 기본적인 용어만이라도 한자를 쓰기로 했다. 법학도만이라도 한맹(漢盲)의 서러움과 폐해로부터 구출하고 싶은 심정에서, 한글세대의 요구를 도외시하기로 한 것이다. 하향평준화의 잘못된 교육정책이 오늘의 교실파괴(敎室破壞), 교육공동화(敎育空洞化)의 수렁으로 빠져들게 하는데 일조를 한 것도 바로 한글 전용화정책(專用化政策)이었다고 필자는 생각한다. 새로운 세기에 좁아지는 지구촌으로 발걸음을 내어 딛을 때를 생각해서, 한자문화권의 긍지를 가져 주기를 바라는 마음 간절하다.

근래에 와서 특히 출판업계의 사정이 매우 어려워졌는데, 『한국회사법』의 출간을 쾌히 수락해주신 삼영사 고덕환(高德煥) 사장님께 깊이 감사를 드린다. 또 무더위를 무릅쓰고 편집작업에 정성을 기울여 주신 이신정(李信正) 주간님과 직원 여러분, 그리고 성심껏 교정을 보아준 성균관대학교 대학원 박사과정의 박철영(朴哲泳) 군의 노고도 잊을 수 없어 충심(衷心)으로 감사를 드린다.

2001년 8월 15일

東山齊에서

이범찬 씀

제11판 상법요해

『상법요해』가 1982년에 출간된 이래, 독자 여러분들의 아낌없는 성원에 힘입어 판을 거듭한 끝에, 드디어 제11판을 내어 놓게 된 것을 고맙고 기쁘게 생각한다.

이번 개정판은 새로 판을 짜면서 내용도 대폭 증보를 하였다. 최근에는 사례 또는 판례를 물어 보는 문제가 빈번히 출제되고 있는 점을 고려하여, 중요 판례 및 최신 판례를 소개하는 데 역점을 두었다. 뿐만 아니라 판례를 사례화한 문제도 새롭게 추가하여 그 이해를 도왔다. 한편, 공인회계사시험의 기출문제에 있어서는 누락된 모든 문제를 찾아 보완·해설하였고, 세무사시험의 기출문제도 새로이 수록·해설하여, 독자 여러분들이 최근의 출제동향을 쉽게 파악할 수 있게 하였다.

이번 개정판부터는 김지환 교수와 공저로 출간하게 되었다. 사실 김 교수는 1996년 제5개정판에서부터 원고정리와 교정작업에 참여하여 왔고, 앞으로도 필자와 더불어 개정작업을 계속 해 나갈 것이기에, 공저로 출간하게 된 것이므로, 독자 여러분의 변함없는 성원과 지도편달을 바라마지 않는다.

최근의 어려운 출판사정에도 불구하고 제11개정판의 출간을 흔쾌히 받아 주신 삼영사 고덕환 사장님께 깊이 감사드리며, 아울러 힘들고 까다로운 개정작업에 고생하신 이신정 주간님과 편집부 직원 여러분에게도 감사를 드리는 바이다.

2003년 10월 1일
이범찬 씀

초판 상법요해

금년도 공인회계사시험제도에서는 여러 가지 변혁을 찾아볼 수 있는데, 그중 한 가지는 종래에 본시험에서 주관식문제로 다루던 상법을 제1차 시험에서만, 그것도 객관식문제로 테스트하는 데 그치게 되었다는 점이다. 그 잘잘못은 시일이 지나면 평가되겠지만, 우선 급한 것은 응시자들의 수험준비라고 생각된다.

아직까지 우리나라에서는 상법을 객관식으로 테스트한 시험이 없었다. 그런 점에서 객관식문제를 다룬 수험준비서들도 없거니와 어떠한 방법으로 어느 수준에서 다루어질 것인지 출제경향에 관하여서도 전혀 예측을 할 수 없어서 응시자들로서는 막연하기 이를 데 없을 것이다. 뿐만 아니라 객관식시험에 대응하려면 공부하는 방법이 좀 달라져야 하리라고 생각한다. 깊은 이해의 전개도 필요없고, 쟁점을 중심으로 한 논술에 적합한 문제를 중점적으로 처리할 수도 없게 되었다. 오히려 객관적으로 논란의 여지가 없는 제도(조문화된 것)를 중심으로 넓게 다룰 필요가 있으며, 한편 5선지를 만들어야 한다는 출제기술상의 제약과 어려움도 충분히 고려하고 준비에 임해야 할 것이다.

이와 같은 객관식출제의 특성을 염두에 두고, 응시자들의 막연한 준비생활에 지침이 되고 길잡이가 될 수 있는 책을 만들어보자는 것이 이 책의 집필동기이다. 이 책은 오로지 객관식시험에 초점을 맞춘 것이다. 따라서 상법해설도 해상법·보험법은 제외했으며, 학문적으로 중요한 부분도 출제에 도움이 되지 않는다고 생각되는 것은 대담하게 압축하거나 삭제해 버렸다. 그리고 절(節)별로 수록된 연습문제에는 될 수 있는 대로 해설을 붙여서 철저한 이해에 도움이 되도록 했다.

짧은 기간 내에 집필을 서둘러야 했고, 국내에 기술자료가 없었기 때문에 이 졸작이 과연 얼마나 독자의 요구를 충족시켜 줄 수 있을지, 혹은 큰 잘못이나 없을는지 능력의 한계를 느끼는 저자로서는 불안하기 이를 데 없다. 다만, 독자들의 기탄없는 비판과 줄기찬 성원이 있기 바라며 앞으로 보다 충실한 내용이 되도록 애쓸 것을 다짐해 둔다.

끝으로 여러 가지로 어려운 때에 본서의 출간을 선뜻 맡아 주시고, 많은 조언을 해 주신 삼영사 고덕환(高德煥) 사장님의 후의(厚意)에 마음 깊이 감사드린다. 그리고 원고정리와 자료수집에 적극 협조하여 준 숭전대학교(崇田大學校) 강사 최준선(崔埈璿) 법학박사의 노고와 삼영사 편집부 직원 여러분들의 노고에 대해서도 깊은 사의를 표하는 바이다.

1982년 4월

素心齋一隅에서

저자 씀

제2판 회사법

(이범찬, 임충희, 이영종, 김지환, 삼영사 간)

이 책을 출간한 후 상법은 2014년 5월 20일에 그때까지 유명무실하던 무기명주식 제도를 폐지하였다. 2015년 12월 1일에는 기업의 인수·합병을 원활하게 할 수 있도록 삼각조직재편제도를 도입하는 개정이 있었다. 그리고 회사법 관련 대법원 판례는 매년 6건 내외 나오고 있으며, 하급심이지만 회사법에서 다루어야 할 판례도 다수 있다. 뿐만 아니라 학자들의 계속되는 연구 성과물이 쏟아져 나오며, 국내·외의 법령 개정도 살펴 볼 필요성이 생겼다. 이와 같은 내용을 종합 반영하기 위하여 이번 개정판을 출간하게 되었다.

또한 개정을 하는 김에 불필요한 한자는 한글로 많이 대체하였다. 이번 개정판이 아무쪼록 독자 여러분이 회사법을 이해하고 실무에 적용하는 데 도움이 되었으면 하는 바람뿐이다.

이번 개정판을 위해 애써 주신 삼영사 고덕환 사장님께 진심으로 감사를 드린다. 또한 실무 책임을 도맡아 주신 고성익 사장님께도 감사드리며, 교정과 편집에 바쁘신 시간을 할애해 주신 임진숙 과장님과 직원 여러분들께도 고맙다는 말씀을 전해드린다.

2018년 2월
저자 씀

초판 회사법

2011년 개정상법은 무려 260여 개의 조문이 신설되거나 내용이 변경되었다. 당연히 새로운 해설서가 필요하게 되어 필자들은 새로운 교재로 『회사법』을 출간하게 되었다. 특히 법학전문대학원의 개설 이후 회사법의 강의와 교재는 이론보다 판례와 사례 중심으로 옮겨 가는 경향이 있다. 따라서 법학전문대학원뿐만 아니라 일반 대학의 법학과나 경영학과의 학생들, 나아가 회사의 실무가들을 위해서 회사법의 기본이론을 해설하면서도 분량으로도 부담이 적은 책이 필요하다고 생각했다.

필자들은 이번 『회사법』을 집필하면서 종래 출간된 『한국회사법』을 근간으로 삼았다는 점을 밝혀 둔다. 각자 분담 부분의 집필을 완성한 후 상호 토론함으로써 이론과 체계의 일관성을 도모했다. 혹 미진한 부분이 있다면 독자의 기탄없는 비판에 힘입어 향후 개정 상법에 관한 논문과 판례, 그리고 실무계의 활용 상황 등을 면밀히 검토하면서 계속 보완해 나가고자 한다.

이번 개정상법의 주요 내용을 보면, 회사 설립이나 운영에 따르는 부담을 경감해 주고 정관자치의 범위를 확대하여 기업의 자율성을 최대한 부여하려는 뜻이 담겨 있다.

신설된 유한책임회사제도를 비롯하여 무액면주식제도의 도입, 자기주식취득제도의 개선, 소수주식의 강제매수제도, 주식 및 사채의 전자등록제, 주금납입의 상계허용, 배당제도의 개선 및 합병대가의 유연화 등은 기업 운영의 편리성을 도와주는 제도이고, 정관의 규정에 따라 다양한 종류주식의 발행과 활용, 이사의 책임감경, 집행임원제도의 도입, 사채제도의 개선 등은 기업의 자율성을 제고시킨 제도라 할 수 있다. 그러면서도 기업경영의 투명성을 높이기 위해서 이사의 자기거래 승인 대상 확대, 회계관련기준의 국제화, 회사의 사업기회 유용금지제도의 신설 및 준법지원인 제도를 도입하였다.

기업이 글로벌 경쟁에서 패하면 사회와 국가의 생존이 위협받게 되는 것이 현실이다. 우리 회사법제가 외국 자본의 신뢰를 얻을 수 있고 세계 시장에서 경쟁하는 기업에게 든든한 버팀목이 될 수 있다는 측면에서 이번 개정상법은 그 의의가 크다고 본다. 그러나 일시에 많은 조문의 개정이 이루어지다 보니 몇몇 입법 오류와 미비점이 보이기도 한다. 계속 입법상 체계와 내용의 보완작업이 요구된다. 이와 관련한 내용들은 해당 부분에서 서술하여 독자의 이해를 돕고자 하였다.

점점 어려워져 가는 출판 환경에도 불구하고 새 『회사법』의 출간에 지속적인 독려와 관심을 쏟아주시고 도움을 주신 삼영사 고덕환 사장님께 진심으로 감사를 드린다. 그리고 책 출간을 위해 늘 연락을 취해 주신 고성익 부사장, 교정과 교열작업에 수고를 아끼지 않으신 임진숙 과장과 직원 여러분께도 감사의 말씀을 전한다.

2012년 4월

저자 씀

青山信行　様

拝啓　メイルを有難く拝受致しました。最早定年となり、でも定年後にも引續き再雇用され、働けるようになったこと、先ずお祝い申し上げます。その間色々と親切なお手配をして頂き心より厚く感謝のお礼を申し上げます。

さて、前期の集中講義の日程ですが、メイルの内容の通り、確定して下さい。只今石井學部長より學部の１６年度の集中講義日程表を送ってもらいました。前期の集中講義日程が確定されれば、航空便の予約も早めに手配して頂けば如何でしょうか?　お忙しいところ、申し譯もございませんが、宜しくお願い致します。

ソウルの小生は、新たな教材、韓國法概説と韓國會社法の2冊を用意するために忙しい日々を送りました。8月に贈呈させて頂きましょう。

取り敢えず、返信旁お願いまで

草々

2004年 5月 17日

李範燦

酒巻俊雄　先生

前略　5月　15日付けのメールは中村教授より有難く拝受致しました。ソウルは春が無くなった氣がする程暑くなりました。韓國側の修正案に贊成して頂き有難く存じ上げます。

さて、研究會準備の件ですが、韓國商事法學會と江原大學の實務担当者との公式的交涉や航空便の早期予約のために必要ですから、來韓なさる6人様のお名前(漢字と英語)と報告題目を可能ならば早めに(5月の末まで)　確定、通知して頂きたくお願い申し上げます。原稿は8月の末まで電子メールを利用し送って頂けるようお願い申し上げます。

今後の事務的連絡は中村教授宛にさせて頂きます。

取り敢えず、返信旁お願いまで　　　　　　　草々

2005年 5月 17日

李範燦

酒巻俊之　先生

拝啓

初夏の候、酒巻先生におかれましては益々ご健勝のこととお慶び申し上げます。

さて、4月にご恵送頂きました一人會社と會社設立の法規制は有難く拝受致しました。實はその間中國とエジプトの觀光旅行に行って參りましたので、返信が遲れてしまいました。申し譯もございません。

一人會社の法律關係をはじめ會社設立規制に關する酒巻先生の研究成果をまとめた貴重な高著は韓國の會社法の改正にも大いに參考されると思え、研究させて頂きます。

拙著比較企業法講義は名古屋経濟大學大學院の教材として韓國で出版したものですが、御笑覽頂けば幸甚に存じ上げます。

取り敢えず、お礼旁返信まで

敬具

2005年 5月 19日

ソウル特別市瑞草區良才洞64-5 良才パークビラ 301号

李範燦

三輪 至 様

前略。

私は今年度の大韓民國學術院會員選任の候補者に推薦されました。提出書類として下記の通り名古屋経済大學の経歴証明書が必要です。書類提出の締め切りが4月27日までです。恐れ入りますが26日にFAXでお送り頂き、原本は郵送して頂ければ有難く存じ上げます。突然無理な要求をして申し譯ございません。宜しくお願い致します。

証明事項——1999年 4月 より 2007年 3月 まで、

名古屋経済大學法學部教授

2007年 4月より現在まで、名古屋経済大學　名譽教授

2007年 4月より現在まで、名古屋経済大學大學院 客員教授

取り敢えずお願いまで。

草々

2007年 4月 25日

李範燦

志村治美 先生

拝啓　嚴しい殘暑の候、志村先生におかれましては益々ご清榮のことと存じ上げます。

ソウルの小生も毎日忙しい日々を過ごしています。

さて、小生の今年の前期の集中講義は 7月 31日より 8月 13日まで長過ぎて非常にきつかったんです。喉まで惡くなって大変苦勞しました。歸ってみますと懷かしい先生の葉書が待っていました。有難うございます。今年は、体力が劣る前にと言うことで、中國、エジプト、ロシア等海外旅行に長い間費やしました。8月19日—28日もNew Zealandに旅行します。實は、今年8月に随筆家として登壇しました。そこで、随筆家達の団体旅行に同行することにしました。初めての紀行随筆を書いて見ようとします。

志村先生の弁護士生活もおもしろいと思いますが、その代わりお忙しいでしょう。なんとぞお体大事にして下さい。奥様にも宜しくお願い申し上げます。

取り敢えず、お見舞い旁返信まで

草々

2005年 8月 18日

李範燦

志村治美 先生

拝啓　厳しい寒氣が數日間引き續くソウルの冬でございます。志村先生のお手紙有難く拝見致しました。

さて、先物取引の件ですが、韓國には先物取引所がありますが、本部は釜山(Busan)にあります。ソウルには有価証券取引の本部だけあります。先物取引は金融商品(証券と爲替)と金の先物取引がありますが、金の先物取引は全然無いと聞いています。

先物取引の實狀に詳しい學者、弁護士は小生もよくわかりません。弁護士會に紹介を依頼して下さい。　先物取引所に勤ている次長の氏名は金元大(Kim Won Dae、Tel: 016-587-4576)と聞いています。

呉弁護士とソウル弁護士會の住所は別紙の通りでございます。

小生も先物取引についてはわかりませんので申し譯ございません。

呉れ呉れもお体大事に。

取り敢えず返信まで　　　　　　　　　　敬具

2005年 12月 9日

李範燦

石井文廣　先生

拝啓　ソウルは花が咲いたかなと氣がつくといつのまにか緑に変り夏の氣温になりました。そのまも御変りなくご健勝のこととお慶び申し上げます。

さて、石井先生のお便りも有難く拝受致しました。領收書は返送しますが、その金額は、校正など出版過程でご苦労なさった方々と一緒に食事でもして下さい。宜しくお願い致します。

今年度から韓國法と韓國會社法を開設すると思って、2冊の教材を一生懸命準備して、ようやく完成しましたが、今年度には後期に韓國法だけ開設されて、時間的余裕がありますね。有難く存じ上げます。8月に教材を贈呈させて頂きましょう。

8月も直ぐですので、再會の楽しみをお待ちしています。呉々もお体大事になさるようお祈りいたします。

取り敢えず、お礼旁返信まで　　　　　　　　敬具

2004年 5月 17日

李範燦

石井文廣 先生

拝復　ソウルも春が身近く迫ってきました。お忙しいところ、早めにメールを送って頂き眞に有難く存じ上げます。今日、中・南米7ヶ國の旅行から歸って來ました。

さて、今年度の集中講義日程は教務委員會の案を異議無く受け入れ、準備させて頂きます。恐れ入りますが、前期（大學と大學院）の設置科目と申請した學生數もお知らせ頂ければ有難く存じ上げます。8月の再會を楽しみにお待ちしながら失礼致します。

取り敢えず、返信旁お願いまで

敬具

平成 18年 3月 8日

李範燦

石井文廣 先生

前略　2006. 7. 2. のFaxを有難く拝受致しました。毎度お世話して頂き心よりお礼を申し上げます。

さて、客員教授の契約の件有難うございます。今年は8月21日に集中講義が始まります。書籍の出版件も　8月に協議させて頂きましょう。8月の 再會を楽しみにお待ちしながら失礼致します。

取り敢えず、お礼旁返信まで

草々

平成18年 7月 3日

李範燦

石井文廣　先生

前略　メール有難く拝讀致しました。毎度種々とお世話して頂き心より厚くお礼を申し上げます。

さて、名譽教授の件眞に光榮と存じ上げます。法學部の同僚教授皆さんにも感謝のお礼を申し上げます。今月末の再會を樂しみにお待ちしながら失礼致します。

取り敢えず、お礼旁返信まで

草々

平成19年 1月 23日

李範燦

李範燦　先生へ

お久しぶりです。名経大の石井です。先生におかれましては、ご壯健の御事と拝察いたしております。「名古屋経濟大學叢書３巻」の応募については、9月　5日に書類を作成し、原稿として前のものを提出しました。急いだのは、他から出すらしいという情報を入手しましたから、他方より先に当方がエントリーしたいという理由からです。先生からご送付くださいましたものは、早急に訂正して打ち出し、差し替えるべきは差し替え、「叢書」刊行選考委員會に提出できるようにします。　なお、訂正し最終に打ち出したものは必ず先生に送付させていただく予定でおります。　こちらは、秋分を迎えたとはいえ、殘暑嚴しく秋の氣配はまだ当分先のようです。　ここしばらくの間天候も定まりませんのでくれぐれも御身を大切になさってください。　遲れましたが、校正冊子受領のご報告まで。

名古屋経濟大學法學部
石井文廣　ishii-f@nagoya-ku.ac.jp

石井文廣　先生

拝啓　ソウルは花が咲いたかなと氣がつくといつのまにか緑に変り夏の氣温になりました。そのまも御変りなくご健勝のこととお慶び申し上げます。

さて、石井先生のお便り有難く拝受致しました。地方旅行のため返信が遅くなりました。′愛の泉′の寫眞や美しい繪はがき、又職員証も名古屋の想い出として長く保管させて頂きます。

私は 6月 18~24日モンゴルへ、8月下旬頃に米國旅行をしようと計畫しています。

名経在職の間いろいろと親切にお世話して頂き石井先生の御恩は一生忘れる事が出來ません。殊更心深く感謝の御礼を申し上げます。

何時かソウルでの再會の樂しみをお待ちしています。呉々もお体大事になさるようお祈りいたします。

取り敢えず、お礼旁返信まで　　　　　草々

2009年 4月 25日

李範燦

酒巻俊雄 先生

拝啓　ソウルの新緑もいつのまにか濃く変り夏の氣温になりました。そのまも酒巻先生におかれましてはお変りなくご健勝のこととお慶び申し上げます。

さて、最近出版した韓國會社法講義を獻呈させて頂きます。名古屋経済大學で

今年度から韓國法と韓國會社法講義を開設されることになると思って、2冊の教材を一生懸命準備して、ようやく完成しましたが、今年度には後期に韓國法だけ開設されて、時間的余裕を得ることができました。先ず韓國會社法講義を別送致します。ご笑覧ご教示頂ければ幸甚に存じ上げます。

今年からは山梨大學でもお勤になさると聞きましたが、大學の發展に多いに貢獻なさる酒巻先生の情熱と活躍に心より尊敬、お祝い申し上げます。今秋には久し振りに東京を訪れ、先生にお目にかかり、ご教示頂きたいと存じますが、酒巻先生のご都合は如何でしょうか。

眞夏も直ぐですので、呉々もお体大事になさるよう、ご家族皆様のご多幸をお祈り申し上げます。再會の樂しみをお待ちしながら失礼致します。

取り敢えず、お見舞いまで　　　　敬具

2004年 5月 25日

李範燦

若原紀代子 先生

拝啓　ソウルの新緑もいつのまにか濃く変り夏の氣溫になりました。そのまも若原先生におかれましてはお変りなくご健勝のこととお慶び申し上げます。

さて、石井先生より小生の客員教授の件に付き連絡を拝受致しました。若原先生のご盡力心深くお礼を申し上げます。

最近出版した小生の紀行文集　′地球村の旅程′と粗品を郵送させて頂きます。ご笑覽ご教示頂ければ幸甚に存じ上げます。

呉々もお体大事になさいますよう、ご家族皆様のご多幸をお祈り申し上げます。再會の樂しみをお待ちしながら失礼致します。

取り敢えず、お見舞い旁お礼まで　敬具

2006年 5月 29日

李範燦

From：経理部〈keiri@kan.nagoya-ku.ac.jp〉

To："'Lee Beom-Chan'"〈chan3737@hotmail.com〉

Subject：初めてメールさせていただきます。

Date：Thu, 26 Apr 2007 10:37:26 +0900

李範燦　先生へ

初めまして。

メールにて失礼します。

私は、名古屋経済大學　總務部　経理課　課長の　鈴木　泰示(すずき　たいじ)と申します。

前任の三輪部長が本年4月に學園本部へ異動となり、今後は私が李　先生の航空券等の手配他、先生に係る事務を担当することになりました。

私は平成17年度より、この名古屋経済大學に勤務しております。

まだまだ判らないことが多く、先生にもご迷惑をお掛けすることがあろうかと思いますが、ご指導のほどなにとぞよろしくお願い申し上げます。

さて、平成19年度　集中講義日程に伴う航空券の手配でございますが、大韓航空に手配を依頼したところ、航空券の購入については、本年より航空券の紙による發行はせずに、渡航者にメールで予約状況を知らせ、その情報を渡航者が出發予定日に空港で提示すると、予約した搭乗予定便の航空券がその場で發行され、飛行機に乗れるとのことです。

つきましては、李先生のメールアドレスを大韓航空の航空券手配担当者(販賣管理課　権田様)にお知らせすることとしてよろしいでしょうか？

ご了解いただけますように、なにとぞよろしくお願い申し上げます。

ご返事をお待ちしております。

****

學校法人 市邨學園(いちむらがくえん)

名古屋経濟大學

名古屋経濟大學短期大學部

總務部 経理課 鈴木 泰示(すずき　たいじ)

電話　大學　0568 (67) 0511(代)

短大 0568 (67) 0616(代)

〉〔次を、次へ。　→　Meikeidai〕

****

鈴木泰示　様

拝復 メール有難く拝受致しました。

大韓航空より電子キップ發給の連絡も受けました。

又、在留資格認定証明書も有難く拝受致しました。地方旅行のため返信が遲くなり申し譯もございません。お忙しいところ、早めに手配して頂き眞に有難く存じ上げます。今後も宜しくお願い申し上げます。

取り敢えず、返信旁お祇まで　　　　　　　　敬具

2007年 7月 9日

李範燦

鈴木泰示　様

前略

只今、在職証明書を拝受致しました。有難うございます。毎度お世話になり申し譯もございません。

取り敢えずお祇まで、　　　　草々

2008年 4月 10日

李範燦

July 26. 2004

Prof. Dr. Dres. h.c. Hans G. Leser
Eichhornstrasse 28 A
D · 78464 Konstanz

Dear Mrs and Professor Leser

I thank you very much for your post cards, a nice Yi's photo and kind letter. Yesterday I and my wife came back from cruiser tour to Alaska and Canadian Rocky mountains. This is our first cruiser tour. We have enjoyed 16 days tour in fine weather. When I came back home, your letter was waiting for me.

My son, Yi has finished his work finally. It's a great pleasure for me to thank you for his success. I am obliged to you very much. I wish that he could get job and marry as early as possible in Korea. I heard that he could return home in August.

My wife and I hope sincerely that we shall meet you

again soon.

With kind regards and best wishes.

Truely yours,

Prof. Dr. Lee. Beom Chan
Yang-Jae Park Villa 301
Yang-Jae Dong 64-5
Seo-Cho Ku
Seoul 137-130, Korea

李先生

李先生におかれましてはご壮健の御事と拝察いたしております。

さて、2006年度の學部・大學院の日程につき、各教務委員會から下記のような日程でお願いしたいとの申し出があり、ご連絡させていただきました。ご承知の通り、2006年度は、講義科目は、半期 15コマ、通年30コマ(大學院を含む) でお願いいたします。

＜前期＞

大學院　8月 21～25日 5・6時限
　　　　8月 26日 1～5時限　計15回
學 部　8月 28～9月 1日 2～4時限　計15回

＜後期＞

大學院　1月 29～2月 2日 5・6時限
　　　　2月 3日　1～5時限　計15回

學 部　12月 25～27日 1～4時限
　　　　12月 28日 1～3 3時限 計15回

上記、非常に厳しい日程になっています。今のところ、この日程のみでしか組むことができないとの教務委員會からの申し出があり、私としても學年歷上、集中講義期間が短いということと、他の科目との競合ということもあり、いかんともしがたいのが實情です。

大変勝手なお願いで申し譯ございませんが、至急、折り返しご返事をくださいますれば幸甚に存じ上げます。

急ぎ、要件まで。

名古屋経済大學 法學部法學科
石井文廣

From: 三輪　至 〈miwa-iu@nagoya-ku.ac.jp〉
Reply-To: miwa-iu@nagoya-ku.ac.jp
To: 李 範燦 〈chan3737@hotmail.com〉
Subject: 異動いたしました
Date: Thu, 26 Apr 2007 11:09:32 +0900

李範燦　先生

ご無沙汰いたしております。先生にはご健勝のことと推察いたしております。本日、先生からＥメールが届いたとの連絡を受けました。先生が本國の學術會員選任の候補者に推薦されたとのことおめでとうございます。提出書類につきましては、松田事務局次長が手配を手配をしていただいておりますので、ご安心ください。

實は私、三輪は、本年４月より本學園の人事異動により學校法人市邨學園法人本部に異動となり、本部のある名古屋経濟大學高藏高等學校(名古屋市瑞穗區高田町3-28-1) に勤務となりました。

突然のことでしたので、戸惑いながら、日々仕事をしております。

私の後任は経理３年目の鈴木が経理課長として對応させていただきますのでよろしくお願い申し上げます。本學事務局が機構改革により本年４月より、経理部は總務部経理課、教務部は學務部教務課、大學院教務部は學務部學務課となりました。先生には何かとお世話になり、ご挨拶が送れ申し譯ございませんでした。名古屋勤務とはなりますが、また、お會いする機會もあるかと存じます。その折はよろしくお願い申し上げます。

學校法人 市邨學園
財務部 三輪 至

〒467-8558
愛知縣名古屋市瑞穂區
高田町３丁目２８番地の1
Tel:052-853-0047(代)

김 선배님께

안녕하세요. 수고 많으셨습니다. 어제 『부처님과 함께』를 잘 받았습니다. 김 선배님과 임홍근 교수가 참으로 수고를 많이 하셨습니다.

급한 대로 내용을 몇 군데 읽어보니, 참으로 이 문집을 발간하기를 잘하셨구나 하는 생각이 듭니다. 문하생들의 사정과 드러나지 않았던 관계며, 내가 몰랐던 무애 선생님의 일들과 추억들이 되살아나게 되는 군요. 가까이 모시던 분들도 다시 알게 되고, 제자들 상호간의 이해도 돕게 되고 유대도 강화해줄 것 같습니다. 정말 계획을 잘 하셨습니다. 김 선배님께서는 전공은 달라도 저희 문하생들의 중심에 서서 구심점이 되고 있구나 하는 것을 새삼 깨닫고 스스로 부끄럽게 생각하는 바입니다. 용서해주세요.

출판을 계기로 조촐한 모임이라도 갖는 게 아닌가 생각했는데, 각각 우송을 한 것 같군요. 2주기가 곧 돌아오니 필자들끼리라도 조촐한 모임을 갖고, 숨은 이야기들을 나누면 뜻있는 모임이 될 듯한데 어떻게 생각하시는지요. 잠깐 중국엘 다녀올까 합니다만, 다녀와서 다시 의논드리겠습니다. 수고 많으셨습니다. 안녕히!

2006. 6. 1. 이범찬 올림

김 대선배님께

5월의 훈풍이 불어오나 했더니 여름이 성큼 다가섰습니다. 평소에 규칙적인 운동과 건강관리를 잘 하시니 무더위가 찾아왔어도 여전히 걱정 없으시겠지요? 자상하신 사모님께서도 안녕하시고요. 몇 번 찾아 뵈려했지만 기회를 안 주시니 유서를 쓰는 심정으로 진솔한 글월을 올려 제 마음을 정리할까 합니다. 너그럽게 보살펴주시기 바랍니다.

선생님께서는 성균관대학의 선임자이실 뿐만 아니라 서울법대의 대선배님이시니 저는 항상 어렵게 모시기도 했으나, 든든한 정신적 지주이셨습니다. 언젠가 성호회에서 주관하는 야유회 때 선배님 옆자리에 앉았더니, 학술원 회원 이야기를 잘 해주셨습니다. 그때는 감히 넘볼 수도 없는 자리였으나, 그래도 마음 한구석으로는 여간 고맙게 생각했던 게 아니었습니다.

그런데 세월에는 장사 없어 백수를 누리실 줄 알았던 서돈각

(徐燉玨) 선생님, 손주찬(孫珠瓚) 선생님이 갑자기 돌아가시고, 백세를 넘기신 최태영(崔泰永) 선생님마저 가시니 학술원 회원 중에 상법 전공자는 한 사람도 없게 되었고, 서 선생님 후임을 선출하기로 되어 자연스럽게 저에게도 기회가 온 것이지요. 저는 제일 먼저 김 선배님께 의논을 드렸습니다.

작년 초봄으로 기억됩니다. 찾아뵙겠다고 전화 드리니, 현대백화점 5층 다방에서 만나자고 하셨지요. "왜 날 보자고 하지요?" 첫 마디가 의외라 얼마나 당황했었는지요. 그러나 알아차리시고 학술원 이야기를 꺼내시더군요. 문제는 학회의 추천을 받는 것이라고 하시며, "이박(李博)은 각별히 언행에 조심해야 해요"라고 주의를 주셨습니다. 지금 생각하니, 이 말씀은 앞으로의 처신에 대한 주의가 아니라 지난날의 소행에 대한 준엄한 질책이었는데, 저는 착각을 하고, 조심하느라 작년에는 회원님들께 전화나 인사도 제대로 못 드렸답니다.

작년에 학회로부터 후보로 추천을 받자, 즉시 댁으로 찾아뵈었습니다. 그때 선배님께서는 다른 회원님들과의 관계를 물으시기에, 성균관대학에서 모시던 분들이야 걱정할 게 없겠고, 고려대학 쪽의 두 분은 저를 알지도 못하실 게고, 서울대학의 황 교수는 동창 중 가장 친하고 형님같이 대하는 사이입니다. 김 교수는 전공은 다르지만 서돈각 선생님이 지극히 아끼시던 선배분이라 크게 걱정을 안 한다고 말씀드렸지요.

한 시간 이상을 혼자 열심히 이것저것 말씀하셨는데, 요는 성균관대학 측이 8명 회원 중 이미 4명을 차지해서 명분 상 어려움이 있다고 하시며, 저의 지지 여부는 분명히 해주시지 않았습니다. 그래도 설마… 했는데, 고맙게도 저를 찍어주셔서 4표를 얻을 수는 있었습니다. 그러나 뜻밖에도 황 교수의 개인추천을 받아 고려대학의 정 교수가 경쟁 후보로 나왔고, 김 선배님은 공평하게 정 교수에게도 표를 주어서 정 교수가 5표의 당선 표를 얻어내는데 결정적인 공헌을 하셨습니다. 차후에 전화를 드리니, 동수를 만들어 결선투표까지 이끌어 가려고 했는데 잘 안되었다고 설득력이 없는 해명을 하시며, 내년에나 어떻게 만들어보자고 위로를 해주시던 기억이 너무도 생생하군요.

당분간 상법은 안 뽑을 것이란 말을 정 교수로부터 듣고 저는 마음을 비웠었는데, 금년에 다시 상법 분야에서 뽑는다는 소식을 듣자, 미욱한 놈의 과욕이 또 발동해서 즉시 김 선배님을 찾아뵙고 의논을 드렸지요. 그때도 또 문제는 학회의 추천을 받는 것이라며, 한 시간 여를 말씀하셨는데, 저는 그 요지가 무엇인지를 파악하지 못하고 돌아왔었습니다.

그 후 학회에서 작년에 추천했던 저와 박 교수 외에 양 교수를 넣어 이번에는 3명의 후보를 추천했노라 보고 드렸더니, 뜻밖에도 화를 내시며 학회가 철학이 없다느니, 장사꾼들학회라는 등 이유 없는 매도를 하셔서 얼마나 당혹스러웠는지 모릅니다.

며칠 후 송 교수가 개인 추천을 받아 올라 왔고, 박 교수는 자진 사퇴했다는 보고를 드리니, 김 선배님 자신을 포함해서 성대 쪽 4표는 틀림없겠으나 그것만으로는 안 되고, 2표가 더 확보되어야 확실하다는 계산을 강조하셨습니다. 그러나 어떻게 해야 하는지 방법은 말씀해주시지 않고 걱정만 해주셨습니다.

그래서 저는 김 선배님의 1표는 전혀 걱정을 않고, 고대측 2분의 표를 더 확보하려고 고대출신 어느 교수의 협조를 얻어 나름대로 애를 썼습니다. 그 후 김 선배님은 저의 집으로 두 번이나 직접 전화를 걸어주시면서 두 표 확보의 독려를 해 주셔서 얼마나 고마웠는지 모릅니다.

드디어 피 말리는 결정의 날, 2007년 5월 25일은 다가왔습니다. 그런데 웬일입니까?

송 교수는 자퇴하고, 이항녕(李恒寧) 교수님이 못 나오셔서 누구라도 5표만 확보되면 선임이 되는 상황이 되었군요. 그런데 저는 금년에도 또 4표를 얻는데 그쳤고, 양 교수도 5표를 얻지 못하여 결국 두 사람 모두 실격의 쓴 물을 마셨습니다. 하도 어이없는 결과가 되어서, 다음날 찾아뵙고자 하니 또 현대백화점 5층 다방으로 나오라 하셨지요. 등산모를 눌러 쓰시고 넓은 마스크를 한 위에 색안경까지 끼시고 지팡이를 드신 분이 오셔서 처음에는 잘 못 알아 뵈었습니다. 그동안 서울대 쪽과 성대 쪽에서 엄청난 압력을 받아 고민하던 끝에 자기는 공개적으로 기권을 했노라 하시며 며칠 후 마음이 안정되면 자세한 이야기를 해주시겠다고 하셨지요.

명분론을 강조하시던 선배님! 작년의 경우 저는 개인적으로는 마음이 아팠지만, 그래도 김 선배님을 존경했습니다. 성대 비성대의 균형이 깨지는 것이 못마땅하여 정확하게 균형 잡힌 투표를 하셨으니 그 정의감이 존경스러운 일이지요. 황 교수도 공적으로 엄격하여 전혀 내색도 없이 동창생의 부탁도 뿌리쳤으니 이 또한 얼마나 정의로운가. 과연 학술원 회원님들의 자세는 다르다고 경탄도 했습니다.

그런데 금년의 무효 처리를 보니 해석을 달리 할 수밖에 없군요. 작년에는 공평하게 양쪽에 가 표를 주셨는데, 금년에는 공평하게 양쪽에 모두 기권 표를 주셨습니다. 기왕이면 금년에도 공평하게 양쪽에 가 표를 주셨으면 얼마나 좋았을까. 왜 양쪽 가 표가 아닌 양쪽 기권 방법으로 바꾸느라 고민을 하셨을까요. 저의 좁은 소견으로는, 작년에는 선배님께서 저에게 한 표를 주셔도 어차피 안 되는 것이니 생색을 내셨고, 금년에는 저에게 한 표를 주시면 선임이 되겠으니 도리 없이 고뇌의 기권 표를 던져 기어코 막으셨군요. 상황분석을 정확하게 할 수 있는 대단한 선거 책략가이시구나, 또 한 번 경탄했습니다. 오늘에 와서 되돌아보니 그동안의 석연치 않았던 느낌과 의문들이 풀리는 것 같습니다.

무슨 전생의 업보일까 생각하면서 성대 생활 23년을 면밀히 되돌아보다가 다음과 같은 결론에 도달했습니다. 뒤늦게 들어간 젊은 놈이 선임자인 대 선배님의 마음을 아프게 하는 불경죄를 저질렀고, 그것을 까맣게 잊고 지내오는 우까지 범했구나 하고 크게 자책을 합니다. 먼저, 제가 이제야 뒤늦게나마 깨우쳤으니 노여움을 풀어 주십사고 빌면서 말씀드립니다.

이야기는 김경수(金敬洙) 총장 시절의 옛날로 돌아갑니다. 대학원에 국제법 전공과 상사법 전공이 설치될 때의 일입니다. 처음에는 국제법 전공만을 먼저 증설한다기에, 상사법 전공의 증설이 더 시급하다고 생각한 나머지 총장에게 직접 항의를 했습니다. 해결이 잘 안 될 듯하여 사직서를 내던졌던 일이 있었는데, 제 평생 처음, 그리고 단 한번 젊은 혈기를 부려보았습니다. 어찌되었건 그 결과 두 전공의 동시 개설 쪽으로 해결이 되어 법학과에서는 모두들 만족해했습니다. 방법은 과격했지만 총장과의 직접적인 담판이었고, 총장이 이를 받아들여 결과적으로는 양쪽에 다 잘 되었으니 저는 그 일을 망각한 채 지내왔습니다. 그러나 지금 생각하면 국제법 강의를 담당하신 대선배님의 입장을 배려하지 못한 경솔한 소행이라 뉘우쳐집니다. 그때 그대로 참았더라도 오래지 않아 상사법 전공도 개설되었을 것을…. 무엇이 그리 급하다고…. 후회막급이지만, 그것을 진작 반성하고 적절히 처신하지 못한 미욱함은 더더욱 후회스럽습니다.

얼마 남지 않은 제 삶을 정리하면서 이 말씀을 꼭 드려야 제 마음이 정리되겠고, 선배님의 마음 속 앙금도 씻어드릴 것 같아 처음이자 마지막으로 글월을 올립니다. 부디 옹졸했던 후배의 소행을 널리 용서해주시고, 마음의 평온을 찾으시기 바랍니다.

선배님 내외분 만수무강하시길 기원하면서 실례합니다.

2007년 6월 17일 마음을 비운 못난이 후배
이범찬 삼가 올림

김 선생님께

그동안 여러 가지로 심려를 끼쳐 드려서 죄송합니다. 사모님께도 여러 번 번거롭게 해드려서 죄송하고요. 좋으시다면 식사라도 한 번 대접해드리고 싶습니다.

동봉하는 6월 17일 자 글월은 그 당시의 진솔한 저의 심경입니다. 바로 우송하지 않았던 것은 선생님이 약속하신 해명을 듣고 나서 올려야 도리라고 생각했기에 미루어 왔습니다.

강조하신 대로 어제의 말씀 내용은 세상에 밝히지 않겠습니다. 아니 제4막까지 거론하셨는데, 저는 지금도 1막이 무엇인지, 2막이 무엇인지 벌써 다 까먹었습니다. 누구 사모님의 청탁, 저로서는 관심도 없고 기억할 필요도 없습니다. 모두 잊어버리겠습니다. 안심하십시오.

'서울대 쪽과 성대 쪽에서 엄청난 압력을 받아 고민'을 하셨다던 그 내용을 듣고 싶었던 것입니다. 그래야 과거지사이긴 하지만, 언젠가 저의 인생을 정리할 때 진솔하고 정확한 회고록을 남길 수 있겠고, 그래야 자식들이나 제자들로부터도 올바른 이해와 평가를 받을 수 있겠다 생각해서입니다. 아무튼 경솔했던 젊은 날의 저의 소행에 대해서는 관용해주시고, 지금까지의 모든 것을 잊어 주십사고 간청 드립니다. 저도 이제 마음의 정리를 하렵니다. 그래야 저의 얼마 남지 않은 여생이나마 편안할 것 같기 때문입니다.

선생님 내외분 부디 오래 오래 건강하시고 행복하시길 기원합니다.

2007년 9월 30일 잠 안 오는 새벽에

이범찬 올림

박병호(朴秉濠) 선배님께

고맙고 반갑습니다. 뜻밖에 귀한 작품을 보내주시니 고마움보다 당혹스러운 느낌이구요, 오래간만에 종서 친필 글을 대하니 옛날의 보배라도 발견한 듯 반갑고 감격스럽습니다.

박 선배님은 87년이었던가…. 동경대학의 학술발표 때 뵙고는 뵈올 기회가 없었지 않나…. 그저 가물가물할 정도입니다. 그동안의 제 처지나 생각들을 잘 모르시는 것이 당연할 듯하여, 설명 대신 수필집을 보내드린 것입니다. 옷을 발가벗는 심정으로 쓴 글들이라 제 삶의 정리용이지 널리 남에게 돌리기에는 부끄럽기 이를 데 없습니다. 소람해주시면 광영으로 생각합니다.

그런데 부끄러운 책 한 권 달랑 보내드리기가 무엇해서 점심 한번 대접도 못하니 건강음료라도 함께 보내드리자고 한 노릇이, 답례로 귀한 것을 보내주시니 몸 둘 바를 모르겠고, 오히려 번거롭게 해드렸습니다. '大吉'이라는 자가 뚜렷하니, 기대하기 어려운 형편이긴 하지만 이번에 저를 잘 보아 주셔서 영광이 돌아온다면, 정말 제게는 큰 가치와 의미가 부여되는 보배가 될 것 같습니다. 거듭 감사드립니다.

선배님의 글을 대하니 옛날 선비들의 멋과 취미를 간접 체험하게 됩니다. 저는 알면서도 흉내도 못 낸답니다. 이 글도 그저 나 편할 대로 컴퓨터에 의존하니…. 결례를 용서해주십시오. 선배님의 멋과 오늘의 감회도 훌륭한 수필의 소재가 될 듯

합니다. 오래 오래 간직하겠습니다.

선배님 내내 건강하시고, 자주 뵙고 여러 가지로 배울 수 있게 되기를 기원하며, 두서없는 글을 줄이렵니다.

2008. 5. 16. 못난 후배 범찬은 삼가 올림

존경하는 김 선생님께

작년에 마음을 비우고 마지막 글을 올렸었는데, 학회에서 또 추천을 해주는 바람에 또다시 잔인한 5월을 맞게 되었습니다. 학회의 추천을 받았으니 찾아뵙고 의논드리는 것이 도리이겠기에 몇 번 전화를 올렸지만 받으시지를 않아, 걱정이 되어 오늘 찾아갔으나, 마침 사모님만 계셔서 밖에서 인사만 하고 왔습니다. 하는 수 없이 글을 다시 올려 인사에 갈음하려고 합니다.

작년에 선생님께 글을 올렸으나 아무 말씀도 안하시고, 묵살하셔서 저로서는 엄청난 정신적 충격을 받았습니다. 금년의 충격을 줄이기 위해서 미리 제 마음의 정리를 해 두려고 이 글을 다시 쓰고 있습니다. 용서해주세요.

정동윤 교수가 상사법학회 회장을 불러내어 권하기를, 이범찬(李範燦)은 2회나 안되었고, 성대측 교수가 너무 많아서 절대로 안 된다. 금년에는 양승규(梁承圭) 교수가 꼭 되어야 하겠으니, 양교수와 다른 들러리를 한 사람 내세워 달라고 했는데, 이 이야기를 전해들은 학회 임원들이 오히려 반발을 하여, 금년에도 작년과 같이 이범찬, 박길준, 양승규 3인을 추천하기로 결정을 했습니다. 그러나 박 교수는 금년에도 스스로 포기했고, 그 결과 저와 양 교수가 추천되었습니다.

학자로서의 자격이 부실하여 안 된다면 할 말이 없습니다. 그러나 성균관대학교 명예교수이기 때문에 대학 간의 균형 상 곤란하다는 명분론은 이제는 근거가 약해졌다고 봅니다. 중요 대학 간 안배를 한다는 원칙이 있는 것도 아니고, 제가 회원이 된다고 가정해도 12명 중 5명이고, 더구나 김 선생님과 같이 명분을 중시하셔서 정의롭게 결정을 하시는 경우에는 실제로는 4명, 즉 3분의 1 밖에 안 되니 말입니다.

저는 금년에 또 실격이 되더라도 그 누구도 원망을 하지 않겠습니다. 저의 부덕의 소치로 알고 가벼운 마음으로 체념하겠습니다. 만약에 요행이 잘 된다면, 모든 분을 선임 회원으로 잘 모시겠습니다.

상황이 작년보다도 더 어려워져서 작년과 같은 방식의 투표라면, 틀림없이 두 사람 모두 또 실격이 될 것이 명확합니다. 그러니 작년에 기권을 하신 분들이 긍정적인 방향으로 두 사람 다 찬성을 해주시지 않는 한 불가능할 것 같아 답답하기 이를 데 없습니다. 금년에도 김 선생님께서 저를 도와주시지 않으면 절대로 제가 회원이 될 수가 없으니, 너그러운 마음으로 선처해주시기를 간청 드리며 어려운 글을 줄이렵니다. 선생님 내외분 만수무강하시길 충심으로 기원합니다.

2008. 5. 26.

못난 후배 이범찬은 삼가 올립니다.

김 선배님께

안녕하세요? 일찍 잠이 깨어 몇 자 올립니다.

어제 오래간만에 따로 사는 큰며느리가 집에 들러서 양해를 얻어 놓았습니다. 제 건물의 부보 건 말입니다. 아들을 위해 모처럼 말씀하신 선배님 이야기를 하니, 자기도 꼭 같은 처지인지라 쉽게 납득을 하더군요.

제 장남은 경영학과를 나와서 한양투자금융에 취직을 했었습니다. 그 회사가 합병을 하고 IMF과정의 심한 구조조정을 겪으면서 자의 반 타의 반 명예퇴직을 한 후 발을 들여 놓은 곳이 ING생명입니다. 그때부터 본인은 말할 것도 없고, 부모까지 보험인의 애환에 휩쓸리기 시작을 한 셈이지요. 무슨 긴 설명이 필요하겠습니까?

가족이나 친지들의 생명보험은 말할 것도 없고, 일자리를 옮길 때마다 내 건물이나, 자동차도 이 회사 저 회사로 옮기지 않을 수 없게 되더군요. 동양화재, 현대해상, 동부화재 등으로요. 아들 때문에 숱한 고충을 겪어야 했는데, 두 손녀들 학교와 학원을 실어 나르기에 여념이 없던 큰며느리마저 작년에는 보험업계에 발을 들여 놓지 뭡니까? 몇 날이나 하다 말까 두고 보자 한 것이 용케도 아직까지 계속하고 있답니다.

동병상련이라 했던가요. 너무도 잘 알기에 걱정 안하셔도 됩니다. 선배님! 다음번에 기일이 다가오면 연락드리겠습니다. 본인들도 회사도 너무도 잘 아니까요. 서로 빼앗고, 빼앗기며 맞물려 돌아가기 마련이니까요.

넋두리가 너무 길어졌습니다. 또 새로운 인연이 맺어지는군요. 가까운 시일 내에 다시 뵙기를 바랍니다. 온 가족 건강하시길 빕니다. 안녕히!

부족한 후배 이범찬 올림

이범찬 선생님께

어느덧 한 해가 저물어갑니다. 뒤돌아보면 무엇 때문에 그리 숨 가쁘게 뛰어다녔는지 그것이 무슨 의미가 있었는지 늘 후회하게 됩니다. 그러면서도 삶의 끈을 놓아버리지 못하고 여전히 그 속에 머물고 있는 자신이 어리석기도 합니다.

그동안 안녕하셨는지요? 지난여름 통영 세미나에서 뵙고 상장회사에 소개를 해 주시어 제 글이 잡지에 실리게 되었음에도 아무런 인사를 드리지 못해 죄송했습니다. 제 글에 대한 상식이 없으셨을 텐데 선뜻 선생님의 자리를 내 주신데 대한 고마움을 조금이나마 갚고 싶어 펜을 들었습니다.

저는 올해 춘천문협의 일을 맡으면서 한 달에 한 번씩 큰일을 치렀습니다. 웬만한 문화행사에는 고명처럼 백일장이 끼어있어 봄, 가을로 서너 번의 행사를 치르기도 했지만 조선족 문학회와의 교류라든가, 다문화가족들이 김유정 문학작품을 낭송하는 행사, 시, 수필화전 등을 주선하려다 보니 제 개인의 일은 저만큼 뒷전으로 밀려나서 사람노릇도 제대로 하지 못하고 살았습니다.

등 떠밀려 마지못해 맡은 자리지만 빨리 이 굴레를 벗어나고만 싶은 생각입니다. 벌써부터 편지라도 한 장 드려야지, 고맙다는 인사를 해야지 생각했는데 어느새 한 해가 다 가고 말았습니다.

저는 콩 튀듯 한 해를 보내면서 참으로 많은 분들의 도움을 받았습니다. 세상일은 저 혼자 하는 것이 아니고 주위의 도움으로 수레가 언덕을 오를 수 있다는 것을 다시 느꼈습니다. 삶이 고통스럽다가도 그런 분들이 곁에 있다고 생각하면 절로 힘이 솟아오릅니다. 그리고 행복해집니다.

선생님! 춘천의 호수는 그런 제게는 늘 사고의 힘이 됩니다. 지나가시다가 이곳을 들르시게 되면 연락주세요. 그리고 새해에는 선생님이 생각하는 모든 일들이 순조롭게 이루어지시길 빕니다. 늘 건강하세요.

한 해 동안 선생님은 제게 고마웠던 분의 한 사람이었지요. 감사했습니다. 나날이 행복하시길 빕니다.

2008년 12월 11일 춘천에서 박종숙 드림

이범찬 교수님

안녕하세요. 인사가 너무 늦었습니다.

신묘년 밝은 지 오래인데, 웬 연하장인가 궁금하실 테지만, 아직 정월 초순이니 괜찮지요?

뜻밖에 원고청탁을 받고 의아해 했었는데, 어제 정식으로 상장회사협회의 김병영 선생으로부터 청탁서를 받았습니다. 이 교수님께서 제게 이렇게 귀한 지면을 알선해 주시니, 직접 한 번 뵙지도 못 했는데 어떻게 고마운 인사를 드려야 할는지 모르겠습니다.

그곳 홈페이지에서 『상장』에 대한 내용도 보고, 무엇보다 수필부문을 보았는데 지난 1월호에는 윤재천 수필가님의 「청소년은 시대의 온도계」라는 Essay가 실렸더군요. 귀한 지면에 저도 좋은 글을 써 보내야 할 텐데 걱정이군요. 잘 다듬어서 예쁜 글, 반듯한 글 쓰도록 노력해 보겠습니다.

선생님, 고맙습니다. 평안하십시오. 답례로, 저의 졸서 『류시의 작은 정원』을 보내드립니다.

2011년 2월 8일 김상분 올림

이범찬 교수님께

이제야 뭔가 느낌이 갑니다. 선생님께서 저에게 글을 써보라고 추천해 주신, 그 연결고리가…. 상남 선생님, 그리고 우희정씨, 문학시대, 그렇게 떠오르는 순서가 맞을지 모르겠습니다.

이 편지지를 그래서 써 봅니다.

언젠가 '소소리'에 들렀을 때 한 아름씩 주셔서 고맙게 잘 쓰고 있지요. '소소리'에서는 그렇게 아름다운 나눔도 하고 계시군요. 진작에 알았다면 동참했을 텐데….

그런데, 제가 수필선생이라는 표현은 아닙니다. 연륜과 경륜이 하늘처럼 높으신 선생님께서 그렇게 말씀하시면, 저는 정말 겁이 날 뿐입니다. 대전에 계신 원종린 선생님께서도 일면식도 없이 저의 글만 보고 수필문학상을 주셔서 아마도 제 가슴에 늘 그 고마움이 살아있듯이, 선생님께서 제게 베풀어주신 "상장"에의 추천 또한 그렇습니다. 정말, 제게는 두 분 다 산타할아버지 같으십니다. 아니, 할아버지 표현이 싫으시다 구요? 저도 할머니랍니다. 책 속의 사진은 그럴듯해도 정말 할머니랍니다. 보시면 깜짝 놀라실 것입니다. 글 속의 소녀는 어디에 있는가 하시며….

엊그제 EBS의 세계테마기행 프로에서 파키스탄의 국기 하강식을 보며 선생님의 글 "silkroad의 끝까지"를 떠올렸습니다. 선생님의 글을 보았기에 "파키스탄, 찐더바!*"라고 외치며 발을 구르는 장면이 더욱 인상 깊게 다가왔습니다. 선생님, 그 글이며 바이칼 호수의 알혼 섬도 참으로 가보고 싶은 곳이어서 더욱 감명 깊게 읽었습니다.

"늙마의 외도는 너무도 아름다운 길입니다."

2011년 3월 9일 김상분 올림

p.s. 문학미디어 봄호를 보내드립니다. 저의 글과 남편(申佑均)의 글이 동시에 실렸습니다. 읽어 주십시오. 삼개 시낭송회 Leaflet에는 봄이 오는 날의 도입부를 읽었습니다. 저는 아직 시는 못쓰는데 낭송을 부탁해서….

원종린 수필문학상 수상을 축하드립니다.

대상 1명(등단 20년 이상) 이재인 수필집『당신에게 드리는 마음』

작품상 수상자 3명(등단 20년 미만)

이범찬 수필집『늙마의 외도』

김남식 수필집『바람과 소리』

오정자 수필집『짝눈』

2012년 8월 2일 사단법인 문학사랑협의회 이사장 리헌석

또 일내셨군요.

그 왕성하신 시심에 감탄할 뿐입니다.『바람 따라 구만리』여행, 백수 넘어서도 지속되시기 바랍니다.

2015년 5월 11일 서진석 드림

김순성 형

그 무섭던 더위도 세월에 장사 없어 하루밤새 살아지고 새벽이면 문을 닫아야 하는 계절이 되었구려. 검단산 자락이야 무

능도원이니 세월을 잊고 잘 지내실 줄 믿소만, 그래도 얼굴이 가물가물해질듯하여 안부를 올립니다. 여일회 모임에서도 뵐 수 없고….

책을 정리하다 『푸른 동산』에 실린 시조가 눈에 띄어 다시 보냅니다.

옛정 새로워

이범찬

검단산(黔丹山) 깊은 골엔
맑은 물 콸콸대고
푸른 잎 얽힌 가지
풀숲까지 뒤덮으니
땡볕에 찬바람 일어 가을처럼 서늘해.

시린 물에 발 담그고
바윗돌 걸터앉아
등거리 벗어부치니 고향생각 새롭네.

넉넉한 단풍나무
상 위로 햇빛가려
흑돼지 삼겹살에
묵은지 찢어대니
술잔들 비워가노라 옛 얘기 한이 없네.

2016. 8. 29. 해암 드림

인형(仁兄)

나는 이(李) 학장을 존경할 뿐 아니라 학창시절부터 가장 자랑스러운 분으로 생각하는 사람입니다. 더구나 오늘 깊은 우정이 담긴 좋은 서신까지 받고 보니 감사는 물론 내 평생 잊지 않으려고 비망록에 철해두었습니다.

'정말 고마워요'

지나는 길이 있으면 한 번 들러주시면 생광(生光)이겠습니다. 사전 연락주면 오시는 전철역까지 마중 나가겠습니다.

2016. 9. 1. 김순성

이 교수님

오 : 오늘도 이 교수님
덕 : 덕분에
가 : 가장 기쁜 날입니다.

한때 젊은 날엔 인기 또한 하늘을 찌를 듯 높으셨을 교수님.

상대의 칭찬을 해준다는 것은 더욱 어려운 법인데도 이렇게 과하게 칭찬을 해주시니 더욱더 작아지는 유송의 가슴이 됩니다. 아름다운 눈을 가진 사람은 모든 사물이 아름답게 보인다죠?

교수님! 이렇게 가슴이 찡하도록 다가오는 좋은 글을~

……

앞으로 더욱더 아름답게 살라는 채찍으로 알고 양손 모아 정중히 겸허한 마음으로 五德歌를 받아 가슴에 모시겠습니다.

2017. 5. 31. 유정 올림

한숨 돌렸네요.

유정! 초조하게 기다리던 날이 와서 조직검사결과를 알아보니 공포의 암은 아니라고요. 어차피 섬유화는 진행하는 것이니 도리 없고…. 오덕가를 노래할 여유가 생겼으니 크나큰 축복이지요. 즐겁게, 보람차게, 건강하게…. 불볕더위 조심하시고요.

2017. 7. 14. 송암 이범찬 드림

축하 축하드립니다.

핸드폰을 들고 있는데 메일이 오기에 얼른 열어보니 더없는 기쁜 소식이네요. 그동안 마음고생 많이 하셨을 텐데 푹 쉬세요. 기쁜 소식 고맙습니다.

2017. 7. 14. 유정 올림

이범찬 시조시인님께!

보내주신 기행시조『길손의 노래』 출간을 진심으로 축하드립니다. 긴 시간 맛있게 읽었습니다. 출판사 '마을'을 통하여 저에게까지 시집을 전해주셔서 더욱 감사드립니다.

뵙지는 못하여도 늘 건강과 건필을 기원합니다.

2017. 9. 8. 강릉에서 임하 박복금 드림

신인령 총장님께

어제 보내주신 화사한 난분은 참으로 고맙습니다. 축하해주는 많은 주위 분들 덕분에 성황리에 행사도 잘 마쳤습니다. 아무래도 이것은 한 편의 수필감이 될 것 같으나, 우선 몇 자 적어 사의(謝意)를 표하렵니다.

어쩔 수 없이 친한 분들로부터 내 모습이 잊혀져가는 것이나, 그분들의 모습이 내 뇌리에서 희미해지는 것이 안타까워 발버둥 치다 보니 수필이랍시고 잡문(雜文)까지 쓰기 시작을 했고, 그것을 알려주기나 하자는 뜻에서 불쑥 『지구촌의 여정』을 보냈고, 보내는 김에 남는 초청장도 곁들여 넣었는데, 잊지 않고 귀한 화분까지 집으로 배달시켜 주시니, 고마움과 더불어 미안한 생각마저 드는 군요. 거듭 감사의 뜻을 올립니다.

모교를 위해서 내 전직(轉職)의 번의(翻意)를 간곡하게 호소하던 동료 교수와 나라를 위해서 교수님들의 만류도 아랑곳없이 데모를 감행하던 당차고 매운 춘자(春子) 학생은 약속이라도 한 듯이 각자 개명을 하더니 모교의 총장으로 변신들을 하더군요. 뿌리치고 떠나온 죄로 다시는 접근도 못하고 두 사람의 발전과 활약상을 멀리서 바라보며 마음으로만 지원을 보냈답니다.

그런데 60대 가까운 날들의 일보다도 30대 이화동산 시절의 먼 옛날 기억들이 더 생생하고 아름답게 마음속으로 다가오니,

도리 없이 나의 나이테도 꽤 늘어나고 있음을 실감하게 됩니다. 한국남성의 평균수명을 벌써 넘겼으니 덤으로 사는 인생살이 보람 있게 건강하고 즐겁게 살아 보자고, 마음만은 간절한데 몸이 따라주려는지 지켜보아 주세요.

나를 기억할 수 있는 분들이 몇 명쯤이나 이화캠퍼스에 있을까 생각하다, 『지구촌의 여정』 20권을 보내니, 번거롭더라도 선처해주시기 바랍니다.

나는 청출어람(青出於藍)의 모토가 모토로 그치고 말았지만, 당당히 실현해가는 신 총장의 장한 모습을 그려보며 줄입니다.

건강하세요. 2006. 5. 14. 해암 이범찬 드림

운향(雲香)의 멋과 석향(石香)에 취해서

참으로 멋집니다. 생의 전반부를 그렇게 멋지게 매듭짓는 방법도 있군요. 『구름과 향기』는 개인의 한평생에 있어서 중요한 이정표가 될 뿐만 아니라, 이 나라 수석문화사에도 큰 획을 긋는 기념탑이요, 걸작품이니, 보는 이 그 누가 찬탄하지 않고 부러워하지 않겠습니까.

그렇다고 아무나 덤벼서 이룩할 수도 없는 것이니, 멋을 아는 풍류기질과 미를 추구하는 열정을 지녀야 하고, 그것을 뒷받침해 줄 수 있는 개인적인 요건과 가정적인 여건이 갖추어져야 꿈이라도 꾸어볼 수 있는 일이지요. 참으로 부럽습니다.

그 귀중한 석보를 보내주시니 고맙기 이를 데 없습니다. 보잘것없는 풋내기의 수필집 대신이라니 나는 엄청난 이득을 본 셈이군요. 세월에 쫓겨 허둥지둥 엮어 본 것인데 읽어 주시면 고맙겠습니다. 아름답고 신기한 돌들을 보면서, 여러분들의 글을 읽어 보면서, 운향 여사는 장한 일을 해내신 여장부요 행복한 멋쟁이라는 생각이 들었습니다. 책상 위에 놔두고 틈틈이 펼쳐보며 석향에 취해보렵니다.

나는 수석을 좋아하고 그 맛을 아는 사람입니다. 등산을 해도 여행을 가도 아름다운 꽃이나 수목보다는 돌과 바위에 먼저 시선이 끌리는 처지랍니다. 1970년대 초에 충주 한강변으로 두 번을 탐석을 한답시고 배낭을 짊어지고 갔다 고생을 한 기억이 생생합니다만, 폐결핵 진단을 받는 바람에 탐석활동을 중단한 것이 오늘에 이르렀으니, 수석의 수집은 포기하고 감상만 하기로 한 셈이지요.

운향 여사가 수석전을 하시는 줄 알았더라면 꼭 가보았을 것인데, 따지고 보면 내가 등단한 것이 2005년 8월이니 그것은 원천적으로 불가능한 일이었고, 다행스럽게도 『구름과 향기』가 손에 들어왔으니, 그것만으로 감사할 따름입니다. 이루지 못한 꿈과 아쉬움을 수필로나 풀어 볼까 합니다.

운향 여사님의 문운과 건강, 그리고 온 가정의 행복을 기원하며 인사에 대신합니다. 고맙습니다.

2007. 4. 12. 이범찬 드림

선생님,

제6회 월산문학상 수필부문 수상자로 선정되심을 진심으로 축하드립니다. 보내주신 수상소감 이력서 사진은 잘 받았습니다.

6. 25. 토 11시 30분에 뵙도록 하겠습니다. 초청장을 보내드리겠습니다. 지인 분들과 친인척 가족 모두 오셔서 축하의 자리가 되시기를 원합니다.

2016. 6. 17. 이춘만(spring6302@hanmail.net) 드림

축

월산문학상 수상을 축하 드려요!

2016. 6. 17. 영종 올림

수상을 축하드립니다.

이 선생님, 월산문학상 수상을 축하드립니다.
참으로 반갑고 신나는 소식입니다.
제가 이렇게 큰 박수와 웃음을 보내드립니다.

2016. 6. 18. 22:40 민아리 드림

민아리 님,

고맙습니다. 누구보다 먼저 큰 박수 보내주시니 내가 더 신나네요. 한 번 쏠게요.

이범찬 드림

내일 월산문학상

시상식에 남편과 같이 참석하겠습니다. 초대장 받았습니다.

2016. 6. 24. 이양준 드림

진심으로 축하드립니다.

큰 상 받으시게 되어 진심으로 축하드립니다. 선생님께서는 충분히 상 받으실 만하십니다.

그런데 참석해서 함께 축하드리지 못해 죄송합니다. 하필 밤꿀 뜰 때와 맞물려서요. 상 받으시는 모습 뵙지 못해 아쉽고 죄송합니다. 다시 한 번 진심으로 축하드리고 늘 건강하세요.

2016년 6월 24일 금요일, 21시 유지순

선생님!!

거듭 축하드립니다.

2016년 6월 25일 이양준 드림

교수님!

월산문학상 수상을 진심으로 축하드립니다. ^^

2016년 6월 25일 최준선 올림

이 선생님

또 큰 상을 받았다니 마음으로 축하드립니다.
토요일은 집안 결혼식이 있어 참석을 못하니 죄송하구요.
축하드리며 월요일에 뵐게요.

20016년 6월 25일 서승연 드림

이 교수님 안녕하세요?

오늘 이 교수님을 꼭 뵈려 했는데 겹치는 시간이 생각보다 여유가 없는 바람에 참석을 못하겠어요. 죄송합니다.

그리고 수상하심을 진심으로 축하드립니다.♩♬♪♩♬

2016년 6월 25일 유정 올림

이범찬 선생님!

사진으로라도 뵈어서 기뻤습니다. 참석치 못해 미안했습니다.

2016년 6월 26일 이수산 드림

이범찬 선생님!

어제 큰 상 수상하심을 진심으로 축하드립니다. 직접 가서 뵙고 축하를 드렸어야 하는데 종일 수업이 있어서 못 가 뵈었습니다. 거듭 죄송합니다. 그러나 마음 깊이 축하드리고 큰 박수를 드렸습니다. 선생님! 정말 장하십니다. 박수!!!!!!!!

2016년 6월 26일 박종숙 드림

이범찬 선생님!

선생님의 월산문학상 수상을 진심으로 축하드립니다.

모든 것은 선생님의 큰 노력에 대한 보답이라고 생각합니다.

다시 한 번 축하드립니다. 2016년 6월 26일 장성구 올림

저는 성락교회 권태훈 안수집사입니다.

사진을 보다 수상자님의 모습이 잘 나와서 보내 드립니다.

선생님의 수상을 진심으로 축하드립니다. ^^

2016. 6. 27 권태훈

해암 선생님

선생님 뒤늦게 알았습니다. 월산수필문학상 수상을 축하드립니다. 귀한 수필집 내시고 상도 받으셨으니 기쁨이 두 배입니다. 온 맘으로 축하드립니다.

2016. 6. 28. 늘샘 최원현 올림

황교안입니다

안녕하십니까. 황교안입니다. 제가 이제 공직을 마무리함에 따라 금일부터 이 업무용 번호 사용은 중지하고 기존 제 번호였던 010-9001-0000를 사용할 예정입니다.

연락 주실 일이 있으시면 위 번호로 해주시기 바라며, 만일 여의치 않으실 경우 수행비서였던 김상우 검찰서기관(010-3743-0000)에게 연락주시면 됩니다.

그동안 성원해주셔서 진심으로 감사드립니다. 모쪼록 댁내 두루 평안하시길 기원합니다.

2017년 5월 11일 황교안 배상

고맙습니다.

큰일을 멋지게 수행하셨습니다. 밝은 내일을 위해 자중자애하시고 건강하시길 바랍니다.

2017년 5월 12일 항상 멀리서 지켜보며 성원을 보내는 이범찬 드림

향(香)에게

벌써 일곱 번이나 밤낮이 바뀐 셈이군요. 그동안도 몸 편히, 그리고 마음도 편히 계획된 이정표를 따라 힘차게 달렸을 줄로 믿어요. 그래서 오늘은 잠깐 쉬고 숨 좀 돌려보시라고 몇 자 적어보기로 했어요. 아니 실은 피로와 고독에 울상이 된 자신의 심경을 어루만져 공허감을 잊어보려는 심산에서일지도 몰라요. 어쨌든 香! 가까이 있었으면 좋겠네요. 인왕산봉(仁旺山峯)에 얹힌 높푸른 하늘, 짙어가는 단풍, 대자연의 유혹에 눈을 감고, 쾌청한 일요일의 오후를 방구석에서 뒹굴자니….

그동안 바빴던 일들은 대체로 정리됐고, 미창강의(米倉講義)도 벌써 세 번째라 멋지게 해 넘겼고, 거기다 내주는 중간시험이니 강의준비의 짐도 없고, 며칠은 좀 긴장을 풀 것 같아요. 그동안 사전원고(辭典原稿)마저 써치우면 그럭저럭 청주(淸州)손님도 상경하시게 될게고.

이젠 추석 무렵에 덧들인 배 속도 거의 원상회복을 했을 테니 병원도 좀 한가하시겠고.

때가 때인지라 시간의 활용에 유감없을 줄 믿어요. 이제 불과 2주, 여유 있는 마음가짐으로 그러나 최선을 다하시도록.

서울전선 이상 없으니 청주도 안녕!

서기 1962년 10월 1일 해암 드림.

미스 香에게

벌써 올 首夏이나 [illegible] 바뀐 셈이군요.
금년도 분명히 해 바다로 갈 計劃된
里程標를 지나 [illegible] 다 달렸소 글로 미루어요
금년 여름은 잠자는 듯 [illegible]
[illegible] 字 나무로 하였으나 [illegible] 꽃은 無度夢
와 孤独에 젖어 [illegible] 自身의 心境을 어루만져
空虛感을 이겨내려는 心算에서 [illegible]
이제는 香 가끔이 있었으며 [illegible]
仁旺山峯에 오르기 [illegible]
大自然의 誘惑에 눈을 감는 決情한 日曜日의
午後를 房子에서 뒹굴자니 ……

그동안 밀렸던 일들은 大体로 整理되었
米倉請求도 벌써 [illegible] 해 넘기고
마지막 來週는 中間 試驗이니 請義 準備에
결국 몇日은 좀 緊張할 것 같애요 [illegible]
그동안 辭典 原稿나 써 볼까 [illegible]
저 [illegible] 清水 순조로 上京하게 되었나
이번 秋夕 日前에 다 [illegible] 가야
原狀 回復을 [illegible] 宿院으로 [illegible] 한가하니
게으 때가 [illegible] 時間의 情月이 遺憾이오
[illegible] 이제 不過 二週 余暇였소
마음가짐으로 그래나 最善을 다 하시오록
[illegible] 戰線 [illegible] 清州로 [illegible]

기사

팔순의 열정 시인이 된 상법학자

박영철 차장

이범찬 시인이 최근 시조집 『노을녘을 달구며』와 기행수필집 『발길 따라 물길 따라』를 잇따라 펴냈다. 이 시인은 1933년생으로 고령인데도, 2006년부터 한 해도 빼놓지 않고 작품집을 내왔다. 2010년에는 수필집 『늙마의 외도』와 시조집 『가을로 가는 나들이 노래』 등 두 권이나 작품을 내놨다. 팔순 작가가 이처럼 왕성하게 작품 활동을 하는 경우는 드물다.

그는 수필과 시, 시조 등 영역을 넘나든다. 수필가로 등단해서 시를 쓰다가 시조로 영역을 넓혀갔다. 특정 영역을 고수하는 풍토가 강한 우리 문단에서 이런 융합형 작가는 많지 않다. 그는 실제로 글쓰기도 이렇게 하고 있다. 이번에 펴낸 기행수필집 『발길 따라 물길 따라』에 「가깝고도 먼 땅」이라는 제목의 작품을 보면 처음 전개 형식은 여느 수필집과 다르지 않게

산문으로 펼쳐지지만 글의 마지막은 창작 시조가 장식한다. 독자는 고기를 먹고 나서 냉면으로 입가심한 것처럼 기분이 산뜻해진다. 산문과 운문이 뒤섞인 이런 유의 글은 희소성과 독창성이 있어 모처럼 글 읽는 재미가 쏠쏠하다.

자타 공인 상법의 권위자

그가 법학자 출신이라는 것을 알면 놀랄 것이다. 그는 경기도 여주에서 농민의 늦둥이 외아들로 태어나 여주농고를 나와 1953년 서울대 법대에 진학했다. 여주농고 제1회 졸업생인 그는 여주농고 출신으로 처음 서울대 법대에 진학했다. 당시 상법의 대가였던 서돈각 법대 교수의 눈에 들어 상법학자의 길을 걸었다. 그는 1960년 국민대 강사를 시작으로 강단에 섰다. 1961년에는 국민대 교수가 됐고 1963년에는 이화여대로 옮겨서 후학을 양성하다가 1975년부터 1998년 8월 정년퇴임할 때까지 성균관대에서 교편을 잡았다.

현역 학자 시절 그는 자타가 공인하는 상법의 권위자였다. 1966년 그가 스승인 서돈각 교수와 함께 펴낸 『상법예해(例解)』는 전국의 법학도라면 누구나 갖고 다녔던 필독서였다. 그의 명성은 해외에도 알려져 정년퇴임 이듬해인 1999년 4월부터 2007년 3월까지 일본 나고야경제대학의 초청을 받아 교수로 재직했다. 방학 때만 집중강의를 하고 행정 잡무는 면제받는 좋은 조건이었다. 비행기 표와 호텔비도 물론 나고야경제대학에서 전액 부담했다. 이 대학에서는 이 교수가 초청에 응하지 않을까봐 안절부절못했다고 한다. 한국과 일본의 회사법에 정통하면서 일본어 수업이 가능한 교수는 이 교수밖에 없었기 때문이다.

그가 문학의 길을 걷기 시작한 것은 일본과의 인연이 계기가 됐다. 학기 중에는 수업을 할 필요가 없었으니 시간이 많았다. 정년퇴임 전에 한국에서 대학교수를 할 때는 바빠서 해외여행을 꿈도 꿀 수 없었다. "방학 때만 되면 집중강의를 하니 여유롭게 해외여행을 할 수 있었습니다. 사진도 많이 찍었습니다."

문제는 사진을 찍다보니 좀 지나면 어디가 어딘지 분간이 잘 안 됐다는 점이다. 그러다보니 여행을 다니면서 기록을 하게 됐고 자연스레 기행문을 쓰게 됐다. 그는 2005년 8월 수필문학잡지 『수필문학』으로 문단에 등단한다.

한류 키우려면 시조 키워야

그는 수필로 시작해서 시로 갔다가 시조로 옮겨갔는데 사연이 재미있다.

"시는 구성이 간단한 만큼 어려웠습니다. 알 듯하면서도 손에 잡히지 않았어요. 어떤 시는 어려워서 도무지 이해를 못하겠습디다. 산문인지 시인지 구분도 제대로 못할 글도 있다고 투정을 부리니 시인 성춘복 선생이 시조를 해보면 어떻겠냐고 권유했습니다."

알다시피 시조는 3장 12구의 정형시다. 정형시를 싫어하는 사람도 있지만 그는 이 정형성이 친숙했다.

"법학 책을 내면서 개정판을 많이 냈는데 기존 책을 고치면서도 분량을 딱 맞춰야 해요. 페이지가 넘어가면 안 되거든. 그래서 시조의 정형성이 편하게 느껴졌습니다."

한국인이면 누구나 학교 다닐 때 시조 몇 수는 배운다. "옛 선비들이 남긴 시조를 더러 배웠고 대중이 즐기는 가요들도 같은 틀의 것이 많으니 우리 정서에 꼭 맞는 전통적인 가락이 어쩌면 쉽게 느껴졌는지 모르겠습니다."

이리하여 명(名)상법학자가 시조시인으로 변신한 셈이다. 이것도 흔치 않은 일이다. 그는 시조를 지으면서 시조에 대한 애정이 깊어졌다. 시조를 홀대하는 우리 사회의 풍토가 안타깝다. "일본에 가서 TV를 틀면 하이쿠(일본의 전통 시)를 공부하고 보급하는 프로그램을 흔히 볼 수 있습니다. 하이쿠는 글자 수가 5·7·5로 엄격히 제한돼 있습니다. 너무 짧고 엄격해 어렵고 재미가 없을 듯싶습니다. 그러나 그들의 자부심과 열기는 대단합니다. 이런 점은 우리가 본받아야 합니다."

그는 요즘 붐을 일으키고 있는 한류(韓流)가 오래가려면 대중문화만으로는 안 되며 시조 같은 고급문화가 같이 가야한다고 주장했다. "일본은 대중문화로 먼저 길을 뚫은 후 하이쿠 같은 고급문화를 제시해 일본 마니아를 많이 만들었습니다. 하이쿠가 해낸 것을 보면 우리 시조도 충분히 가능성이 있습니다. 시조는 가장 한국적인 것이니까요."

인생 3모작

그는 지금의 삶을 인생 3모작에 비유한다. 1모작은 한국에서 대학교수를 한 것이고, 2모작은 일본에서 대학교수를 한 것이다. 3모작은 현재 작가로서의 삶을 가리킨다. 요즘 그가 느끼는 심정은 '일모도원(日暮途遠: 날은 저물고 갈 길은 멀다는 뜻으로 늙고 쇠약한데 앞으로 해야 할 일은 많음을 이르는 말)'이라는 사자성어로 압축된다. 왜 좀 더 일찍 문학의 세계에 들어오지 못했을까 하는 아쉬움이다.

"갈 길이 멀고 험한데 나로선 숨이 차오릅니다. 사람들의 입에 오르내리는 명품 시조 한 수라도 남겼으면 합니다. 그게 어렵다면 시조의 대중화에라도 남은 열정을 쏟고 싶습니다."

시조를 살리겠다는 그의 열정은 왕성한 작품 활동에서도 감지된다. 그는 올가을이나 내년 초에 시조집 한 권을 더 낼 생각이다. 이미 6년 만에 기행문집 두 권과 수필집 두 권, 시집 두 권, 시조집 두 권을 낸 걸 감안하면 경이적인 작업속도다. 그는 해마다 시조집을 한 권씩 내서 총 10권을 내겠다는 목표도 세워놓고 있다. 그는 법학자에서 시인으로 변신한 후 세상을 보는 눈이 달라졌다. "나무 하나, 돌 하나, 풀 한 포기도 예사로 보이지 않습니다. 현대사회의 병리 해결책은 자연에서 찾아야 합니다."

그는 힘들 때면 92세에 시를 쓰기 시작한 일본의 시바다 도요 할머니를 생각하기도 한다. "99세에 내놓은 처녀시집이 100만부를 훌쩍 넘어 일본 열도를 달궜습니다. '구지케나이데(くじけないで, 약해지지 마)'를 외치는 할머니의 목소리가 힘차게 내 가슴을 칩니다."

뒤늦게 들어선 길이지만 그의 시조에 대한 평가는 긍정적이다. 성춘복 시인은 "시는 구체적 언어로 형상되어야 맛이 난다. 그래서 오늘의 시가 많이들 개념화하는데 비해 이처럼 구체적으로 실감나게 하는 작품을 높이 쳐야 한다는 반성론이 이분(이범찬)으로 하여 제기된다."고 평했다.

4.

문학의 향기

열린 세상을 향해서

철이 든 후만 따져도 반세기를 넘게 살아왔으니 옛날의 일들이 가물가물 망각의 늪으로 빠져 들어간다. 그 대신 세상을 바라보는 시각이 비교적 정확해졌고, 사리의 판단을 올바르게 할 수 있게 되었다는 것은 다행이다. 때로는 아집이라고 비난을 받을지언정 나 나름의 주관이 확립되었으니 말이다. 아마도 살아온 세월을 통해서 여러 가지 일들을 겪어본 결과이겠지만, 밖의 세상을 여기 저기 보아온 것도 큰 도움이 되었으리라 생각한다.

세상이 참으로 좋아졌다. 마음만 먹으면 지구의 건너편까지도 쉽게 갈 수 있고, 안 가고도 그곳에서 일어나는 일까지 바로 알 수 있는 열린 세상이 되었으니, 지구촌이 좁아진다는 둥 국제화 시대라는 둥 하는 말이 실감이 난다. 매일 붐비는 인천공항에 가서 출입하는 승객들을 바라보고, 비행기를 타보면 더 설명할 필요가 없어진다.

그러나 따지고 보면 우리가 여행을 자유롭게 할 수 있게 된 것도 1988년 서울올림픽 이후의 일이다. 물론 6, 70년대에 걸쳐 피땀 흘리며 산업발전의 터전을 마련해준 구세대의 덕택이다. 우리 세대는 대부분이 젊은 날에 여행을 하려해도 할 수가 없었다. 여행이란 시간과 돈과 건강의 3박자가 맞아 떨어져야 가능한 것인데, 앞만 바라보고 정신없이 질주해오다 보니, 이제 겨우 두 가지 요건을 갖추게 되자 체력의 한계를 느끼게 되었다.

처음 외국에 나갔을 때에는 낯선 풍물을 접하고 이색문화를 체험하면서 그 감흥을 주체할 수 없어, '남는 것은 사진밖에 없다'며 열심히 찍어 왔다. 그러나 사진첩이 10여 개가 되도록 꽂아만 놓았지 펼쳐볼 여유가 없었다. 문득 생각이 나서 펼쳐 보면 그 사진이 그 사진이 아닌가. 어느 때 어느 곳 사진인지도 분간이 안 되고, 식별을 한다 해도 그때의 신선한 감흥을 되살려낼 길이 없지 않은가. 그래서 근래에 와서 기행문을 쓰기 시작한 것이다. 디지털세대가 들으면 또 뭐라 할지 모르지만, 아날로그세대의 자기변명이라 해도 좋다.

아무리 지구촌이 좁아졌다고 해도 넓긴 넓다. 가도 가도 끝없는 세상, 볼거리가 많은 만큼이나 체험하는 문화도 색다르고, 충격적이다. 카메라에 담고, 마음속의 감흥을 기록으로 남겨도 극히 일부분에 불과할 수밖에 없다. 우물 안 개구리가 쓴 주마간산격의 견문록이 될 수밖에 없지만, 그러려니 계산하고 읽어 준다면, 공감하는 부분도, 도움이 되는 부분도 있으리라. 때로는 여행지에서 사온 말없는 목각 하나도 실타래 같이 긴 추억의 실

마리를 풀어주게 되는 법이니, 이미 갔다 온 분에게는 잊혀져가는 기억을 되살려 정리하는데, 아직 안 가본 분에게는 길잡이로서 도움이 될 수 있다면 다행이다 생각하며, 감히 세상에 내놓는다. 독자들의 촌평이나 편달을 기대하면서.

이 책이 햇빛을 보게 된 데는 강석호 회장님의 배려와 도움이 컸기에 깊이 감사의 뜻을 올린다. 그리고 글을 다듬어 주고 제작에 정성을 기울여준 수필문학사 편집부 여러분의 노고도 잊을 길이 없다.

2006년 3월 저자 이범찬

금강산의 봄

설렘 속의 밤 열차

백두산 천지와 금강산의 만물상만큼 내 마음을 설레게 한 것이 있었을까? 고희기념으로 백두산 정상의 외륜봉을 남북으로 종주하며 천지는 원 없이 바라보았으나, 금강산 관광은 좀 더 자유로운 분위기가 조성되기를 기다리며 미루어 왔다. 그러나 해를 거듭함에 따라 차차 체력의 한계를 느끼게 되어 4월 1일 드디어 무박 3일의 철도 관광단에 끼어들었다. 여주중농고동문회의 후배 산악회원들과 함께 가기 위해서다.

금강산으로 수학여행을 간 옛사람들의 이야기와 정비석의 현란한 필치로 그려낸 금강산 기행문 「산정무한」이 한평생 금강산의 꿈을 부풀려 주었다. 일제로부터의 해방과 6·25동란으로 인해 수학여행의 꿈과 낭만을 날려버려야 했던 세대이니, 오래간만에 타보는 밤 열차도 멀리 돌아가기는 하지만 불편은커녕 마냥 흥겹기만 하다.

밤 8시 45분에 서울역을 출발한 무궁화호 열차는 수원, 천안, 청주, 제천을 거쳐 새벽 3시 반에야 동해시에 도착했다. 차창 밖 어둠은 기암괴석이 어우러진 금강산의 정경을 멋대로 그리기에 족하다. 덜커덩 덜커덩 연속되는 차바퀴 구르는 소리는 상념의 나래를 젊은 날의 추억 속으로 몰고 갔다.

만고의 만물상

금강산은 어느 계절이고 다 아름답다고 한다. 선인들은 계절 따라 금강산, 봉래산, 풍악산, 개골산이라고 이름마저 다르게 붙였다. 성급한 산수유가 노란 꽃잎을 터트리기 시작했을 뿐 물가의 찔레나무도 아직은 새싹이 돋을 기미가 안 보인다. 멀리 병풍처럼 둘러싼 중관음봉, 상관음봉, 상등봉을 잇는 능선의 북쪽 음지에는 흰 눈이 뒤덮여 있다. 등산로 옆으로는 잔설이 수북이 쌓여 있으니, 봄꽃으로 휘감은 금강산도 아니고, 녹음이 무성한 봉래산도 아니며, 그렇다고 나뭇가지마다 소복소복 흰 눈을 쓰고 있는 개골산의 설경은 더더욱 아니다. 별러서 온다는 것이 어중간한 철에 온 셈이다.

그래도 생긴 그대로의 산세를 바라볼 수는 있으니 그것으로 자위하며, 힘들기는 하지만 만물상을 가까이 접할 수 있는 천선대(天仙臺, 936미터)를 오르기로 정했다. 대부분의 회원들은 평이

하다는 구룡연과 삼일포쪽을 택했지만, 나는 다음 기회로 미루기로 했다.

금강산의 3대 명물은 금강내기(가을과 봄에 부는 거센 바람), 안개·구름, 계절폭포이지만, 네 번째 명물은 산길 운전에 능숙한 중국교포운전사라고 안내양이 농담을 한다.

좁고 가파른 계곡에 자동차 길을 만들다 보니 S자의 연속일 수밖에 없다. 180도 U턴을 해야 하는 좁은 길을 돌아갈 때마다 마음 졸이게 하는 곡예운전이 반시간 남짓 계속되었을까…. 삼분의 이쯤 오른 지점에 설치한 만상정(萬相亭) 주차장에다 내려준다.

10여 분 가파른 계단 길을 오르니, 왼쪽으로 험상궂은 얼굴의 귀면암이 기이한 모습을 뽐내며 솟아있다. 그 밑에는 '국가지정 천연기념물 제224文 귀면암'이란 표지석이 박혀있다. 누구도 마음대로 오를 수가 없으니 산은 잘 보존되어 왔는데, 판에 박은 수식어와 함께 김○○이 다녀갔다는 붉은 글씨의 비문이 내가 서 있는 좌표를 실감케 한다. 단 몇 줄도 읽어주기가 역겨운 비문인데, 세기를 거듭하며 만인의 시선을 어지럽힐 것을 생각하면 질식할 것만 같았다.

귀면암을 지나 등산로를 따라 한 시간쯤 땀을 흘리면 정상 천선대에 오르게 된다. 정상 가까이 가면 수직 절벽에 갈지자로 매어 달린 철사다리 계단을 올라가야 한다. 한 사람이 겨우 갈 수 있는 일방통행 계단에다 사각(斜角)이 너무도 없으니, 양손은 난간을 꽉 잡고, 시선은 좁은 발판에서 뗄 수가 없다. 주위의 절경을 감상할 여유가 없다. 천선대에서 한숨 돌리고, 비좁은 '하늘문'을 빠져나가면 건너편에 만물상의 봉우리와 암벽이 한눈에 들어온다. 갖가지 모양의 괴석과 수없이 갈라져 금방 무너져 내릴 듯한 절벽에 틈만 있으면 솟아 오른 노송들도 장관이다.

중국 황산의 소나무들은 탐스럽게 구김살 없이 자랐고, 훼손된 가지도 별로 없어 아름답기는 하다. 그러나 금강산 절벽의 소나무들은 짤막하고 억세게 자랐으며, 가지도 짧고, 그나마 남쪽으로만 몇 개 뻗었을 뿐 북쪽 가지는 꺾이고 삭아서 없는 나무가 대부분이다. 휘몰아치는 매서운 강풍과 힘겨루기를 하며, 때 없이 쌓이는 눈 더미를 이고 자라자니 몇 백 년 자라도 그 모습 크게 달라질 수 없겠다. 고난의 역사 속에 살아남아 온 우리들의 자화상을 보는 것만 같아 훨씬 정겹고 아름답게만 보이는 것을 어찌하랴!

절벽의 소나무와는 달리 계곡 초입의 울창한 소나무 숲은 또 다른 금강의 명물이라고 하겠다. 4, 50미터를 쭉쭉 뻗은 적송은 미인송이라는 이름에 걸맞게 참으로 아름답다. 수령 3백년의 적송이 숲을 이루고 있으니 바라만 보아도 마음이 뿌듯해진다. 온정리 마을 주변에 소나무 밭이 널려 있는 것도 인상적이다.

구룡연코스와 삼일포의 미련

황산의 계곡이 좋다지만 그곳에서는 금강산의 골짜기를 콸콸 흘러내리는 맑은 물을 보기는 어렵다. 수목이 울창해지는 여름철의 계곡물은 말할 것도 없겠지만, 이른 봄에도 골짜기에 쌓인 잔설 밑으로 흐르는 맑은 물줄기가 마를 줄을 모른다. 때로는 밖으로 솟구쳐 절벽 위를 타고 흐르며 작은 폭포를 이루고 있다. 계절폭포를 자랑하는 까닭을 알만하다. 여기 저기 굴러 내려 쌓인 큰 바위들 틈에 고인 물은 맑다 못해 사뭇 푸르다.

만물상 밑 계곡은 비교적 물이 적은 편이지만, 주봉인 비로봉(1,638미터)으로부터 갈라진 계곡이 모아지는 구룡연코스에는 풍성한 계곡물이 장관일 것 같다. 산악미는 만물상코스에서, 계곡미는 구룡연코스에서 감상해야 한다고 안내양도 일러 주었다.

상팔담, 구룡폭포, 연주담, 비룡폭포, 옥류담이 줄지어 자리를 잡고, 계곡물을 넘겨주는 흔들다리, 만경다리, 금수다리, 앙지다리, 목란다리 등 이름만 들어도 힘찬 물줄기가 넘쳐나는 계곡의 절경을 상상하기 어렵지 않다. 풍부한 수기(水氣)야말로 금강산 정기의 원천이다. 괴암과 노송과 옥수가 이렇게도 절묘하게 어우러진 진경산수화는 아마도 광활한 중국 땅에서는 찾아볼 수 없으리라.

나는 온천을 즐기느라 못 갔지만, 구룡연코스를 택한 회원들의 찬탄은 하나 같이 삼일포(三日浦)의 아름다움에 모아진다. 삼일포는 온정리마을과 해금강 사이에 자리 잡은 삼일리(三日里)의 천연 담수호이다. 둘레가 4.5킬로미터나 돈다는 제법 큰 호수인데 자연미의 극치라고 이구동성 감탄한다. 관동팔경의 하나이고, 북한의 천연기념물 제218호로 지정되어 있으니 짐작할 만하다.

다음 기회를 기약한다지만 못보고 돌아오자니 발걸음이 무겁기만 했다.

철마의 꿈

해는 중천에 떠 있건만 볼거리를 남겨둔 채 귀경길을 서둘러야 했다. 오후 3시 반에 온정각(휴게소)을 출발해서 출입수속을 밟아야 하기 때문이다. 국경 아닌 국경을 넘는데, 무엇이 그렇게도 의심스러운지 통과절차가 짜증스럽기만 하다. 10배율 이상 되는 쌍안경 및 망원경, 160밀리 이상의 망원렌즈가 달린 사진기, 24배 이상의 줌렌즈가 달린 비디오카메라는 지참금지 물품 8가지 중 첫째 항목이다.

나는 아예 1회용 카메라를 사가지고 갔지만 사진을 찍는 장소도 제한되어 있어서 몇 장 찍지도 않았다. 중국관광에서는 단체비자로 술술 나가고 확 풀어 놓는데, 내 나라 땅 안에서는 입산요금을 1백 불씩이나 내며, 철조망을 끼고 들어가, 삼엄한 감시 속에 지정된 길만을 돌아 나오는데도 그렇게 번거로우니, 반세기 분단의 아픔으로 돌리기에는 너무도 바보스럽고 억울하고 한스럽다.

북방한계선을 넘어, 민둥산이 돼버린 비무장지대를 관광객 전용의 통일로가 훤하게 뚫리고, 동해북부선을 복원한 평행선의 선로는 끝이 없을 것만 같다. 달려야 할 철마의 꿈은 어느 세월에 실현될는지…. 금강산의 봄은 요원하기만 한가 보다.

고마운 사연

고맙게 읽었습니다.

이범찬 교수님의 『지구촌의 여정』을 너무나 재미있게 읽어서 몇 자 보냅니다. 외람된 말씀이지만 선생님께서 그처럼 글을 재미있게 잘 쓰시는 줄 예전엔 미처 몰랐습니다. 세상에서 글 잘 쓰는 사람을 가장 부러워하는 사람인데, 정말 부럽습니다.

일본작가 '무라가미 하루기'의 여행기를 읽고 역시 재능 있는 작가는 여행기도 다르구나했는데, 이 교수님의 실력도 그와 맞먹는 수준이라고 생각되는 군요.(혹시 실례인가요?)

더구나 『수필문학』으로 문단 등단하신 것도 몰랐습니다. 참으로 존경스럽습니다.

또 한 가지 고마운 건 그야말로 엉터리로 대충 들러본 몇 군데의 희미한 여행기억들을 선생님의 섬세한 필치가 저를 일깨워 주었다는 것입니다. 고맙습니다. 안녕히 계십시오.

2006년 5월 10일 서재행 드림

원숭이 목각 ‖ 머리말

자화상을 다시 그리며

성균관대학교에서 정년퇴임을 하면서 기념으로 『해암의 자화상』을 펴냈다. 자서전을 쓸 용기는 없지만 40년 강단생활의 흔적을 엿볼 수 있는 나 자신의 모습을 그려본 것이다. 그 책 끝에 밝힌 '정년퇴임5개년계획'은 첫해부터 빗나가서, 정년 후 나고야경제대학에서 8년의 강단생활을 더 하게 되었다. 뜻밖의 이모작인생을 되돌아보면서 두 번째 정년퇴임을 기념하여 내 모습을 다시 그려보기로 했다.

세월은 사정없어 그동안에도 주름살만 더 늘어나게 했는데 그 모습을 그려내기 부끄럽고 두렵기도 하지만, 자신에게 솔직해지자고 감히 세상에 내어 놓는다. 신변잡기가 수필문학으로 승화하기에는 거리가 멀겠지만 뒤늦게 시작한 붓이 어느 세월에 숙달돼 제대로 그리랴 싶어서 습작시대 그대로 내놓기로 했다.

정년퇴임 후 뒤늦게 수필문단에 발을 들여 놓게 되었으니, 『해암의 자화상』과는 내용과 기법을 달리 하고 싶으나 뜻대로 되지 않는다. 대부분의 글은 퇴임 후의 것이고, 몇 편은 그 전의 글을 약간의 가필을 해서 실었다. 옛날의 설익은 모습도 보이자는 뜻에서.

문단의 길을 열어주시고 항상 격려해주시는 강석호 회장님과 청계화백에게 충심으로 감사드린다. 그리고 수필문학사 편집부 우희정 부장을 비롯해 여러분의 노고도 잊을 수 없어 감사의 뜻을 표한다.

2007년 3월 저자 이범찬

원숭이 목각

나의 책상 위에는 조그만 원숭이 목각이 자리를 차지하고 있다. 내가 아끼는 마스코트요, 어떤 의미에서는 엄격한 스승인 셈이다. 10여 년 전 일본의 와세다대학에서 학술발표회를 마치고 다음 날 닛꼬(日光) 관광을 하다가 사온 기념품이다.

닛꼬에 가면 도꾸가와 이에야스(德川家康) 장군을 모시는 진자(神社), 닛꼬도오쇼구우(日光東照宮)를 들르게 된다. 그곳 건물에 장식한 원숭이들 조각이 유명하다. 출생에서 임신까지의 원숭이 일생을 여덟 개 장면으로 나누어 인간의 삶을 풍자한 것이다. 특히 그 두 째 것이 인기가 있는데, '안 보기, 안 듣기, 말 안하기(見ざる, 聞かざる, 言わざる)' 세 원숭이 조각(三猿の彫刻)이다. 자세히 보면 세 놈의 포즈가 각각 다르다. 한 놈은 두 손으로 눈을 가리고 있고, 가운데 놈은 두 손으로 귀를 가리고 있고, 또 한 놈은 두 손을 겹쳐 입을 덮고 있다.

일본말로 사루(猿, さる)는 원숭이인데, 사루를 탁음으로 ざる하면 '안한다'는 부정의 뜻이 된다. 그러므로 三猿은 세 가지 기피해야 할 3不 덕목의 은유적 표현이요, 그 세 가지 내용을 시각적으로 표현하자면 눈, 귀, 코를 가리게 되는 것이다. 절묘하게도 추상적인 3불 교훈이 원숭이를 통해서 구체적으로 형상화된 셈이니, 보는 이의 마음속에 조용히 삶의 지혜를 각인해 준다.

약삭빠른 일본인의 상혼이 이 세 원숭이를 상품화하지 않을 리가 없다. 기념품 상점엘 들어가니 원목을 정교하게 깎아 만든 원숭이 목각이 눈에 들어왔다. 세쌍둥이가 쪼그리고 나란히 앉은 것을 한데 붙여 깎았는데, 크기라야 어린애 주먹만도 못하다. 우리네 속담에도 시집살이의 어려움을 귀머거리 3년, 벙어리 3년, 소경 3년이라 하지 않았던가. 일본 사람들도 비슷한 생각을 하여, 조각으로 형상화했다는 것이 흥미로웠다.

대학에 다니는 딸이 졸업을 하고 시집을 가게 되면 장황하게 당부를 하는 대신 이 목각을 주면 좋겠다는 생각에서 골랐다. 그런데 졸업한 지 10년을 훨씬 넘어도 시집을 못가니 원숭이들도 제 구실을 못하고 서랍 속에 처박혀 잠자고 있었던 것이다.

얼마쯤 전에 책상을 정리하다 그 목각을 찾아냈다. 이놈들이 시집가는 딸을 위한 것이 아니라 나 자신을 위한 것이 될 줄이야 어찌 상상인들 했겠는가. 딸의 화장대 위에 올라앉아 매서운 시집살이를 달래주는 시집도우미가 되지 않고, 내 책상 구석에서 주인의 흐트러지는 마음의 중심을 잡아주는 항심(恒心) 지킴이가 되었으니 말이다.

우리 어머니 세대의 시집살이는 힘든 인고의 삶이었다. 일단 결혼을 하면 시댁을 벗어나서는 살 수도 없고, 갈 곳도 없으며, 출가외인이라 죽어도 시집귀신이 되어야 하는 것이 한국 여인의 숙명이었다. 그러니 다소곳이 시댁의 분위기에 순응하는 것이 상책이요 미덕이렷다. 그러나 요새는 천지가 개벽을 한 셈이다.

남녀평등을 헌법이 보장한다 하여 허울만 남은 호주 제도까지 없어지고, 가정의 경제권도 여자에게 넘어가고 남자는 돈벌이하는 머슴으로 전락해 가는 것이 오늘의 세태가 아닌가. 이혼도 거침없이 하고, 바야흐로 여성상위시대가 도래하고 있다. 이 판에 원숭이 목각을 전해준들 무슨 효험이 있을까. '고루한 아버지' 소리나 듣기 십상이렷다.

'귀머거리 3년'이란 시집온 새색시가 거북한 것 들어도 못들은 척하고, 민감한 사안에 따라서는 한 귀로 듣고 한 귀로 흘릴 것이지 함부로 말전주라도 해서는 안 될 것이며, 억울하게 꾸중을 들어도 참고 새기라는 소극적인 뜻이었으리라. 그러한 생활 자세가 귀를 막은 원숭이의 모습 바로 그것이 아닌가. 그러나 이놈은 요새 와서 대담해졌다. 하루가 다르게 말을 바꾸는 놈들이나, 히죽히죽 웃어대며 알쏭달쏭한 말을 내뱉는 놈의 말일랑 아예 듣지를 말고, 소리 없는 다수의 말을 들을 줄 알라는 강력한 메시지를 보내지 않는가.

'벙어리 3년'이란 암탉이 울면 집안이 망하는 법이니 항상 말 조심하되 함부로 나서서 자기 주장하지 말고 남편이나 가장의 뜻에 순종하라는 뜻이었으리라. 그러나 입을 덮은 이놈의 표정을 보노라면, 진실이 아닌 거짓말은 입밖에 내지를 말며, 말은 은이요 침묵은 금이라고도 했으니 말만 앞세우지 말고 언행을 일치시킬 것이며, 불의를 목격한 지성인이라면 비판의 입을 열라는 역설적인 메시지로 들리기도 한다. 민주화를 주창하고 인권을 외치면서 왜 김정일의 인권탄압이나 폭정에 대해서는 침묵하느냐고 질책을 하는 것 같기도 하다.

'소경 3년'이란 눈에 거슬리는 것이라도 장님 같이 못 본 척 덮어둘 것이며, 본 대로 발설하여 분란을 일으키지 말라는 당부였으리라. 하기는 요새 공중매체를 보면 눈을 뜨고 보아줄 수 없는 장면이 너무도 많이 뜬다. TV화면을 보다가도 눈물을 짜내거나 폭력이 난무하는 장면이 나오면 나는 채널을 돌리고 만다. 더 보아 줄 수 없는 것은 편향된 보도나 억지주장을 늘어놓는 것이다. 일그러진 시각의 발현도 보고 듣기가 역겹다. 원숭이의 두 눈을 가린 참 뜻은 보지 말라는 것이 아니리라. 전쟁터를 방불케 하는 불법시위를 보았거든, 막는 척하지만 말고 법대로 엄격히 처리하여 법의 권위를 세우고 사회의 질서를 확립하라는 준엄한 메시지가 아닌지 모르겠다.

요새 와서 나는 말없는 원숭이들의 표정에 눈이 갈 때마다 친근감을 느끼니 애완동물이 이런 것인가 보다. 내 마음을 달래주고 삶의 지혜를 암시해주는, 그래서 이제는 누구에게도 떠나보낼 수 없는 내 마스코트가 된 세쌍둥이 목각이여.

목각의 작가는 세 놈의 몸통을 바짝 붙여서 한 덩어리로 깎아버렸으니 그 이유는 무엇일까? 짓궂은 작가의 심술 탓일까? 입과 귀와 눈의 기능이 일체가 되어 적절히 작동되고 제어되어야지, 어느 것 하나라도 보조를 맞추지 않으면 낭패라는 뜻일지도 모른다.

붙어버린 세쌍둥이의 모습을 하나로 압축해본다. 그것은 바로 참선에 몰입하는 노승의 자세가 아닌가. 범람하는 정보나 정신 못 차리게 돌아가는 세상사에만 매달리다 보면 집중력이나 사고력을 잃게 마련이다. 그래서 바깥세상으로 통하는 눈, 귀, 입을 막고, 심안(心眼)을 통해서 자신의 내면세계를 성찰하라는 것이 삼색 원숭이가 풍자하는 참뜻이렷다.

그러니 들며 나며 웅크리고 붙어 앉아 있는 세 놈을 보노라면 내 처지를 생각하게 된다. 이 나이를 먹도록 한번이나 내 마음 속 깊은 곳을 들여다본 적이 있었던가. 비로소 나의 자화상을 그려보게 된다. 하잘것없는 이 목각이 이제는 딸 아닌 나를 보살펴주는 지킴이가 된 셈이다. 때로는 엄격한 스승으로 통렬한 깨우침을 주기도 하고.

내가 추구해야 할 구원의 자화상이 원숭이 목각에 오롯이 담겨있구나.

(2006. 12. 9)

고마운 사연

이범찬 교수님께

선생님의 수필집 『원숭이 목각』을 처음부터 끝까지 숨 가쁘게 읽었습니다. 아니 그냥 읽혀져서 읽었습니다.

수필은 자기를 드러내 보이는 글이라서 항상 조심스러운데 선생님의 글에서는 진솔함과 물 흐르듯 유연한 문장력에 이끌려 마지막 페이지까지 한달음에 읽었습니다. 감사합니다.

「원숭이 목각」에서 옛 여인들의 시집살이 풍경을 유추해 내고 원숭이의 표정에서 옛날과 현재를 오버랩해 작가가 하고 싶은 말을 해학적으로 표현함으로써 독자로 하여금 입가의 미소를 짓게 하면서도 고개를 끄떡이게 하는 수법, 배우고 싶습니다.

'딸의 화장대 위에 올라앉아 매서운 시집살이를 달래주는 시집도우미가 되지 않고 내 책상 구석에서 주인의 흐트러지는 마음의 중심을 잡아주는 항심지킴이가 되었다'는 구절에서 독자는 벌써 무릎을 치게 됩니다.

벌써 감사의 메일 보냈어야 도리였으나 컴퓨터에 앉지 못해 결례가 많았습니다. 감사합니다.

2007년 5월 27일 운현수필 회장 이농무 올림

바닷바위의 노래

타고난 음치이기에 소리 내어 노래를 부르라면 나는 주눅부터 든다. 그러나 노래의 곡이 좋고 나쁨에는 비교적 둔감한 편이지만, 노랫말에는 아주 매료되어 스스로 읊조리고 싶고, 때로는 써 보고 싶다는 충동마저 느낀다. 희로애락에 관한 자신의 감정이나 눈앞에 펼쳐지는 아름다운 풍광, 또는 자연의 오묘한 이치를, 혹은 복잡한 세상살이를 통해 맛보는 감동이나 충격을 제대로 운 살려 시로 옮겨보고 싶은 것이사 비단 나만의 욕심일까.

평생 법학의 틀 안에서 살아온 나로서는 감성적인 수필을 쓰는 것도 쉬운 일은 아니었다. 그러나 다시 시문에의 도전은 지나친 노욕이었으리라. 뜻이 있는 곳엔 길이 있다고, 『시 창작의 이론과 실제』라는 책을 보니 점점 더 어렵게 느껴진다는 하소연을 듣고서, 실제로 시 쓰기의 실례(實例)를 보여주시며 용기를 불어넣어 주신 분이 시인 성춘복 선생님이시다. 산문조의 시에다 한 줄 한 줄 고쳐주고 지적해주는 자상한 지도 덕분에, 합작품이나 다름없는 습작을 거듭해 세상에 감히 시집을 내놓는다. 서너 권은 족히 써보아야 시인이 된다는 말씀을 명심하고 더한 힘을 내보련다. 선배님들의 기탄없는 질책과 편달을 바란다.

어려운 형편에 출판까지 해주신 선생님께 거듭 감사를 드리고, 편집 과정에 애써주신 직원들에게도 노고의 고마움을 올린다.

2008년 8월 이범찬

첫 눈

밤 사이 눈꽃들 피웠나니
상수리와 바늘잎 솔꽃이랑
잔가지 큰 기둥에도
하얀 꽃의 대궐을 이루었나니

그 꽃잎들 하얗게 날아서
양지의 억새들이랑
메마른 돌더미탑에도
허연 모시옷 갈아 입혔나니

토끼랑 장끼랑
눈밭에 길을 내었으면
늦잠 자는 다람쥐까지
허옇게 길을 녹이고 말겠거니.

고마운 사연

이범찬 교수님 앞

처서가 지나자 날씨가 한결 시원해졌습니다. 이 교수님 한결 같이 건강하게 잘 지내실 줄 압니다.

보내주신 옥저 『바닷바위의 노래』 고맙게 잘 받았습니다. 음미하며 감상하다보니 예장(禮狀)이 늦어서 송구합니다. 전에도 기행문집을 보내주셔서 고맙게 잘 읽었는데 이번에 또 귀한 시집을 받고 보니 고마운 마음 한량없습니다.

그동안 주로 수필만 읽다가 시집을 대하니 색다른 신선미를 느끼는 듯합니다. 수필로는 장황한 표현이 일반적인 경향인데 시로서는 몇 줄의 응결된 시어로 그 뜻이 넘치는데 그 묘미가 있다는 생각이 듭니다.

제5부의 '백두의 천지가 손짓한다' '에게 해변에서' '이스탄불의 매력' 등을 감명깊게 감상하였습니다.

수필뿐만 아니라 시에서도 빼어난 발자취를 남기시는 이 교수님의 문필활동에 경의를 표합니다.

이 교수님이 항상 건강하시고 문운이 더욱 빛나시기를 빌면서 이만 줄입니다. 대단히 고맙습니다.

2008년 8월 26일 대전 원종린 배상

두 번째 시집을 엮으며

진선미를 추구하고 실현하려는 것이 우리 삶의 모습이라고 생각한다. 그 삶의 터전에서 부딪치고 느끼는 희로애락을 글로 옮겨보자고 늙마에 겁 없이 덤빈 것이 기행문집 『지구촌의 여정』이고, 수필집 『원숭이 목각』도 그 예에 속한다. 또 운문으로 드러내고 싶어 시도한 것이 첫 시집 『바닷바위의 노래』이다. 어느 하나 습작의 테두리를 벗어나지 못했으나, 날이 갈수록 부끄러운 생각이 앞선다. 속죄라도 하는 기분으로 더 열심히 살고 그 결실을 다져본다. 이를 보아주신 상남 선생의 정성이 더해지기에 이마저 햇볕을 보게 되었다.

시의 모습만 갖추기에 급급했지 적절한 시어를 찾아 내 속내를 드러내기에는 아직 까마득한 느낌이다. 그러나 시를 쓰는 일은 삭은 고목에 물을 끼얹으며 새움을 틔우려 애쓰는 내 나름의 몸부림이요 생존전략이다. 금년 3월 강단생활을 정리하면서 희수의 언덕바지에 이정표를 세운다는 뜻에서 이 같은 만용을 부린다. 기왕이면 꾸지람보다 격려의 고언을 듣고 싶다. 다시 마음을 가다듬어 스스로 내 체력에 채찍을 가해보고 싶다.

그동안 많은 편달과 우정 어린 격려를 주신 여러분께 고른 감사의 뜻을 올린다. 특히 어려운 여건에서도 선뜻 출간을 맡아 애써주신 '마을'의 여러분께도 고마움을 전한다.

2009년 5월 이범찬

불영계곡이 타다

천축산 깊은 골은
굽이굽이 돌더미 돌아가고
콸콸대는 물길은
빈 하늘을 품어 안고
하염없는 영겁을 노래하네

불 뿜는 단풍
샛노란 이깔나무
붉게 물든 벚나무며 황톳빛 굴참나무
바위틈의 굽은 솔과 한데 어울려

저무는 가을을 불태우니
태백준령 넘나드는
영남의 선경이
바로 예가 아니더냐.

고마운 사연

이병찬 교수님께

안녕하세요. 작년 7월에 보내주신 시집 『시클라멘을 마주하고 앉으면』을 어제 다 읽었습니다. 귀중한 시집이라 읽고 고마운 마음을 전한다는 게 늦어졌음을 양해 바랍니다.

「불영계곡이 탄다」를 읽고 크게 실감했습니다. 어느 해 가을 그곳에 갔다가 시를 쓴다고 마음을 먹었으나 쓰여지지 않아 잊고 놀다가 이 교수님의 시를 읽고 나와 같은 생각이란 것을 느꼈습니다. 경치는 해마다 바뀌어도 시로 남는 것은 별 차이가 없나 봅니다.

좋은 글을 읽게 해주신 것을 큰 인연으로 알고 오래 가슴에 새기겠습니다. 늘 건강하시고 좋은 시로 독자를 만나시기 바랍니다.

2010년 9월 27일 성기조

농심(農心)으로 돌아가서

끝이 안 보이는 넓은 들판으로 나서서 노을을 바라보며 홀로 낫을 든 농부, 눌러 쓴 밀짚모자가 깊은 주름살과도 그런대로 잘 어울리는 것 같다.

일모작, 이모작의 수확을 정성껏 마치고, 가을 끝자락에 거두는 삼모작의 낱알들이니 튼실하기를 어찌 기대하랴만, 그래도 땀 흘려 얻는 자연의 선물이라 귀히 생각하면 부푼 가슴은 흐뭇하기만 하다.

시골의 농업고등학교 실습지에서 익힌 솜씨와 마음씨가 밑거름이 되어 때늦은 걷이나마 감사하는 마음으로 정성을 기울인다. 첫 번째 『지구촌의 여정』이 시큼씁쓸한 토종 복숭아와 같다면, 두 번째 『원숭이 목각』은 깊은 맛보다는 봄 푸성귀다. 이번 『늙마의 외도』는 영글다만 이삭이라고나 할까. 뒤늦게 심었으니 당연하다 싶으나 부끄러움을 무릅쓰고 엮는다. 다음엔 좀 더 영글게 애도 써 보리라 다짐을 하면서.

오늘의 수확이 있기까지 실은 많은 분들의 도움을 받았다. 마음 깊이 감사드리며 이 기쁨을 함께 나누고 싶다. 특히 표지화를 그려주신 상남 성춘복 선생님과 어려운 사정에도 이 책을 출간해주신 소소리사 우희정 사장님 및 편집부 직원 여러분에게도 감사의 뜻을 보낸다.

2010. 1. 이범찬

칠부능선까지만

나는 등산을 좋아한다. 이화여자대학교 법정대학에서 가장 젊은 교수란 이유로 삼십대 초반에 등산부 지도교수를 맡았다. 그것이 등산의 맛을 알게 된 계기가 되어 평생 산을 오르고 있다.

등산의 매력이 무엇이냐고 물어오면 서슴없이 두 가지 점을 들어왔다. 첫째는 땀을 흘릴 수 있어 좋다. 숨찬 걸음을 계속하다보면 옷이 흠뻑 젖도록 땀을 흘리게 된다. 골프를 쳐서는 그렇게 땀을 흘릴 수가 없다. 맑은 공기를 마시며 풀 향기 풍기는 숲속을 걸으니, 몸의 신진대사를 촉진하기는 등산만한 것이 없다.

둘째는 정복의 쾌감이다. 정상에 올라 사방을 내려다보는 순간 맛보는 성취감을 그 무엇과 비할 수 있으랴. 대개 정상에는 오랜 풍상을 겪어온 바위가 버티고 있기 마련인데, 거기에 수백

년 수령의 솔이라도 뿌리를 박고 서 있다면 금상첨화다. 불어오는 시원한 바람에 땀을 식히노라면 그 쾌감은 흘린 땀과 정비례한다. 그러니 산에 갔더라도 어쩌다 정상정복의 쾌감을 맛보지 않고 내려온 날이면 어쩐지 등산을 한 것 같지도 않고 기분마저 찝찝하기만 했다.

지리산 종주를 하던 때의 일이 생각난다. 천왕봉을 오르고 나니 북쪽으로 중봉이 다가선다. 정상을 정복하고도 성이 차지 않았던지, 학생들이 정상에서 쉬는 동안 배낭을 벗어놓고, 나 홀로 중봉까지 달려가 "야호"를 외치고 돌아왔다. 그때는 개선장군이라도 된 양 의기양양했는데, 단거리 산악경주도 아님에야 그 무모한 짓을 하고도 부끄러운 줄도 몰랐으니….

그런데 언제부터인가 나의 정상정복론은 조금씩 변하기 시작을 했다. 기껏해야 1천미터 내외의 국내산들을 주름잡던 아마추어가 외국의 명산들을 가까이 접해보니 정상정복이 얼마나 허황한 꿈인가를 실감하였다. 내 능력의 한계를 느꼈기 때문이다. 더구나 근년에 와서는 근교 산행조차 젊은 사람들과는 보조를 맞추어 함께하기가 어려운 형편이니 정상의 꿈은 깨끗이 접지 않을 수 없지 않은가.

언젠가 고향엘 들렀다가 어느 기관장으로부터 여주에서 생산한 계영배(戒盈杯)를 하나 선물로 받았다. 계영배란 '넘침을 경계하는 잔'이라는 뜻인데, 잔의 밑바닥에 구멍을 뚫어놓고, 사이펀(siphon)의 원리를 응용하여 잔의 70퍼센트 이상 술을 채우면 모두 밑으로 흘러내리게 되어있어 절주배(節酒杯)라고도 한다.

중국 제(齊)나라 환공(桓公)은 스스로의 과욕을 경계하기 위해 사용했으며, 늘 곁에 두고 보는 그릇이라 하여 '유좌지기(宥坐之器)'라 불렀단다. 공자도 이를 본받아 스스로를 가다듬으며 과욕과 지나침을 경계했다니 비단 술뿐만 아니라 인간의 끝없는 욕심을 누르는 상징적인 의미도 지니고 있으렷다.

계영배를 바라보면서 나도 술은 말할 것도 없고, 등산도 7부 능선까지만 가는 것으로 만족하자고 마음을 달래기 시작했다. 정상 정복의 욕심을 버릴 수 있는 좋은 구실을 찾은 셈이다.

세월이 갈수록 체력이 떨어질 뿐만 아니라 생각의 폭도 변화를 하기 마련이다. 사실 산을 정복한다는 말부터가 얼마나 오만한 생각인가. 태초부터 영원히 존재하는 대자연을 6척 인간이 정복하려고 들다니 당치도 않은 일이다. 산은 정복의 대상이 아니다. 산에 들어가고(入山) 정상까지 오를(登頂) 뿐이다.

겸허한 마음가짐으로 산의 품에 안기면 산은 새로운 경지로 다가온다. 굳이 기를 쓰고 꼭대기까지 기어 올라가야만 할 이유도 없지 않은가.

앙상하게 말라붙었던 굴참나무 가지에 윤기가 돌고, 그 사이로 뿌옇던 하늘이 새파란 얼굴을 드러낸다. 얼어붙었던 골짝의 얼음이 녹아내리는 소리가 귓전을 간질이고, 바위틈새를 비집고 자리 잡은 버들개지가 부풀어 오른다. 진달래, 산목련만 꽃이더냐. 양지쪽 풀섶에서도 앙증맞은 들꽃이 수줍게 반겨주지 않는

가. 신록이 온 산을 물들이고 훈풍에 날려 연둣빛 풋잎이 한들한들 춤을 추고, 솔향기 가슴 깊숙이 스며들 때면 어느새 정상에의 집념은 사라지고 만다.

녹음이 짙어지고, 얼마 안 되어 조락의 가을단풍이 황홀하게 불타오르고, 밤새 소리 없이 내린 눈으로 온 천지가 새로 변장을 하여 눈꽃이 만발하니, 철따라 어김없이 산은 그 신비로운 참모습을 보여준다. 칠부능선까지만 오르리라 마음을 비우니 마음의 눈이 열려 나무와 풀들의 오묘한 몸짓이 보이고, 안보이던 산하의 아름다움이 들어온다. 마음의 귀도 뚫려 들리지 않던 새소리, 풀벌레 울음소리며 초목들의 속삭임이 귓전을 울린다. 숲에 들어서는 초입부터 찬탄을 연발하게 된다. 그래서 콧노래를 흥얼거린다.

산이 있어 손짓하고 숲이 있어 팔을 벌려주니, 나는 오늘도 산에 들어 그 품에 안겨본다.

고마운 사연

늙마에 외도를 즐기시는 이 교수님에게

늙마에 외도를 즐기시는 이 교수님에게 법학자에서 문학가로 변신을 하셨다는 '늙마의 외도', 부럽습니다. 원래 법학은 문학과 가까웠지요. 경성제국대학의 조선어학과는 법문학부에 소속되어 있어서 문법학자이며 문학가이신 이희승, 이숭녕 선생 같은 대가들이 모두 법문학부 조선어문학과 출신들이였지요. 유진오씨가 법학자라는 사실은 누구나 다 아는 사실이 아니던가요?

그런 걸 생각해 보면, 이 교수님의 외도는 어쩌면 당연한 일일는지도 모르겠습니다. 외도(外道), 그거 아무나 할 수 있는 게 아닙니다. '도(道)'라는 말이 붙어있는 것을 보아도 그건 허투루 볼 성질의 것이 아니지 않습니까? 등산을 하셔도 7부 능선까지만 하시는 그 마음 비움의 자리가 없으면 불가능한 것이라는 생각입니다. 그 비움의 자리, 여유로운 자리가 있으니까 거기에 이제까지 걸어 온 길 말고 '밖에 있던 도'가 슬며시 보금자리를 트는 것이지요. 저와 같은 사람들은 '외도'를 즐길 방법이 없습니다. 평생 국문학을 달고 살았으니 즐길 만한 외도가 있어야지요. 법학, 경제학, 철학, 사회학, 지리학…, 아무리 생각해 보아야 외도로서 선택할 만한 것이 없다는 말씀입니다.

『논어(論語)』 '옹야편(雍也篇)'에서 공자께서는 말씀하셨지요. "지지자(知之者)는 불여호지자(不如好之者)요, 호지자(好知者)는 불여낙지자(不如樂之者)"라고요.(아는 것은 좋아하는 것만 못하고, 좋아하는 것은 즐거워하는 것만 못하다.) 외도로서 호지하고 낙지할 만한 것이 없는 저로서는 이 교수님이 늘 부럽기만 하답니다. 해서 그 외도를 늘 호지하시고 낙지하시기를 기원합니다.

2010년 2월 28일 이웅재 드림

끝없는 풀숲을 헤치며

가도 가도 끝없는 숲 속을 기력이 다하도록 달리고 싶다. 그러나 볼거리도 많고 마음대로 갈 수 있다고 사방을 헤매기에는 너무 겹고 막막한 느낌이다. 자리가 잡힌 오솔길을 따라 길가의 풍광만을 즐기며 노래하고 싶다고나 할까.

시를 쓴다고 덤벼보았지만 갈수록 어렵다. 마치 방향조차 가늠할 수 없는 어둠 같아서 오솔길도 힘든다. 우리 정서에 길들여진 틀에 맞춰서 절제된 시어로 느낌과 생각을 읊어보자는 뜻이 이 길을 고른 이유이다. 편하고 즐거웠다.

언제쯤일까, 나도 바람 따라 종횡무진 날고 싶은 것은 노을녘에 거는 작은 바람이다.

여기까지 온 것은 기꺼이 격려해주신 상남 선생님의 덕분이다. 청출어람을 되새기며 열심히 따를 셈이다.

삽화에 편집까지 맡아주시니 그 고마움 잊을 수 없다. 깊이 감사드린다. 해설을 주신 오종문 선생님과 '마을'의 편집장에게도 감사한 뜻을 보탠다.

2010년 한가위에 이범찬

숲의 소리·3

가슴을 헤집는
새벽 새들 지저귐도

바위틈 뚫어내는
골짝의 깊은 소리

바람도
풀잎을 깨워
잠든 산 일으키네.

고마운 사연

안녕하십니까.

보내주신 시조집 '가을로 가는 나들이 노래'를 고맙게 받았습니다. 조용한 시간을 택하여 가슴을 여미고 일독하였습니다.

때죽나무 잔가지엔 초롱불 하이얗고
돌밭길 굽이마다 풋내가 물들어서
산사의 향불보다도 짙은 내음 풍기네

- 작품 「숲의 소리 · 2」

이제 방 안에는 '숲의 소리'가 가득 담겼습니다. 삽화 또한 숲의 내음을 더욱 짙게 만듭니다. 다시 한 번 고마움을 표합니다. 건승을 기원합니다.

낙성대에서 김재황 드림

노을녘을 달구며

팔십이란 고개턱에 다가와 섰으려니
해는 벌써 서산 너머 노을로 붉혀대고
갈 길은 아직도 멀어 참으로 숨 가쁘네.

내 고장 안팎으로 여기저기 찾아나서
낯선 풍광 멋진 들녘 가슴에 담으려니
이 벅참 뉘라 감동을 아니할 수 있으랴.

눈 비벼 감성 깨워 밤낮으로 뛰달으며
노랫가락 모두어 흡족할 순 없어도
따가운 햇볕 그리워 세상에 펴놓으리.

앞뒤는 캄캄하고 길은 험해 힘 부쳐도
웬만큼 부축이며 덧기름 부어주나
고마운 분들의 열정 따를 길이 없어라.

아, 낙엽인가

삼복의 뙤약볕에 새싹을 숨겨놓고
시리고 긴긴 밤을 탈 없이 넘기더니

수줍어 얼굴 붉히나
해탈의 나들인가.

큰 바람 몰아쳐도 싱싱했던 이파리들
돌담 너머 해거름의 가을물 흠뻑 받아

가녀린 소슬바람에
우수수 몸을 떤다.

고마운 사연

이범찬 시인께

진작에 받은 귀한 시집 『노을녘을 달구며』를 이 여름밤에 읽고 있습니다. 우선 시집 간행을 진심에서 축하를 드립니다.

옛 집터에서
어린 날 고향집은/ 흔적도 없어지고
동구 밖 소나무만/ 홀로 남아 짙푸르다
개울가 오두막 짓고 함께 살자 조르네.

자연과 고향 회귀의 정서를 간결하고 정감 있게 형상화한 시라고 여겨집니다.

해설에서 '성춘복'님께서 좋은 글을 주셨군요.

"이범찬 시인의 관찰력은 섬세하고 탁월한 작품을 읊는데 집중되어 있다. 압축된 시간 속에 또한 절제미를 고수하는 것은 스스로의 지향점과 감정의 크기를 압축하는 상상력이 곧 시조라는 본질적 미학, 즉 긴장미에 보다 철저해 있다는데 있다. 언어와 감정을 절제함으로써 시의 긴장미를 극대화하는 시적 미학이다."

압축과 간결미의 돋보임을 잘 지적해 주고 있다고 보여집니다. (114p 중간에)

"법학도의 한 끝의 정리 정도가 아니라 근자의 몇 년을 수필과 시로 오가면서 번갈아 발표를 하고 또 내년의 여든을 기념하는 시조 작품 여든 편과 수필집을 더불어 엮는 일까지 하게 되는" - 라고 지적을 해 주셨는데, 참으로 놀랍고도 대단한 정념의 일도에 큰 박수를 올립니다. 끝으로 대가님들의 남긴 말씀 올리며 줄일까 합니다.

'미당 서정주 선생' - "이마 위 얹힌 시의 이슬에는 몇 방울의 피가 언제나 섞여 있다."

'정호승' - "시인이 한 편의 시를 남기기 위해서는 평생이라는 시간이 필요하다."

시집 『노을녘을 달구며』 간행을 경하 드리며 줄입니다. 늘 건강, 건필하시기 비 오며 -내내-.

2014년 8월 민락동에서 운봉 윤석호 합장

발길 따라 먼 길을

숨차게 넘어들던 고개턱이 여덟인가
노을녘 황홀해도 온몸은 불덩어리
발자취 뒤돌아보니 한숨이 절로 난다.

너른 땅 남의 동네 때 없이 드나들고
낯선 사람 이색 풍광 흥취도 새로우나
행여나 잊을까 하여 여기 적어 묻는다.

백두대간 뻗은 골짝 더없이 신비롭고
맑은 물길 굽이쳐 드넓기도 하거니와
오솔길 끊임이 없어 곳곳이 절경이네.

이웃 나라 섬들이든 끝이 없는 대륙이든
길라잡이 많아도 눈길 따라 달리 뵈니
붐비는 나그넷길에 말뚝 하나 세운다.

가시덤불 험난하고 벌판길 지루하나
기싸움 부추기고 기름 붓는 벗들 있어
고마움 가슴에 새겨 신발끈 다시 죈다.

2012년 여름 저자 이범찬

남녘땅의 낮과 밤

야꾸시마(屋久島)를 두루 돌아 마지막 날 가고시마(鹿兒島)로 나왔다. 시내를 구경하기로 한 예정을 바꾸어 도자기 가마 한 군데를 들르기로 했다.

정유재란 때 일본으로 끌려간 조선 도공 심당길(沈當吉)로부터 15대에 이르기까지 4백여 년, 조선도예의 비법을 전승하여 황무지와 같은 일본 땅에 화려한 꽃을 피운 명가다. 예약도 없이 수관도원(壽官陶苑)을 들어섰으나 다행하게도 14대 심수관 옹을 만날 수 있었다. 87세에도 정정하다.

공방과 전시관을 둘러보고 나니 250년이 된 접견실로 특별히 우리를 안내하고 다과까지 내어온다. 나에게 제일 안쪽 의자에 앉으라고 권하더니, 노대통령이 앉았던 자리라며 방문했던 한국의 저명인사들에 관한 이야기의 꽃을 피운다.

심수관 집안의 가보 1호라며 자그마한 나무상자를 내어온다.

그 안에는 까맣게 결은 대나무통이 들어있는데, 뜻밖에도 그 속에서 돌돌 말은 망사 같은 것을 조심스럽게 꺼낸다. 심당길 선조가 쓰던 망건이란다. 이제는 많이 삭아서 펼치기도 어렵다며, 수선할 길이 없어 안타깝단다. 조상의 혼과 피땀이 배어있는 보물이라 어려울 때면 펴보고 마음을 다진다며 눈시울을 붉힌다. 이제는 이름만 세습할 뿐 한글도 말도 깡그리 잃어버린 일본인이지만 마음의 고향 남원은 잊지를 못한다 했다.

전시실로 다시 나와 도록을 한 권씩 사니 일일이 붓을 들어 서명을 해준다. '本是同根'이라고 쓰고, 본래 우리는 같은 뿌리라고 설명까지 해준다. 사쓰마 도기(薩摩燒)의 독특한 색깔인 검정색의 다기 한 벌을 기념으로 샀다. 그 잔을 바라보며 역사의 격랑 속에서 망향의 아픔을 삭이며 외롭게 살아온 조선 도공의 혼을 위로하고 정을 나누고 싶어진다.

마지막 밤을 보낼 호텔은 해수온천으로 유명하다 했고, 동행의 여류들은 쇼핑보다 더 좋다며 달뜬다. 수관도원을 나오자 다시 배를 타고 가고시마의 얼굴이라고 하는 사꾸라지마(櫻島)로 건너갔다. 며칠 전에 폭발한 화산은 잠잠해졌으나 나무 그늘의 흙은 까만 비단이라도 깔아놓은 것 같다.

차는 후루사도 관광호텔로 직행했다. 이름부터 잘 지었다. 후루사도(古里)는 고향을 의미한다. 포근한 고향의 추억을 떠올리게 하는데, 탕의 이름마저도 '안은탕(安隱の湯)'이다. 탈의실에

는 '따스한 평온은 누구라도 원하리/ 하루의 피로를 단숨에 털어버리니 더 없는 행복이네'란 시구까지 붙어 온갖 멋을 다 부렸다. 그러나 이 온천의 인기는 해변에다 만든 남녀 혼욕의 노천탕(龍神露天風呂)에 있다.

실내 대중탕을 나와 밖으로 간다. 20여 미터의 계단을 내려가면 바위로 둘러싼 웅덩이에 가 닿고, 수령 2백년이 넘는 보리수의 뿌리가 늘어진 굴 속으로 들어가면 불상까지 모시고 촛불을 밝혀놓았으니 그 분위기마저 사뭇 마음을 가라앉힌다. 시원한 바람을 들이키며 바다를 바라보노라면 흰옷을 걸친 선녀들이 내려온 것 같은 착각에 빠지기 마련이다. 저녁에는 포근하고 새벽에는 더 없이 상쾌하다. 시 한 수를 얻었다.

때 없이 연기 뿜는 남녘땅의 벚꽃섬에
검은 재 뒤덮여도 열탕은 솟구쳐서
붐비는 고향 여숙은 내 집인 양 아늑해.

안은탕 유황 물로 엉긴 땀 털어내고
바닷가 노천탕에 지친 몸 담그려니
갯바람 하 시원하여 온갖 티 다 날리네.

화산이 자주 터져도 손님들이 찾아드는 까닭을 알 만하다. 이제 돌아갈 일만 남았다. 해수탕의 꿈속에서 여독을 말끔히 풀어보리라.

고마운 사연

이병찬 선생님

보내주신 수필기행『발길 따라 물길 따라』잘 받았습니다. 우선 축하드립니다. 그리고 좋은 글 읽게 해 주시어 감사합니다. 제목이 시사하는 바와 같이 여유로운 풍류와 깊은 사색은 질감 있는 문학을 낳게 하였고, 그 문학을 마주하는 가슴엔 무언가 가슴을 뜨겁게 하고 있으니 이렇듯 기쁜 마음으로 인사를 드립니다.

「골짝의 메아리」란 작품에서 느낀 바지만 결코 외면할 수 없는 연세인데도 왕성한 열정으로 새로운 세계를 추구하는 뜻은 아름답기 그지없으며, 더구나 간과할 수 없는 정신은 87세까지 시조집 10권이란 의지는 후배의 응원이면서도 선생님의 심중에 끓고 있는 의지로 보여 한없이 부럽고 존경스럽습니다.

내내 건승하시고, 건필을 기원합니다. 잘 읽고, 또 한 번 읽을 작정입니다.

2012년 8월 10일 안재진 드림

들판을 가꾸러

네댓 권의 시집을 내어야 시인이 된다는 말에, 어느 세월에 쓸까 참으로 절망스러웠다. 하지만 어쩌랴. 가는 데까지 가보자며 숨 닿게 달려왔다. 두 권의 시집을 엮어내고 시조로 방향을 돌려 세 권째로 『푸른 동산』을 내놓는다.

멋에 겨워 열 올리며 치달은 여든 고갯길, 누구라 잘한다고 갈채를 보내는 이 없고, 또 스스로도 흡족할 리 없는데 노을녘은 그저 저물어만 간다.

바위를 굴려 올리는 시지포스의 그림자가 눈에 어린다. 무지개를 쫓는 소년이라면 격려와 갈채도 보낼 수 있으련만, 석양의 노옹에겐 걱정 반 연민 반의 시선만 와 꽂힐 뿐이다.

숨을 가다듬고 속도를 늦춘다. 내 마음의 고향을 찾아 발걸음을 돌려보련다. 흙으로 돌아서는 황토의 들판을 밟아보자. 꿈의 푸른 동산을 일구며 '여내울'의 노래까지 불러도 흉겹지 않을까.

마다 않고 등을 떠밀어주는 분들이 있어 흔쾌히 지켜보아 주리라 믿으니 즐겁고 기운이 솟는다.

귀농 원년의 길목에 세우는 이정표로 삼았으면 한다. 노욕이 되지 않도록 조심하며 신발 끈을 조여 맨다.

2013년 5월 이범찬

수련

둥근 잎 활짝 펴서
물 위에 넙죽 깔고

타는 볕 거센 바람
말없이 견뎌내며

구정물 몸으로 걸러
향긋하게 토하네.

흰 꽃잎 뾰족하게
하늘로 세워놓고

닫은 잎 다시 열고
귀한 님 기다린 듯

수줍어 소박한 눈빛
잊을 수는 없겠네.

고마운 사연

해암 선생님께

오랜만입니다. 지난번 잔치 초대장 받고도 못 갔습니다. 『푸른 동산』 잘 받았습니다.

법과출신이 시, 수필, 시조 등 젊어서부터 시작한 사람보다 월등하다고 저의 사무실에 오는 인사들에게 자랑하고 있습니다. 소생을 잊지 않고 기억하고 보내주신 시조집 잘 받고 읽었습니다. 『해동문학』은 83호가 9월 1일자로 나올 예정입니다. 어른께 감히 원고청탁은 못하겠고, 24~26p의 「수련」을 권두시란에 싣겠습니다. 허락하여 주시기 바랍니다.

한국의 석학이신 해암 선생님이 수필, 시, 시조를 모두 달관의 경지로 올려놓으심은 대단한 업적이십니다. 『해동문학』의 82호를 견본으로 보내 드립니다. 감사합니다. 시 「수련」 게재 허락하시는 걸로 알겠습니다.

2013. 6. 13 정광수 합장

어차피 가는 길을 ‖ 머리말

일그러진 자화상

언젠가 시화전을 보러 갔다. 문인들이 자기 얼굴을 그렸다. 나도 한 번 그려보려 했다. 그러나 그림을 배운 적이 없어 정물화나 사생화도 아니고 자신의 얼굴을 그리기란 참으로 어려웠다.

일찌감치 포기하고 글로나 내 모습을 그려보기로 했다. 밖으로 보이는 것, 안으로 숨어들어 내놓기에도 부끄러운 내 삶의 조각들을 모으면 일그러진 모습이나마 엉성하게 엮어지지 않을까 생각했다.

그나마 시간이 없다. 서녘 하늘은 붉어 가는데 갈 길은 구만리라. 특히 금년 같아서는 나날이 힘마저 부쳐 조급해지기만 한다. 급한 마음에 몇 편 안되는 글들을 숙성도 되기 전에 내어놓는다.

이곳저곳 기웃거리며 겪은 일들, 그 길 위에서 만난 사람들의 처지를 넉넉하게 배려하지 못한 아쉬움, 마음을 비운다며 훌훌 털어내지 못한 옹졸함, 끝내는 고향을 찾아들어 들풀과 벗하다 그 품에 안길 것이라는 뻔한 이치까지 새삼 뉘우치고 있다.

솜씨 없는 자화상이지만 그때마다 옆에서 지켜보며 함께 웃어 주신 분들의 애정과 정성이 있었기에 여기까지 달려왔다. 언제쯤 좀 더 진솔한 내 모습을 그려낼지 걱정만 앞선다. 신발 끈을 다시 조인다.

2014년 중추절에

이범찬

황혼주례

나이가 들면서 나는 생활지침으로 몇 가지를 정해놓고 실천하려 애쓴다. 첫째, 차는 적게 타고 많이 걷는다. 둘째, 밥은 좀 부족한 듯할 때 수저를 놓는다. 셋째, 경조사에는 열심히 참석하되 주례는 사양한다. 넷째, 말은 적게 하고 많이 듣는다와 같은 것들이다.

그런데 얼마 전에 3항의 본문에다 '그러나 황혼주례는 예외로 한다.'라고 단서를 붙이는 개정을 하지 않을 수가 없었다.

아마도 주례를 선 숫자는 수백 쌍이 될 것이다. 어쩌다 서른 살 이전 총각 시절부터 주례를 맡은 것이 대학생들과 평생을 지냈으니 제자들의 주례만 해도 헤아릴 수 없다. 그러니 주례의 달인쯤 되었다고나 할까.

근래에 와서 '이젠 졸업을 했다'고 사양하기로 한 데는 몇 가지 이유가 있다.

스스로 나이를 먹었다고 생각하거나 노부모를 모시고 있는 경우는 주례를 사양하는 것이 바람직하기 때문이다. 이웃에 사시던 같은 학과의 원로교수가 결혼식 날까지도 독감이 떨어지지 않아 본인들의 양해도 없이 내가 대리로 주례사를 하기도 했다. 지역 국회의원인 주례가 갑자기 못 오게 되어 하객으로 갔다가 그 자리에 서기도 했다. 그런 경우는 도와준 것이지만, 반대로 못할 일을 한 경우도 없지 않다. 제자의 주례를 마산에서 서기로 했는데, 아버지가 돌아가셨으니 어찌하랴. 변명의 사유는 돼도 그 제자를 떠올리면 평생 씻을 수 없는 죄책감마저 느낀다.

보다 더 중요한 이유로는 신랑 신부의 장래를 위해서 젊은 분들께 그 자리를 양보하자는 뜻이다. 가능한 한 본인들과 오래도록 유대관계를 유지하며 도와주고 돌봐줄 수 있는 사람과 인연을 맺는 것이 좋다고 생각해서이다.

내 경우는 법대 학장이셨던 고병국 선생님을 주례로 모셨다. 그 후 선생님께 평생 세배를 다니며 가까이 지냈다. 이화대학의 김옥길 총장을 찾아가서 추천을 해주신 덕분에 총장 인터뷰도 생략하고, 그도 학기가 끝나가는 11월 3일자로 취임발령을 받았던 것도 잊을 수 없는 일이다.

하나 더 이유를 내 세운다면, 결혼식장 분위기의 경박화이다. 주례사가 끝나면 흔히 사회자가 장난 비슷한 놀이를 하는 경우를 보게 된다. 하객들 앞에서 입맞춤을 하라, 구두에 술을 부어 들이켜라, 팔굽혀펴기를 열 번 이상 하라는 등 신랑 신부는 물론 하객들에 민망한 짓을 강요한다. 그것이 재미있다고 즐겨들 하니 도저히 참을 수가 없어 뛰쳐나오고 만다. 그래서 시종 엄숙한 분위기를 유지한다는 약속이 나의 주례 승낙의 조건이 된 셈이다.

지난여름의 일이다. 친목모임의 회장으로부터 어느 회원이 재혼을 하는데 가까운 사람들이 모인 곳에서 축사를 하는 것이 좋겠다기에 그만 승낙을 했다. 그 후 초혼인 신부를 위해 꼭 결혼식을 거행하겠으니 주례를 맡아달라는 것이 아닌가. 평생 해온 주례사의 틀을 바꾸지 않을 수 없었다.

대개 내 주례사는 축하의 인사말, 신랑신부의 소개, 인생선배로서의 당부, 백년해로의 기원으로 끝을 맺는다. 그러나 이번의 경우 신랑은 왕년에 전주이씨대동종약원의 청년이사로 명성을 날렸고, 사업에 성공하여 다방면으로 활약하는 양평의 유지인데다, 칠순을 넘겼으니 인생살이는 내가 되레 배워야 할 처지였다. 신부는 그보다 젊었으나, 오랫동안 교육과 사회활동에 헌신하여온 이천의 여류 명사이니 당부의 말이 어울리지 않을 것 같다. 고심 끝에 주례사의 핵인 당부 부분을 빼기로 했다.

그 대신 그들의 용단을 칭송하기로 했다. 젊은 사람들도 결혼을 늦추거나 독신생활을 즐기려는 것이 오늘의 사회풍조가 아닌가. 결혼을 해도 아기조차 낳을 생각을 않는 판국에, 황혼기에 동반자를 찾아 새 보금자리를 꾸민다니 그 용기와 현명함을 높이 평가하지 않을 수 없었다. 초고령화사회로 들어선 마당에, 앞으로 2, 30년의 노을녘을 얼마든지 화려하게 장식할 수도 있지 않겠는가 생각한다.

축하와 간절한 기원의 뜻을 담은 시조 한 편을 낭독하고 주례사를 맺고 말았다.

아늑한 오두막을 위하여
— 규일과 정애의 합례에 부쳐

묵은 신랑 젊은 신부 둥지를 새로 틀어
음양의 순리 따라 다른 세월 밝히려니
노을은 한껏 붉어서 황홀한 세상이라.

강 너머 일꾼에다 마파람의 손잡이
두 고장 소통하며 꿈일런 듯 몸 던지니
걸음도 한결 더 힘차 아뜩한 집 일으키리.

"감사합니다."

나의 맺음말이 떨어지자마자, 객석에서 누군가가 외쳤다.

"주례 따봉!!"

이어서 모두들 박수를 쳐대니 엄숙했던 분위기가 확 바뀌고 말았다. 새로운 활력을 찾아 오래오래 행복하기를 거듭 기원하며 식장을 나섰다. 하늘도 축복을 하는 양 한층 더 맑은 듯했다.

고마운 사연

이범찬 선생님

평안하신지요? 김난석 시인입니다.

선생님이 보내주신 『어차피 가는 길을』 잘 받아 읽었습니다. 고맙습니다.

지난번에 보내주신 책도 잘 받아 읽었습니다. 그땐 가만히 속으로 음미해보고 뵈올 때 인사 드려볼 뿐이었는데 이번엔 글월로 인사 올리게 되네요. 함께 어울린다면서 선생님의 분위기에 걸맞게 어울리지 못해 늘 부끄러운 마음뿐입니다.

선생님은 진정한 문사이십니다. 그런 모습이 평소의 몸가짐에서도, 또 글에서도 진하게 풍김을 느낍니다.

글을 오래 써온 사람이라는 이름 하나로 자신을 내세우는 것도 아니요, 글을 이용해 무엇을 바라거나 누구를 아래에 두려는 것도 아니요, 오롯이 자기 수양의 길을 가시는 모습이 하도 좋아보여 드린 말씀입니다. 또 그걸 닮으라고 목청을 높이는 것도 아닌, 그저 닮을 사람만 닮아보라고 넌지시 말씀하시는 소리가 들리는 듯해서 드린 말씀이기도 합니다. 평안하시고 또 평안하시기 바랍니다.

2014년 9월 26일 김난석 올림

바람 따라 구만리

바람 따라 달려온 긴 여정이다. 하나도 제대로 이루어 놓은 것이 없으니 칠푼이 인생이다. 열심히 달리면서도 '칠부능선까지만'으로 만족하자고 다짐을 했으니 누구를 탓할소냐.

귀농도 쉽지 않고, 귀촌의 꿈을 꾸면서 나 홀로 살아가는 궁리를 한다. 생각 끝에 평생 미루어 왔던 서예로 마음을 달래기로 했다. 을미년의 송천서회(松泉書會) 회원전에 주희의 권학문(勸學問) 시를 내건다. 그 덕에 주희를 찾아 무이산(武夷山)을 탐방했다.

주희는 무이구곡계(武夷九曲溪)를 거슬러 오르며 무이구곡가를 남겼지만, 옛님을 그리며 찾아든 나그네는 계곡의 풍광만 노래할 수는 없지 않은가.

이이(李珥)의 고산구곡가를 흉내 내어 해암도 무이구절가(武夷九絶歌)를 지어보았다. 책의 첫머리에 넣어 네 번째 시조집을 완성했다. 미처 숙성도 되지 않은 것들을 모아 세상에 내놓는 조급한 마음을 스스로 꾸짖으면서.

노을녘을 달리는 늦깎이를 지켜보며 도와준 주위 분들에게 고마움을 전하고 싶다. 다시 마음을 단속하며 신발 끈을 조여 맨다.

2015년 4월 1일 이범찬

겨울 나그네

서녘에 노을 짙어
지는 해 바빠지고

고향 찾는 철새들
그 울음도 처량하니

나도야
저물기 전에
봇짐 쌀까 하노라.

고마운 사연

이 선생님

보내주신 『바람 따라 구만리』 감사히 잘 받았습니다. 오랜만에 선생님을 만나 뵙는 것 같아 무척 반가웠지요. 그간 건강하게 지내셨는지요? 변함없이 늘 열심히 사시는 것 같아 부럽고 존경스럽습니다.

저는 날마다 첫 손자의 모습을 들여다보며 생명의 고귀함과 신비함을 배우고 깨달으며 지낸답니다.

시조 작품 하나하나를 읽으며 모시옷을 입으신 사진 속의 선생님 모습처럼 맑고 그윽한 멋을 느낍니다.

특별히 '가을밤의 출판기념회'는 어제 일처럼 감회가 깊군요. 작년 깜짝 출판기념회 때 인근 꽃집이 모두 문을 닫아 생화 대신 조화를 드려야 하는 민망함을 맛본 날이었지요. 그런데도 선생님께서는 조화를 생화로 여기시고 지하철에서 행여 꽃잎 하나라도 다칠까봐 노심초사하였던 마음을 수필 '옷을 벗은 장미'에서 엿보았더랬습니다. 크리스털 화병에 설탕물까지 준비하셨다는 부분에서는 터져 나오는 웃음과 함께 (선생님께서도 익히 알고 계실) 봉은사 판전 추사의 현판 글씨 '板殿(판전)'이란 두 글자가 떠올랐답니다. 추사 최고의 글씨로 평가되고 대교약졸(大

巧若拙)의 대명사로 회자되며 무구동진체(無垢童眞體)라 일컬어질 정도로 순진무구한 경지에서나 나올 수 있는 여덟 살 서동의 필체라면서요. 평소 선생님의 분위기나 삶의 모습이 마치 가을 하늘같이 청정무구한 소년을 닮으셨다고 생각했었는데, 한낱 조화를 살아있는 생화로 여기시는 선생님의 마음의 눈이 참 인상 깊었었습니다. 그러한 마음으로 세상을 살아가시는 선생님의 삶의 모습이 '판전(板殿)' 글씨체와 꼭 닮았다고 생각했고요. 그래서 선생님을 움직이는 '판전'글씨라고 나름 별호를 붙여보았지요. ㅎㅎㅎ 암튼, 그 수필로 인해 저는 선생님을 생각하면 '판전'글씨를 함께 떠올리는 계기가 되었답니다. ㅎㅎㅎ

아름다운 계절, 건강하시고 좋은 작품 세상에 많이 선사해 주시길 빌며 보내주신 귀한 선물에 다시 한 번 감사드립니다.

2015년 12월 24일 민아리 드림

낯선 땅을 찾아 ‖ 머리말

발자취를 돌아보며

숨차게 달려온 길이다. 노을녘의 마루턱에서 한숨 돌리며 지나온 발걸음을 되새겨본다. 굽이굽이 능선길 그 골짝마다 이야기가 넘쳐난다. 낯선 곳이라면 오지라도 마다 않고 쫓아다녔다.

새롭고 다른 풍물과 감흥을 잡아두려고 숱한 사진들을 찍어댔으나 사진만으로는 기억을 되살리기에 한계를 느꼈다. 보다 감성 어린 기록을 남기자고 글을 쓰기 시작했다.

이제는 발걸음이 무거워 낯선 땅조차 찾아 들기가 힘에 겹다. 그동안 여러 수필집에 담아놓은 글들도 한데 모아 묶어 내기로 했다. 글의 내용이 세월 따라 빛이 바랜 것들은 다시 손질을 하고, 여태 발표하지 못한 최근의 이야기도 몇 편 함께 싣는다.

사진만을 찍어오던 젊은 날에 찾아갔던 미국이나 유럽 여러 나라에 관해서는 아름다운 추억들을 고르게 남길 수 없으니 아쉽기 그지없다. 그러니 어쩌랴.

책을 보낼 때마다 정성어린 사연을 보내주신 독자들과 많은 격려로 도움을 주신 상남 선생과 소소리에도 고마운 뜻을 표한다.

2016년 1월 이범찬

KKH를 달리다

환상적인 샹글라 패스

험준한 샹글라 패스(Shangla Pass)를 넘으면 베샴(Besham)에서 드디어 카라코람 하이웨이(Karakoram Highway, K K H)를 만나게 된다. 다른 고갯길은 황량한 돌산 속을 지나는 것이나, 샹글라 패스만은 수목이 우거진 절벽 산을 계속 바라보며 올라간다. 구름에 가린 정상 가까이까지도 집들이 드문드문 들어서 있다. 그 절벽 위에 어떻게 집을 지었으며, 어떻게 살아갈 수 있는지 상상도 할 수 없건만, 고산족들은 세속을 피해서 점점 높이 옮겨간단다. 높은 곳의 집일 수록 값이 나간다니 가치관이 전혀 다른 족속이다. 산짐승은 분명 아니고 보통사람도 아니면, 그들이야말로 현대판 신선들인가 보다.

샹글라 패스를 넘어 협곡을 흐르는 샹글라강을 따라 베샴까지 내려오는 협곡 길도 절경의 연속이다. 카라코람 하이웨이가 황량한 산악관광의 백미라 하면, 샹글라 패스는 푸른 산악관광의 백미라 할 것이다. 베샴에서 점심을 먹고, 오후에는 북쪽으로 인더스 강 줄기를 따라 카라코람 하이웨이를 달렸다.

저녁때 황량한 산악사막의 한가운데 있는 칠라스(Chilas)에 도착하여 샹그릴라(Shangrila) 호텔에서 카라코람 하이웨이의 첫 밤을 보냈다.

호텔 앞에는 인더스 강물이 도도히 흐르고 강 건너편에는 금방이라도 부서져 내릴 듯한 절벽이 시야를 가린다. 호텔이라지만 규모가 큰 토담집이다. 방문에 걸린 주먹만한 놋쇠 자물통을 투박한 열쇠로 열고 들어서니, 침대도, 탁자와 의자도 흙과 돌로 만들었고, 바닥은 짚을 꼬아 깔았으며, 대형 선풍기가 천장과 벽에서 요란하게 돌아간다.

처음에는 토속적인 운치를 느꼈다. 그러나 하루 종일 달궈진 벽이 새벽이 되도록 식지를 않고 열기를 뿜어대니, 화장실의 물을 몇 번이나 뿌려대도 금방 마르고 식을 줄을 모른다. 밤새 소방훈련을 하다 지새고 말았다. 내일의 고산증세에 앞서 고열증세에 시달리는 잊지 못할 밤이었으니 카라코람 하이웨이의 종주는 첫 밤부터 이렇게 험난했다.

카라코람의 단상

파키스탄의 북부 산악지대는 지구촌에서 가장 높고 험난한

지역이다. 서쪽의 힌두쿠쉬(Hindukush)산맥, 북쪽의 카라코람산맥과 동쪽의 히말라야(Himalaya)산맥이 한군데 모여 있고, 8,611미터의 K2를 비롯해서 7,500미터를 넘는 고봉만도 19개가 이곳에 옹기종기 모여 있는 지대이니, 이 험산 준령을 넘으며 하이웨이를 건설한다는 것은 그 발상부터가 자연에 대한 인간의 오만한 도전이리라. 그러기에 이 도로의 개설은 처음부터 숱한 반대와 비난을 받았고, 주변국의 끈질긴 방해공작까지도 극복해야 했다.

카라코람 하이웨이는 파키스탄의 수도 이슬라마바드에서 265킬로 지점에 있는 타코드(Thakod)로부터 시작하여 국경지대의 쿤저랍 패스(Khunjerab Pass: 해발 4,934m)를 넘어 중국의 국경도시 탁스쿠르간에 이르는 산악도로(약 655㎞)이다. 불가능에 가까운 이 대역사를 민주적인 의견수렴을 끝내고 어느 세월에 추진할 수 있단 말인가. 아유브 칸(Ayub Khan) 장군의 용단이 중국의 협력을 얻어내어 20년에 걸친 난공사를 단행한 것이란다. 두 나라의 군대가 동원되었으며, 수천 명의 인명피해를 감수해야 했던 세기의 난공사였다.

경부고속도로를 착공할 때의 생각이 났다. 전문가란 사람들, 지식인, 후에 대통령이 된 정치인들조차 기를 쓰고 반대하지 않았던가.

훈자강을 거슬러 올라가며

칠라스를 출발하자 산길은 점점 고도를 높여간다. 길가의 바위나 절벽에 별자리, 불상 등을 새겨 놓은 암각화가 보는 이의 가슴을 아리게 한다. 아마도 당나귀나 낙타 등에 목숨을 걸고 수만리 험로를 떠나야 했던 대상이나 순례자들은 고비 고비마다 바위 돌을 쪼며 마음을 달래고 다짐했으리라. 절벽 길의 낙석으로부터, 계곡의 급류로부터의 안전을 기원하고, 급습을 해오는 야수나 산적들의 공격으로부터 보호받기를 간절히 빌었으리라.

멀리 낭가 파르밧(Nanga Parbad: 8,127m)의 설봉을 바라보며 인더스 강의 탁류를 거슬러 달리기를 4시간여 만에 아름다운 산간 도시 길기트(Gilgit)에 도착, 점심과 거리 관광을 마치고 다시 훈자(Hunza)강을 따라 장장 190킬로의 훈자밸리를 거슬러 올라간다. 라카포쉬(Rakaposhi: 7,788m)를 비롯하여 울타르(Ultar: 7,388m) 등 카라코람의 영산들이 봉우리 봉우리마다 석양에 눈부시게 빛나는 만년설을 뽐내고 있으니 훈자가 아니고는 맛볼 수 없는 천혜의 절경이다.

차는 어느새 훈자밸리의 중턱쯤에 있는 훈자 왕국의 수도였던 카라마바드(Karamabad)에 이르러, 경치 좋은 언덕 위의 Baltit Inn에 여장을 풀었다. 이곳은 장수마을로 이름난 명승지인데, 여유롭게 2박을 하며 주위의 옵션 관광을 즐겼다.

빨간 짚차에 3명씩 분승하여 울타르 고봉의 뒤쪽 산속에 있는 Borith Lake란 샘물 호수를 관광했다. 도중에 굴미트(Gulmit)의 Silk Route Lodge에서 전면에 바라보이던 산봉우리들(Pasu Peak)은 너무도 아름다워 잊을 수가 없다. 카라코람 관광의 백미다. 어찌 현실 세계에 겸제(謙齋) 정선(鄭歚)의 금강전도(金剛全圖)보다도 더 뾰족뾰족한 봉우리들이 한군데 모여 솟아날 수가 있었을까. 역시 조물주의 솜씨는 정선의 솜씨를 훨씬 능가한다.

다음날 아침 그 봉우리들 바로 밑을 돌아서 가며 올려다보게 되니, 그 감흥은 형언할 길이 없다.

훈자 마을을 떠나 파슈(Pasu) 빙하와 아름다운 카라코람 계곡을 감상하며 달려온 버스는 파키스탄 국경마을 소스트(Sost)에서 되돌아간다. 우리는 출국절차를 마치고, 국경만을 넘나드는 차량으로 환승을 했다. 쿤저랍 고개를 넘기까지 쉴만한 곳이 없다고 하여, 좀 이른 시각이었지만 훈자강변의 큰 버드나무 그늘에서 도시락을 먹었다. 그러나 도중에 길이 유실되어 1시간쯤은 걸어가야 한다는 소식에 걱정 반 설렘 반으로 다시 차에 올라야 했다.

급류에 유실된 구간은 약 500미터쯤 되는데, 20여일 만에 겨우 임시 복구가 되어 차량만이 물에 잠긴 돌밭 길을 조심조심 건너가고 있지 않은가. 그곳을 발을 벗고 1시간쯤 걸어야 할 뻔했다고 생각하니, 우리는 참으로 억세게 운 좋은 팀이다. 어느 순간에 굴러 내리는 바위에 길이 막힐지, 잘려 나갈지, 100퍼센트 위험에 노출된 이름만의 하이웨이이다 보니, 알고는 못 갈 쿤저랍 패스가 아니던가.

중국 땅에 들어서니

쿤저랍 패스를 벗어나면 곧 중국의 국경마을 탁스쿠르간에 도착, 입국절차를 밟으며 안도의 한숨을 쉬게 된다. 중국 땅임을 쉽게 알 수 있다. 초록 제복의 젊은 군인이 나타나고, 갑자기 대지가 달라진다. 광활한 들과 산들이 시원하게 뻗어가고, 그 사이로 깨끗이 포장되고 황색 중앙선마저 선명하게 그어진 아스팔트 도로가 시야에 들어온다. 국력의 차이를 실감하게 된다. 그 옛날 중국이 영토를 확장해 가다가 쓸모없는 고봉준령에 막혀서 버려진 곳이 파키스탄의 몫이 된 것 같은 느낌이다.

다음 날엔 카라쿨리 호수(해발 3,600m)를 들러 유목민이 제공하는 점심을 맛보고, 여유롭게 위그르족의 실질적 수도라는 카슈카르에서 여장을 풀고 시내관광을 했다.

재래시장에 들르니, 우리가 구경거리가 된 느낌이다. 그들에게는 오래간만에 보는 여성 관광단일 게다. 이슬람 세계에서는 대낮에 나다니는 여성을 보기 드물고, 더구나 얼굴을 가리는데, 화려한 옷차림의 훤한 얼굴에 팔까지 걷어붙인 아줌마들이 떼를 지어 활보하니 시선이 끌릴 수밖에 없으렷다.

넋을 잃고 바라보던 어린 소년이 계란 5개를 사가지고 가던 비닐봉지를 놓치고 말았다. 얼굴빛이 사색이 되어 안 깨진 것 한 개를 꺼내들고 발걸음을 옮기려는데, 어느 아줌마가 얼른 4개를 사서 쥐어주는 것이 아닌가. 엄마에게 혼이 날 어린 것을 살려줬다. 원인제공을 했으니 그럴 법도 하다지만, 그녀석의 눈에는 천사같이 보였으리라.

코리아 아줌마들의 따뜻한 마음씨를 평생 잊지 못하는 한, 그는 자라서 친한파(親韓派) 위그르인이 될 것이라 믿어본다.

고마운 사연

산만하옵고

보내어주신 기행문집 『낯선 땅을 찾아』를 잘 받았습니다. 뜻있게 열심히 살아가시는 모습, 대견하고 감사할 일입니다. 축하합니다. 문학이란, "삶이 나를 어떻게 있게 했는가? 하는 물음에 대답하는 고심"의 결과가 아니겠습니까!

앞으로 더욱 건안 하시고, 좋은 작품 많이 쓰셔서, 이 어둡고 캄캄한 세상을 환히 밝혀주시길 바랍니다. 귀한 책을 받은 인사말로 대신 합니다.

추이: 대단한 노작입니다. 세계의 구석구석을 찾아 나서는 결의도 대단하십니다만 이 교수님의 건강이 부럽습니다. 병인년에는 더욱 청안하시고, 보시는 일 일일신(日日新) 우일신(又日新) 하시길 기원합니다.

2016년 1월 22일 우탁 강범우

땀과 사랑을 모아

힘겨웠지만 즐거운 길을 숨 가쁘게 달려왔다. 내 나름의 3모작 인생길이다. 문단 10년의 발자취를 남겨두고 싶은 욕심에서 부질없는 짓을 저지른다.

애써 꽂아놓은 이정표가 사그라지지 않도록, 남겨놓은 발자국이 지워지지 않도록 색다른 문집을 엮자니 걱정이 앞선다.

고비마다 격려하고 부추겨준 독자들의 뜨거운 사랑의 사연을 흐지부지 흐트러지지 않도록 한데 묶어 그 고마움에 보답하고 싶다. 다만 진솔하게 보내준 사연을 본인들의 승낙도 없이 내어놓자니 걱정스럽기도 하다. 너른 양해를 바란다.

말로 전해온 격려와 성원의 뜻은 기억할 수 없어 함께 기록으로 남길 수 없으니 아쉽기 이를 데 없다. 한 편 나는 수없이 많은 책을 받으면서도 그 고마움의 뜻을 전해 올리지 못한 게으름을 탓하며, 그 문우들에 대한 사과와 면죄부의 뜻도 곁들이고 싶다.

끝으로 내 뜻을 살피고 정성껏 협조해준 성춘복, 우희정 선생님께 감사의 뜻을 올린다.

2016년 4월 이범찬

고마운 사연

이범찬 시인님

벌써 6월입니다. 봄이 없이 여름으로 들어왔네요. 편지모음 형식의 『늦깎이 글집의 자국들』에서 새로운 시도를 봅니다. 저에게 많은 것을 깨우치게 합니다. 그간 내신 수필집 세 권, 시집 두 권, 시조집 네 권, 기행문집 세 권에 대한 독자들의 반응들을 모아 하나의 책으로 엮어내셨습니다.

아주 의미 있는 시도라고 봅니다. 아무나 할 수 있는 일, 아니 아무나 할 수 없는 일이겠지요. 한 장 한 장 넘기면서 살아오신 편린을 되새겨 봅니다. 멋진 삶을 살고 계십니다. 존경스럽습니다.

무려 열두 권의 문학 저서를 내셨습니다. 한 권 한 권을 엮어내실 때마다 감당해내셨을 고뇌를 생각해 봅니다. 저는 시집 네 권, 수필집 일곱 권을 냈는데 저를 한참 앞서갑니다. 제 글도 여섯 편이나 들어 있어 더욱 감동입니다.

흔히 창작을 출산에 비유하지 않아요. 남자들이 출산의 고통에 대해 무어 하나라도 알겠습니까마는 그만큼 어렵다는 일이겠지요. 눈물로 바위를 뚫는 작업에 비유하기도 하고요. 분만의 고통을 이겨낸 사람만이 느끼는 희열을 시인님은 너무나도 많이 경험하셨습니다.

문단 10년의 발자취를 남겨두고 싶은 욕심에서 부질없는 짓을 저질렀다고 하셨습니다마는 정말로 아무나 할 수 없는 일이지요. 고비마다 격려하고 부추겨 준 독자들의 뜨거운 사랑의 사연을 흐지부지 흐트러지지 않도록 한데 묶어 그 고마움에 보답하고 싶다 하셨는데 정말 의미 있는 작업이었다는 말씀을 다시 드립니다. 그렇지요. 말로 전해 온 격려와 성원의 뜻은 기억할 수 없어 함께 기록으로 남길 수 없으니 아쉽기 그지없을 터이지요.

저는 오늘 아주 의미 있는 책을 받고 정말 많은 깨우침으로 인생을 되돌아봅니다. 중간 중간에 대표작을 삽입하여 더욱 큰 인상을 받게 해 주심에 감사드립니다. 계속 좋은 작품으로 독자들의 메마른 가슴을 촉촉하게 적셔주시기를 기대하면서 오늘은 줄일까 합니다.

고맙습니다. 감사합니다.

이 편지글은 곁봉 제 카페 편지함에 탑재되어 있습니다.

2016. 5. 31. 대전에서 문희봉 드림

들판을 달리며 ‖ 머리말

더 저물기 전에

서쪽 하늘을 붉게 물들인 그 노을을 누가 아름답다 했던가. 넓은 들판 길을 숨차게 달려온 나그네는 지팡이에 몸을 의지하고 무거운 다리를 끌며 길을 재촉한다. 아무리 가슴을 태워도 끝도 모르는 여정인 것을, 더 저물기 전에 마음을 다스리고 주변을 정리하려는 그 길손의 처지가 오늘의 내 모습이라 생각하니 어쩐지 서글픔이 노을을 가린다.

어차피 가야 할 길이거니 즐겁게 받아들이자고 다짐하며 발걸음을 옮긴다. 그 발자국이나마 남겨두고 싶어 굽이마다 보고 느낀 것을 새겨본다. 남에게 보여주려는 것이 아니라 내 마음을 다독이려는 몸부림이다. 현란한 미사여구나 장황한 변명도 부질없는 것, 진솔하게 들어내 보려고 하지만 부끄러움만 남는다. 언젠가 적어본 시조「겨울 나그네」가 다시 떠오른다.

서녘에 노을 짙어
지는 해 바빠지고

고향 찾는 철새들
그 울음도 처량하니
나도야 저물기 전에 봇짐 쌀까 하노라.

지치고 힘겨울 때마다 격려해주고 이끌어준 문우들의 따신 정이 있어 이나마 세상에 남기고 가게 되었다. 마음 깊이 고마운 뜻을 전하고 싶다.

2017년 봄 이범찬

장닭의 울음소리

밤을 새워 울어대던 개구리가 조용해지면 기다렸다는 듯이 장닭이 새벽을 깨운다. 건넛마을에서 울려오는 개 짖는 소리며 대꾸라도 하듯 목청을 돋우는 이 장닭의 울음소리는 시골 생활을 한껏 정겹게 한다. '꼬꼬오' 소리는 새 아침에 생기를 불어 넣는 활력소다. 가까이서 들려오는 저 소리가 오늘은 유난히 힘차게 들린다. 내 집에 입양해온 새 가족의 기상나팔이니 더욱 정겹고 대견스럽기만 하다.

미루어오던 시골 농장의 개집과 닭장이 드디어 준공되었다. 목수까지 동원되었으니 가히 사성 호텔급이라 할까. 이를 본 아들의 친구가 자기 집의 토종닭 세 마리를 잡아다 풀어놓았다. 암탉 두 마리와 수탉 한 마리다.

호사다마라 했던가. 35도를 넘나드는 삼복 찜통더위에 못 견디고 암놈 하나가 기절을 했다. 얼마 후 깨어나긴 했으나 하루를 못 넘기고 영 눈을 감고 말았다. 아깝다기보다 불쌍하다. 그러나 어쩌랴.

문제는 그 사후처리다. 소나무 밑에 묻어 수목장이라도 해줄 것인지, 복중이니 얼결에 보신이라도 해야 할 것인지. 죽은 놈이라 좀 찜찜하기는 하나, 병사한 것은 아니니 오히려 먹어버리는 것이 그놈에 대한 예우일 것도 같아 결단을 내렸다.

시간이 가기 전에 빨리 물을 끓이라고 했다. 난처한 것은 그 다음의 조치다. 어릴 적 충격에 평생 닭고기를 못 먹는 아들은 거들떠보지도 않고, 공주마마 같은 며느리는 그저 물만 끓여다 놓고는 도망친다. 닭을 사다 요리를 잘 해주던 마누라도 팔 걷고 덤벼들 생각을 않으니 이를 어찌 한담. 사령관인 내가 솔선수범하는 수밖에.

펄펄 끓인 물에 튀겨 털만 겨우 뽑았지만 난제는 이제부터가 아닌가. 해부학 학점도 따고 실습도 했을 전문의인 마누라는 구경만 한다. 도리 없이 집도도 백발의 법학교수인 내 몫이 되고 말았다. 어릴 때 견학을 한 체험을 더듬어 처음으로 칼을 잡아본다. 손이 떨리니 식칼을 목 줄기에 올려놓고 망치로 내려친다. 몇 번 시도 끝에 성공을 했으니, 닭다리도 그렇게 잘라냈다.

문득 어머니 생각이 난다. 더위가 찾아들면 한 해도 빠짐없이 닭곰탕을 해주셨다. 기르던 닭을 붙잡아 손수 목을 비틀어

조른다. 튀기고, 배를 갈라, 내장까지 알뜰하게 처리해 아들을 먹였다. 쫄깃쫄깃한 똥집의 그 맛, 오물을 깨끗이 씻어내어 요리했던 창자의 식감을 지금도 잊을 수가 없다.

나는 내장을 몽땅 들어냈다. 몇 개나 달린 알의 노른자마저도 훑어내 버렸으니, 저세상의 어머님이 웃으실까 아니면 역정을 내실까, 궁금해진다.

다음날 나머지 암탉마저 큼직한 알을 하나 낳아놓고 더위를 못 이겨 또 기절해 뻗어버렸다. 어디 더위뿐이랴. 등판의 털이 몽땅 뽑혔으니 얼마나 아팠으랴. 기운이 넘쳐나는 수놈이 때 없이 올라타고 쪼아댄 탓이다. 누구를 탓할 일이 아니다. 평균 열 놈쯤 거느려야 직성이 풀린다는데 겨우 두세 마리였으니.

그놈도 이제는 졸지에 홀아비가 되었다. 밤낮없이 울어댄다. 분노의 폭발이요 고독의 절규다.

조용한 농장의 열기를 뒤흔들며 또 울려 퍼진다. 홀아비 장닭의 호소가 한층 더 애절하다.

> 홀아비 된 장닭은 목 놓아 울어대고
> 햇볕은 소리 없이 텃밭을 달구는데
> 처절한 저 매미소리 내 가슴을 태우네.

고마운 사연

수필집 『들판을 달리며』 출간을 축하합니다.

늦게 문학의 길에 들어오셨음에도 시, 시조, 수필을 왕성하게 발표하시어 열네 번째 작품집을 발간하시는 선생님을 존경합니다. 그리고 부러워합니다.

법학교수로서 은퇴하시고, 글 쓰는 일에 매진하시여 문학을 첫걸음으로 행한 자보다 더 좋은 작품으로 창작하시는 모습이 어쩌면 본래부터 문학적인 기질을 타고 난 분이 아닌가 생각됩니다. 그런 소질에 열정적인 노력을 더해서, 선생님이 보는 것, 가는 곳, 참가하는 것 모두가 작품으로 형상화되어 쏟아지나 봅니다.

노년의 삶을 문학의 길에서 기쁘게, 힘차게, 보람 있게 보내시는 선생님의 생활을 이번 『들판을 달리며』에서 확연히 볼 수 있었습니다. 부지런하신데 재능도 겸비하셔서 느끼고 뜻한 바를 모두 글로 풀어내니, 선생님은 얼마나 행복하십니까.

이번 책을 읽으면서 제 삶을 돌아보며, 지금도 열심히 뛰시며 다방면으로 참여하시는 바를 글로 표현하시는 선생님의 다음 작품을 기대합니다.

앞으로도 풍요로운 삶으로 계속 건강하시기를 기원합니다.

2017년 4월 2일 윤수영 드림

가슴으로 본 산야

숨 가쁘게 달려온 삶의 역정(歷程)이다. 특히 정년퇴직을 하면서 지구촌 구석구석을 찾아들며 낯선 문화와 아름다운 풍광을 즐기기에 열을 올렸다. 눈에 비친 영상을 산문으로 엮어 본 것이 『낯선 땅을 찾아서』라면, 가슴으로 느낀 물정을 운문으로 담아놓은 것이 『길손의 노래』라 하겠다.

그동안 여기저기 흩어져 있던 시조와 최근에 쓴 작품들을 한데 모아 묶었다. 일곱 번째의 닭해를 맞아 또 하나의 이정표를 꽂아보려고 시도한 나그네의 몸부림이라고나 할까.

시조를 쓰면서 우리 노래의 율격과 정형의 맛을 알게 되었다. 절제된 표현으로 엄격한 틀에 맞추려고 애를 썼다. 옛 선비들이 남긴 시조를 본받아 한 연이 45자를 넘지 않도록 써보았다.

고비마다 격려해주시고 지도해주신 상남 선생님 내외분과 문우들에게 고마운 뜻을 올린다.

2017년 여름 저자 이범찬

백두산에 올라

자갈밭 기어올라 험준한 외륜의 길
개감채 흰 꽃잎이 산비탈을 뒤덮어
꽃대를 밟고 가려니 가슴 아려 어쩌랴.

먹구름 걷혀 가니 물결은 잔잔하고
솟구친 봉우리는 물 밑에 병풍 세워
태고의 깊은 속내를 헤아릴 길 없어라.

장군봉 거느렸던 조상의 얼 끝이 없고
말들의 발굽소리 벌판에 그득하니
영지(靈池)는 말이 없어도 통일의 꿈 넘치네.

고마운 사연

선생님께 글 드립니다.

그간, 선생님의 건강과 건승을 빕니다. 선생님의 근황이 궁금하던 차에 반가운 소식을 받았습니다. 그 소식은 시조집 『길손의 노래』이었습니다.

한마디로 소생의 감상… 시조집을 읽고 선생님께서는 대단한 수필가로서 뿐만 아니라 그리고 정말 "놀랍다"는 그 한마디 이외에는 그 어떤 말로써 표현할 수 없는, 시조시인임을 소인이 느끼고, 한마디로 새로이 선생님의 필력을 발견할 수 있었다는 사실입니다.

한 작품, 한 작품마다 수작이라 아니할 수 없으며, 그 시조의 참맛과 율격에서 가져다주는, 그 본래의 가락이 가히 일품입니다.

지금, 시조시단의 어떤 시조시인도 선생님의 이 시조작품과 비견하면, 아마 모르긴 해도, 그들 역시 감탄과 찬사를 멈추지 못할 것이라 분명 사료합니다.

선생님께서는 참으로 복이 많은 분입니다. 수필작품도 발간마다 세인의 호평을 받아왔으며, 이번에는 기행시조집을 상재함에 있어서도, 실로 그 작품마다의 수준은 참으로 우리 시조시단의 대표작의 한자리를 차지한다 해도, 그리 틀리거나, 논란은 있을 수 없을 것이라 생각합니다.

거듭, 시조집 상재를 진심으로 축하합니다. 본인도 지난 20대에는 김천(金泉)에서의 생활 중 시조시인 '백수 정완영' 선생님을 모시고 시조쓰기에도 몰두한 바 있으며, 그 이후 상경 후에도 지금 내로라하는 시조시인의 곁에서 시조에 심취한 적이 있습니다.

그때의 생각 때문인지… 더욱이 선생님의 기행시조 작품들이 귀에 속속 들어오고, 두고두고 읽고 싶은 생각이 듭니다.

선생님께서, 늘 잊지 않고 귀한 저서를 소생에게까지 보내주신 점, 또한 고맙고 감사하게 생각합니다.

늘, 선생님의 문운과 건필을 빌어마지 않습니다. 점점 무더워지는 날씨에 선생님의 건강을 빕니다. 내내 안녕히 계십시오.

2017. 6. 20. 박춘근 드림

다시 사연을 모아

문단 10년의 발자취를 마무리해보자고 고심 끝에 저지른 것이 「늦깎이 글집의 자국들」이었다. 이 편지모음이 색다른 시도라고 격려해주시는 분들이 있어 힘과 자신을 얻는다.

붉은 노을이 사라지기 전에 벌려놓은 것이나마 정리해보려고 새 작품집들을 엮어놓고 보니, 줄기차게 보내오는 격려의 뜻에 보답할 길이 없다. 그 귀중한 사연들을 그대로 버려두고 갈 수도 없다. 그렇다고 책 한 권의 분량이 되지도 못한다. 생각 끝에 고마운 사연들을 한데 모아 덧붙이기로 했다. 『내 글집의 자국들』은 『늦깎이 글집의 자국들』의 증보판이나 완결판으로 삼고 싶다.

나는 한마디 대꾸도 못하는데, 정성어린 사연을 보내주거나 지접 격려의 말을 아끼지 않는 문우들에게 마음 깊이 고마운 뜻을 올린다. 또한 까다로운 작업을 정성껏 맡아주신 소소리 여러 분에게도 감사의 뜻을 전하고 싶다.

2017년 겨울 이범찬

고마운 사연

해암 이범찬 선생님께

그간도 청안하시리라 믿습니다. 이번 상재하신 편저『내 글집의 자국들』보내주심, 감사합니다. 고맙습니다. 근 사백 오십 면에 이르는 큰 책을 이루셨습니다. ~ 찾아보기 색인까지 덧붙여 있어 여간 편리하지 않습니다. 편저 상재를 거듭 축하하오며, 내내 강강하시기 빕니다.

2017. 9. 25. 최승범 절

옛사람을 만나러

삼월도 중턱을 넘어서니 서울까지 꽃소식이 올라왔다. 사월의 송천서회 회원전에 내어 걸 작품까지 마감하고 나니 더없이 마음이 홀가분하다. 주희의 「권학문(勸學問)」 시를 수없이 쓰다 보면 그가 살던 고장마저 궁금해진다. 때마침 여행사로부터 중국 무이산(武夷山)의 동영상을 보내왔다. 참으로 절경이다.

조선의 유학자들이 그렇게도 가보고 싶어 했던 수렴동(水簾洞)의 무릉도원이 무이산에 있다. 율곡이 흉내낸 '고산구곡가'의 원본 격인 주희의 '무이구곡가'도 바로 이곳의 풍광을 읊은 것이다. 그러니 무이산은 차(茶)의 성지로도 알려졌지만, 바로 유교의 성지가 아닌가. 작년부터 힘든 해외여행은 자제하기로 했으나 파계승이 되는 수밖에. 그저 가슴이 벅차오를 뿐이다.

샤먼(厦門)공항에서 국내선으로 바꿔 타니 40분 만에 무이산 공항에 내려준다. 편하게 와 편하게 푹 쉬었다. 이른 아침을 마치자 총길이 9.5킬로의 무이구곡계(武夷九曲溪)부터 시작했다.

주희가 거슬러 오르며 노래한 강을 우리는 거꾸로 내려오며 구곡을 감상한다. 육인용 대나무 뗏목(주파이, 竹排)에 몸을 싣고 물길 따라 유유히 흐른다. 사공의 구성진 뱃노래가 울려오는 듯 태고의 정취에 흠뻑 젖어든다. 계곡 속의 강이니 그리 넓지도 깊지도 않다. 옥빛 청정수에 좌우 전후방이 기암절벽으로 찼으니 바위숲을 헤집으며 굽이굽이 돌아간다. 탄성이 절로 터진다.

얕은 강 맑은 물살 주파이(竹排)에 몸을 싣고
여울목 자갈밭에 삿대 찌는 처녀 사공
구성진 노랫가락이 가슴 깊이 적시네.

태산의 웅장함, 화산의 험준함, 황산의 기이함, 계림의 수려함을 두루 갖췄다는 무이산이 아닌가. 옹기종기 솟은 봉우리가 서른여섯이나 되며, 99개의 기암괴석이 구석구석 박혀 있으니, 중국에서 처음으로 지정된 유네스코의 세계자연유산임이 실감이 난다.

구곡계의 중심 오곡(五曲)에 이르면 북쪽에는 은병봉(隱屛峰)이 우뚝 하고, 그 아래 주자가 세운 무이정사가 있다.

입구에서 주자의 조각상이 우리를 반긴다. '武夷精舍(무이정사)'란 네 글자가 걸린 큰 문을 지나 얼마쯤 가면 서원의 낡은

건물이 시선을 끈다. 여러 방 중에서도 특히 강의실이 흥미롭다. 중앙에 스승이 서고 앞에는 좌우로 여러 제자들의 상(像)이 놓였다. 모두 의자에 앉아 있으니, 아무래도 상징적인 조형물일 뿐 그 옛날에 의자에 앉았을 것 같지는 않다.

아무튼 우리는 제자 상 옆 의자에 걸터앉고 스승상 옆에는 이철구 사장이 서서 강론을 편다. 주자의 심오한 사상은 아니지만 그의 생애와 업적을 듣고 그 위대함을 새삼 느꼈다. 무이산에 찾아들어 사서(四書)의 집주(集注)를 저술하면서 성리학의 체계를 확립했다. 성리학은 조선의 통치철학으로 전해져 오늘까지 이르렀으니 그 어느 성인군자보다도 큰 영향을 끼친 셈이다. 옷깃을 여미며 내가 쓴 「권학문」을 되뇌어 보았다.

스승 중 으뜸(萬世宗師)이라 제자들 모여들고
우주 원리 세상 이치 써내고 가르치니
뉘라서 그 깊은 철학 거스를 수 있으랴.

나는 수렴동에 제일 마음이 끌린다. 수직 절벽에서 물이 갈기갈기 흩어져 떨어질 때는 마치 물로 발을 친 것 같다고 하여 붙은 이름이다. 그 까마득한 절벽 아래 놓인 일자집이 삼현사(三賢祠)다. 주자의 스승인 유자휘(劉子翬)가 죽자 그를 모시는 사당에 주자는 百世如見(백세여견, 영원히 뵙는 듯하다)이란 현판을 써 걸었다. 그 후 유자의 장자인 유보(劉甫)와 주자까지 함께 그 시대의 삼현을 모시게 되어 오늘의 삼현사가 되었다.

수렴동 사당 벽에 '백세여견' 써 붙이니
세 스승 함께 모셔 언제나 뵐 수 있고
내 생각 막힐 때마다 수렴청정(水簾聽政) 청하리.

금년에는 수렴동에도 비가 적게 와서, 비류직하삼천척(飛流直下三千尺)이란 글귀가 무색하게, 백여 미터 높은 곳에서 쏟아지는 물의 발을 못 보는 것이 아쉬움으로 남을 뿐이다.

고마운 사연

이범찬 교수님

수필집 『발자국을 돌아보며』를 잘 받았습니다. 어떤 장르의 작품집이든 책을 받는다는 것은 반갑고 기쁜 일입니다. 더욱이 이면저면 들춰봐도 저와의 인연이 먼 것 같은데, 귀한 책을 정성 다해 보내주시는 분에게 감사의 마음이 한없이 큽니다. 이범찬 교수님의 수필집 역시 그러 하였습니다. '백정혜'를 '박정혜'로 적으신 일로 미루어 그러하지만 조금도 섭섭하진 않았습니다.

참으로 범상치 않은 작가 연보에 놀랐습니다. 어찌 보면 문학적인 글을 쓰는 전공과는 거리가 있어 보이지만, 어떤 한 분야에서 탁월한 능력이 다른 분야에서도 그 빛을 발할 수 있다는 것을 확인하는 일이 되었습니다. 사실 '바쁜 사람이 시간이 많다'는 역설적인 진리의 반증이기도 하겠지요.

학문적인 깊은 조예와 그로 인한 여러 사람들과의 만남, 여행을 즐기시는 모든 것이 이 교수님 글쓰기의 바탕으로 여겨집니다. 많은 수필을 읽으면서 크게 공감할 수 있었던 점은, 저 역시 비슷한 시대를 살아 왔음일 것 같습니다. 그런데도 이 교수님의 수필에서는 '여생'을 살아가는 대다수 사람들의 수필과는 달리, 여유와 잔잔한 울림이 있어 고무적이었습니다. 그중에서도 「원숭이 목각」은 '두 번 읽는 수필'이었습니다. 참 좋았습니다. 『발자국을 돌아보며』 출간을 축하드리고, 이 교수님과의 소중한 인연이 이어지기를 기대합니다. 더욱 건강하시고, 자칭 '노인'이기를 강조하는 많은 사람들에게 힘과 용기를 주시리라 믿습니다. 글 빚을 갚을 기회가 있으리라 약속드립니다. 고맙습니다.

2018. 1. 20. 대구에 사는 백정혜 드림

5.

발자국들

1. 송암(松巖) 이범찬(李範燦) 교수 연보

송암(松巖) 이범찬(李範燦) 교수는 1933년(癸酉) 4월 1일(陰 3월 7일), 전주이씨(全州李氏) 광평대군(廣平大君)의 제16대손 창하(昌夏: 1894. 7. 10.~1970. 4. 24)와 서(徐, 達成) 분이(分伊: 1899. 3. 17.~1985. 11. 6)의 독자로 경기도 여주시 가업동 49번지에서 태어났다.

1963년 1월 3일 김(金, 慶州) 자환(慈煥: 1936. 1. 18)과 결혼하여 슬하에 장남 성종(誠鍾)과 자부 곽분선(郭姈先), 손녀 지윤(知倫)과 진경(眞京), 차남 영종(榮鍾), 장녀 수정(秀貞), 삼남 민종(旻鍾)과 자부 이지은(李知垠), 손자 규성(揆成)을 두고, 현재 서울시 서초구 바우뫼로 31길 28, 301호(양재동, 양재파크빌라)에서 살고 있다.

학력

1941. 3.~1946. 7. 여흥(여주)초등학교
1946. 9.~1951. 10. 여주농업중학교
1951. 10.~1952. 3. 여주농업고등학교
1952. 4.~1953. 3. 서울대학교 농과대학 부속 농업중등교사양성소
1953. 4.~1957. 3. 서울대학교 법과대학
1958. 4.~1960. 3. 서울대학교 대학원(법학석사)
1975. 2. 동국대학교 대학원에서 법학박사 학위 취득

1980. 7.~1981. 7. 미국 Columbia University에서 회사법 연구(객원교수)
1992. 8.~1993. 2. 일본 리쯔메이칸대학에서 회사법 연구(객원교수)

경력 및 학회활동

1953. 7. 27 제대(육특(丙) 160호, 육군 이등병, 군번 0787751)
1960. 4.~1961. 3. 국민대학 강사
1961. 4.~1961. 8. 국민대학 전임강사
1962. 3.~1964. 2. 국민대학 강사
1963. 11.~1966. 2. 이화여자대학교 법정대학 전임강사
1966. 3.~1971. 2. 이화여자대학교 법정대학 조교수
1969. 9.~1970. 2. 서울대학교 법과대학 강사
1971. 3.~1975. 2. 이화여자대학교 법정대학 부교수
1971. 9.~1972. 8. 연세대학교 상경대학 강사
1971. 9.~1972. 2. 성균관대학교 법정대학 강사
1974. 4. 제15회 행정고등고시 시험위원
1974. 9.~1975. 2. 고려대학교 법과대학 강사
1975. 3.~1975. 7. 이화여자대학교 법정대학 교수
1975. 7.~1998. 8. 성균관대학교 법과대학 교수
1975. 11. 제18회 행정고등고시 시험위원
1975. 12. 29. 한국증권단의 증권관계법개정안기초위원회 위원
1976. 1.~1979. 2. 성균관대학교 법정대학 법률학과장
1977. 3. 제20회 행정고등고시 시험위원
1977. 4. 제19회 사법시험 시험위원
1977. 8. 제11회 공인회계사시험 시험위원
1978. 4.~1990. 5. 한국상장회사협의회 주식업무연구위원회 위원

1978. 8. 한국법학원의 제6차 미국법조계시찰단에 참가
1979. 1.~2001. 5. 대한상사중재원의 중재인
1979. 3. 23. 한국상장회사협의회 회계처리규정 및 재무제표규칙개정 시안 심의위원
1979. 7. 제13회 공인회계사시험 시험위원
1979. 11. 제23회 행정고등고시 시험위원
1981. 2.~1983. 1. 재무부 정책자문위원회 위원
1981. 2.~1983. 12. 법무부 민법·상법개정특별심의위원회 위원
1981. 12. 외국공인회계사시험위원회 위원
1982. 9. 제19회 변리사시험 시험위원
1983. 1.~1983. 2. 성균관대학교 법과대학 법학과장
1983. 2.~1984. 2. 성균관대학교 총무처장
1983. 6. 제17회 공인회계사시험 시험위원
1983. 9. 제27회 행정고등고시 시험위원
1983. 12. 외국공인회계사시험위원회 위원
1984. 3.~1988. 1. 성균관대학교 법과대학 학장
1984. 6.~1986. 6. 법무부 법무자문위원회 위원
1985. 11.~1989. 11. 법무부 법무자문위원회 상법개정특별분과위원회 위원
1986. 8. 제30회 행정고등고시 시험위원
1986. 12.~1988. 1. 성균관대학교 양현관 관장
1987. 1.~ 1990. 1. 사단법인 전주이씨대동종약원 학술위원회 감사
1987. 7. 16~22. 제2회 한일법학연구집회(동경대학) 초청 연구발표
1987. 9.~1990. 4. 재경여주중·농고동문회 회장
1988. 2.~1990. 2. 한국상사법학회 회장

1990. 4.～1995. 4. 법무부 법무자문위원회 상법개정특별분과위원회 위원
1990. 5.～2005. 5. 상장회사협의회 주식업무자문위원
1990. 6.～1992. 5. 증권감독원 회계제도자문위원회 위원
1990. 6.～1994. 5. 농업협동조합중앙회 운영자문위원회 위원
1990. 10. 25～30. 와세다대학 비교법연구소 초청 심포지엄에서 연구발표 및 하계집중강의
1992. 4.～1998. 4. 한국상장회사협의회 감사업무자문위원회 위원
1994. 9. 8～13. 리쯔메이칸대학 한일비교상법연구회 초청 심포지엄에서 연구발표 및 하계집중강의
1995. 7. 14～18. 리쯔메이칸대학 국제지역연구소 초청 심포지엄에서 연구발표
1995. 9. 25. 성균관대학교 20년 근속 표창
1995. 12. 19～25. 리쯔메이칸대학 한일회사법연구회 초청 심포지엄에서 연구발표
1996. 9. 15. 한일법학회 주최 국제학술대회에서 연구발표
1997. 5. 11. 제34회 세무사시험 시험위원
1997. 5. 12. 여주군의회 주최 연구발표회에서 주제발표(지방자치의 성공을 위한 지역개발 기본방향)
1997. 7. 8 ～ 14. 와세다대학 대학원 초청 연구발표 및 하계집중강의(한국회사법)
1998. 8. 31. 성균관대학교 법과대학 정년퇴임, 국민훈장 석류장
1998. 9. 1.～현재 성균관대학교 법과대학 명예교수
1998. 10. 헌법제정 50주년 제1회 한국법학자대회에서 「한국 회사법 50년의 회고」발표
1999. 4. 1.～2007. 3. 31. (일본)나고야경제대학 교수

1999. 7. 와세다대학 비교법연구소 초청 국제상사법 심포지엄에서 연구발표

2000. 9. (일본)법무성 법무종합연구소 · 국제민상사법센터 공동주최 강연회에서 연구발표

2005. 8. 『수필문학』으로 등단

2007. 1. 20. 한국수필문학가협회 이사

2007. 4. 1.~2009. 3. 31. (일본)나고야경제대학 객원교수(전임)

2007. 4. 1.~현재 (일본)나고야경제대학 명예교수

2007. 12. 한국문인협회 회원

2008. 6. 『문학시대』로 등단(시), 문학시대인회 회원

2008. 11. 문학의 집 · 서울 회원

2010. 3. 15.~2011. 3. 15. 한국상장회사협의회 자문위원친목회 회장

2012. 9. 8. 제8회 원종린수필문학상(작품상) 수상

2016. 5. 31.~2018. 4. 30. 서울대학교 법과대학동창회 제36대 상임이사

2016. 6. 25. 제6회 월산문학상 수상

2018. 4. 제16회 대한민국서예문인화대전에서 문인화 입선

2. 송암 이범찬 교수의 연구실적

저서

1965. 5.『상공인의 상업법규』 향문사
1966. 9.『상법예해(상)』(서돈각 · 이범찬 공저) 법통사
1970. 5.『경영자』(차낙훈 · 이범찬 외 4인 공저) 신영출판사
1972. 6.『상법예해(하)』(서돈각 · 이범찬 공저) 국민서관
1973. 5.『상법강의(하)』 국민서관
1976. 6.『주식회사감사제도론』 법문사
1978. 9.『신공업소유권법』(이범찬 · 이수웅 공저) 지학사
1979. 4.『상법강의』 국민서관
1982. 5.『객관식 상법요해』 삼영사
1984. 3.『상법개정안해설』(손주찬 · 이범찬 외 4인 공저) 삼영사
1984. 4.『개정상법해설』(손주찬 · 이범찬 외 4인 공저) 삼영사
1988. 9.『체계상법판례집3-1』(이범찬 · 임홍근 · 김현무 공편) 삼지원
1988. 12.『예해상법 상권』 국민서관
1989. 1.『주식회사의 감사제도』 한국상장회사협의회
1989. 6.『주석상법(Ⅱ-하)』(손주찬 · 이범찬 외 4인 공저) 한국사법행정학회
1990. 5.『대학교육:사회과학분야』(이돈희 · 이범찬 외 12인 공저) 대왕사
1993. 2.『체계상법판례집 3-1, 3-2, 3-3』(이범찬 · 임홍근 · 김현무 공편) 성균관대학교 법학연구소
1994. 10.『韓國會社法論』 (日本)晃洋書房
1995. 5.『상법개정안해설』(손주찬 · 이범찬 외 6인 공저) 법문사
1996. 2.『제6판 상법요해』 삼영사

1997. 2. 『주식회사의 감사제도』(이범찬 · 오욱환 공저) 상장회사협의회
1997. 2. 『제4판 상법개론』(이범찬 · 최준선 공저) 삼영사
1997. 8. 『상법(하)』(이범찬 · 최준선 공저) 삼영사
1997. 12. 『제7판 상법요해』 삼영사
1998. 9. 『현대주식회사의 기관구조』(이범찬 · 염정의 공저) 삼지원
1998. 12. 『회사법의 제문제』 삼지원
1998. 12. 『해암의 자화상』 삼지원
1999. 7. 『주석 상법(Ⅲ) 회사법(2)』(손주찬 · 이범찬 외 4인 공저) 한국사법행정학회
2001. 2. 『제7판 상법개론』(이범찬 · 최준선 공저) 삼영사
2001. 8. 『제3판 상법(하)』(이범찬 · 최준선 공저) 삼영사
2001. 11. 『한국회사법』(이범찬 · 임충희 · 김지환 공저) 삼영사
2002. 7. 『제3판 상법(상)』(이범찬 · 최준선 공저) 삼영사
2003. 4. 『第2版 比較企業法講義』(日本語版) 三知院
2003. 4. 『제4판 주석 상법 회사(Ⅲ)』(손주찬 · 이범찬 외 5인 공저) 한국사법행정학회
2003. 10. 『제11판 상법요해』(이범찬 · 김지환 공저) 삼영사
2004. 5. 『韓國會社法講義』(日本語版) 三知院
2004. 7. 『韓國法概說(日本語版)』(李範燦 · 吳旭煥 · 金知煥 共著) 三知院
2006. 4. 기행문집 『지구촌의 여정』 교음사
2007. 4. 수필집 『원숭이 목각』 교음사
2008. 7. 시집 『바닷바위의 노래』 마을
2008. 12. 『大韓民國法概說』(日本語版) (李範燦 · 石井文廣 共編著) 成文堂
2009. 7. 시집 『시클라멘을 마주하고 앉으면』 마을
2010. 2. 수필집 『늙마의 외도』 소소리

2010. 10. 시조집 『가을로 가는 나들이 노래』 마을
2012. 8. 기행문집 『발길 따라 물길 따라』 소소리
2013. 6. 시조집 『푸른 동산』 마을
2014. 9. 수필집 『어차피 가는 길을』 소소리
2015. 5. 시조집 『바람 따라 구만리』 마을
2016. 1. 기행문집 『낯선 땅을 찾아』 소소리
2016. 5. 편지모음 『늦깎이 글집의 자국들』 소소리
2017. 3. 수필집 『들판을 달리며』 소소리
2017. 6. 시조집 『길손의 노래』 마을
2017. 9. 편지모음 『내 글집의 자국들』 소소리
2017. 12. 수필선집 『발자국을 돌아보며』 소소리
2018. 2. 『제2판 회사법』(이범찬 · 임충희 · 이영종 · 김지환 공저) 삼영사
2018. 4. 회고록 『송암의 자화상』 소소리

번역서

1961. 6. 『법의 새로운 길』(고병국 · 이범찬 공역)(Roscoe Pound, New Path of the Law) 법문사
1986. 3. 『현대상사법의 과제』(이범찬 · 최준선 공역)(Clive M. Schmitthoff, Commercial Law in a Changing Economic Climate) 성균관대학교출판부

논설

1960. 3. 「입법론적으로 본 상법초안의 취체역회제도」(석사학위논문) 서울대학교 대학원
1961. 1. 「주식회사의 구조적 변혁과 상법개정에 있어서의 문제점」 고시계 47호

1962. 9. 「창고증권의 발행」 법정 147호
1963. 4. 「주식회사의 설립비용」 법정 154호
1964. 2. 「의결권행사에 관한 문제점」 법정학보 7집(이대 법정대학)
1964. 6. 「어음상의 권리와 증권과의 관계」 고시계 88호
1965. 11. 「신주발행과 자본과의 관계」 법정 185호
1966. 12. 「주식회사의 회계감사」 상경논집 창간호(경기대학 경상학회)
1967. 9. 「기존채무에 대한 어음・수표 교부의 효과」 고시계 127호
1968. 10. 「상호의 보호」 고시계 140호
1968. 11. 「어음의 선의지급」 고시계 141호
1969. 4. 「자본과 주식과의 관계」 고시계 146호
1969. 8. 「어음항변의 제한」 고시연구 3호
1970. 3. 「이득상환청구권」 고시계 157호
1970. 8. 「백지어음」 고시계 162호
1971. 9. 「주식회사의 영업양도」 법정대29주년기념논문집(이화여자대학교)
1971. 10. 「어음법상의 선의자보호제도」 새법정 8호
1971. 10. 「배서의 연속」 고시계 176호
1972. 6. 「보험자의 대위」 고시계 184호
1972. 9. 「선장의 지위와 책임」 새법정 15호
1974. 12. 「주식회사감사제도의 연구」(박사학위논문) 동국대학교 대학원
1975. 4. 「주주의 회계장부열람권」 고시계 218호
1975. 11. 「주식회사감사제도의 연구」 법정 57호
1976. 1. 「상법상의 유한책임제도」 고시연구 22호
1976. 6. 「상인 개념과 상행위 개념의 재검토」 고시연구 39호
1976. 12. 「주식회사설립의 특색」 고시연구 33호
1977. 12. 「회사법개정의 방향」 한국법학원 월보

1978. 5. 「한국상사법학의 당면과제」 사법행정 209호
1978. 8. 「한국상사법학의 당면과제」 법학 19권 1호(서울대학교)
1979. 9. 「증권관계법의 개정방향」 상법논집(정희철 선생 화갑기념)
1979. 12. 「제시기간경과후의 자기앞수표의 효력」 법사상과 민사법
(춘제 현승종 박사 회갑 기념)
1980. 1. 「주식배당제도의 연구」 상장협 1980년 춘계호
1980. 11. 「감사의 직무권한」 상사법연구 창간호(한국상사법학회)
1981. 1. 「감사제도의 제문제」 회사법의 현대적 과제
(무애 서돈각 박사 화갑기념)
1982. 6. 「전환사채」 상장협 1982년 춘계호
1982. 6. 「증권거래법」 한미상사법비교연구(한국상사법학회 편)
1982. 8. 「주식배당」 월간고시 103호
1982. 9. 「상법개정의 방향」 투자금융 5호(전국투자금융협회)
1982. 11. 「상장법인의 타법인 출자제한」 상장협 1982년 추계호
1983. 2. 「상법개정안의 특색」 월간경리 1983년 2월호
1983. 9. 「어음법 · 수표법해설 I」 투자금융 9호
1983. 12. 「어음법 · 수표법해설 II」 투자금융 10호
1984. 3. 「어음법 · 수표법해설 III」 투자금융 11호
1984. 5. 「개정상법의 특색」 세무사 2권 5호(한국세무사회)
1984. 6. 「어음법 · 수표법해설 IV」 투자금융 12호
1984. 6. 「개정상법상의 감사의 지위」 고시연구 123호
1984. 7. 「보통거래약관의 해석론서설」 상사법의 현대적 과제
(춘강 손주찬 박사 화갑기념)
1984. 10. 「증권대차결제제도의 문제점」 월간고시 129호
1985. 3. 「상법학의 입문」 고시계 337호

1986. 2. 「의결권행사에 관한 몇 가지 문제」 법학의 현대적 과제 (단야 서정갑 박사 고희기념)

1986. 4. 「주식배당에 관한 몇 가지 문제점」 상사법논집 (무애 서돈각 교수 정년기념)

1987. 7. 「개서어음」 기업법무 창간호

1987. 9. 「이사회제도의 제문제」 성균관법학 창간호(성균관대학교 법학연구소)

1989. 5. 「자본시장의 발전과 회사법제의 과제」 상장협 1989년 춘계호(한국상장회사협의회)

1989. 12. 「실질주주제도개선방안」 연구보고서 89-4(한국상장회사협의회)

1992. 3. 「韓國會社法の再改正の方向」 比較法學 25巻(早稻田大學 比較法硏究所)

1992. 12. 「韓國會社法の系譜」 성균관법학 4호 성균관대학교 법학연구소

1993. 11. 「자기주식취득규제에 관한 연구」 연구보고서 93-2 한국상장회사협의회

1994. 4. 「韓國商法における株主總會の議決の合理化方策」 국제항공우주법 및 상사법의 제문제(현곡 김두환 교수 화갑기념)

1994. 10. 「韓國有限會社法の現狀と今後の課題」 現代有限會社法の判例と理論(志村治美先生環曆記念)

1996. 2. 「감사와 외부감사인의 법적책임」 상사법논총(상)(제남 강위두 선생 화갑기념논문)

1996. 4. 「韓國商法の大改正～日本商法と對比して～」(志村治美・李範燦 共著) 國際商事法務 Vol. 24. No. 4

1996. 7. 「株式と社債の發行と國家・第三者機關による審査」 志村治美編 日・中・韓に おける會社資金の調達と投資者保護 晃洋書房

1996. 12.「정관에 의한 주식양도의 제한」 성균관법학 제7호 성균관 대학교 법학연구소

1996. 12.「정관에 의한 주식양도의 제한과 주식매수청구권」 한일법학연구 15집 한일법학회

1997. 2.「주식매수청구권」 현대상사법논집(지석 김인제 박사 정년기념논집)

1997. 5.「무의결권우선주의 문제점과 개선방안」 기업과 법(도암 김교창 변호사 화갑기념논문집)

1998. 3.「韓國法上のストック・オプション」 立命館法學 199巻 第6號

1998. 10.「사외이사제도」 기업구조의 재편과 상사법(Ⅰ)(회명 박길준 교수 화갑기념논문집)

1998. 10.「자기주식취득의 규제에 관한 몇 가지 문제」 현대상사법의 제문제(일석 박상조 교수 화갑기념논문집)

1999. 3.「財閥企業の再編成をめさず1998年の韓國商法の改正一日本商法と對比して一」(志村治美・李範燦 共著) 京都學園法學 1998年 第2号 京都學園大學法學會

2000. 3.「日・韓會社法における資金調達手段としての無額面株式・割引發行」(志村治美・李範燦 共著) 京都學園法學 1998年 第2・3号 京都學園大學法學會

2000. 4.「중간배당제도의 고찰」 상사법학에의 초대(무애 서돈각 박사 팔질송수기념논총)

2000. 8.「韓國株式會社の運營・管理機構の現狀と課題」 早稻田大學日中韓商事法シンポジウム組織委員會編 日本・中國・韓國における會社法・証券取引法の変革と新たなる展開(成文堂)

2000. 10.「감사위원회에 관한 소고」(이범찬・김지환 공저) 상사법의 이념과 실제(남고 박영길 교수 화갑기념)

2000. 11. 「韓國における會社法の最近の動向と課題」 商事法務 No. 1576 (商事法務研究會)

2002. 5. 「한국상사법학회 반세기의 소묘」 상사법연구 21권 1호(33호, 한국상사법학회)

2003. 6. 「일본상법상의 주식제도의 개편」 인권과 정의 322호(대한변호사협회)

2003. 9. 「1990年から1997年に至る韓國の土地政策について」 志村治美編 東アジアの會社法(法律文化社)

2003. 11. 「일본개정상법상의 각종위원회제도」 상법학의 전망(평성 임홍근 교수 정년기념논문집) (법문사)

2003. 12. 「韓國と日本における監査委員會制度の採擇」(李範燦・金知煥共著) 名経法學 第15号(名古屋経濟大學法學會)

수필

영원한 군자형・청년교수(1958년 12월호, 고시계 36면)

졸업논문(1975년 11월 22일, 성대신문 2면, 1976년 4월, 성대신문논설선집- 대학의 증언 126면)

제6차 미국법조계시찰기(1978. 10월 9・16・23일, 11월 6・13・20・27일, 법률신문 11면)

줄서기 선수의 나라(1979. 인창 20호 140면)

병신천국(1981. 11. 서울대학교동창회보 9면)

쿄토의 버스문화(1993. 8. 23~26일, 교통신문 3면)

나는 친일파인가 보다(1994. 6. 서울대 법대 11회 동문 수상집/학지 183면)

쿄토의 버스문화 재론(1994. 10. 해암의 자화상 42면)

무관의 제왕(1996. 9. 성대신문 10면)

IMF식당(1998. 8. 해암의 자화상 18면)

지팡이(1998. 8. 경기인 49호 25면)

컴맹과 한맹(1998. 10. 해암의 자화상 42면)
버스 타고 원강 하러(1998. 10. 경기인 50호 22면)
정년퇴임 5개년계획(1998. 12. 해암의 자화상 396면)
금강산의 봄(초회추천: 2005. 7. 수필문학 176호 197면)
독도의 존재(추천완료: 2005. 8. 수필문학 177호 152면)
거지천국(2005. 10. 수필문학 179호 89면)
퇴역하는 주황색 수영복(2006. 7. 수필문학 187호 117면)
사인 공포증(2006. 10. 가을빛 은유: 수필문학 추천작가회 수필선집 16집 443면)
최참판댁 가는 길(2006. 12. 문학하동 4집 190면)
원숭이 목각(2007. 4. 수필문학 195호 136면)
원숭이 목각(2007. 7. 에세이플러스 126면)
나는 늙마에 외도를 즐긴다(2007. 9. 수필문학: 내가 걷는 문학의 길 200호 193면)
우정의 종(2007. 10. 수필문학: 흐르는 것은 강물만이 아니다 수필문학추천작가회 수필선집 17호 471면)
우정의 다이어리(2008. 11. 문학시대 2008 신년호 82호 102면)
파키스탄의 두 고갯길(2008. 3. 수필문학: 내가 본 명승지 25면)
땡감의 꿈(2007. 문학하동 5집 192면, 상장 2008. 1. 52면, 2008 수필문학 연간대표수필선집 22 272면)
마스타 밴드의 여운(2008. 10. 생각하는 사람들의 커피타임 수필문학 추천작가회 수필선집 18 466면)
바이칼이 손짓한다(2008. 11. 사소한 몸짓의 그리움(수필문학추천작가회 수필선집 19 411면)
우리의 정당정치(2009. 1. 오우수필 2008. 2집 146면)
하늘길을 달리는 칭짱열차(2009. 1. 오우수필 2008. 2집 150면)
아우라지 별곡(2009. 1. 오우수필 2008. 2집 154면)
백팔 배와 문진(2009. 5. 수필문학: 나의 스승을 말한다 218호 43면)

7부 능선까지만(2009. 6. 계절문학 여름호 7호 306면, 선수필 가을 26호 157면, 수필문학 연간대표수필선집 12월 특대호 234면)

한 사람의 푸른 의지(2009. 6. 초록 꿈의 씨앗: 자연사랑문학제 72면)

잊지 못할 카라코람 하이웨이(2009. 7. 광평회보 47호 48면)

먼동 또는 갓밝이(2009. 7. 문학의 집 · 서울 93호 11면)

채석범주에 놀아나다(2009. 8. 수필문학 221호 59면)

고 이제현 중령에게 띄우는 편지 - 대전현충원 참배기(2010. 1 · 2월호 수필문학 226호 88면)

알혼섬 지킴이(2010. 1. 광평회보 48호 73면)

배롱나무 꽃길(2010. 4. 수필문학 228호 144면)

배롱나무 꽃길(2010. 5. 오우수필 3집 146면)

준비된 문자(2010. 5. 오우수필 3집 151면)

형제의 나라(2010. 5. 오우수필 3집 155면)

눈의 나라에서(2010. 6. 창작수필 여름호 76호 252면)

이틀보다 긴 하루(2010. 6. 월간문학 496호 22면)

문사의 길(2010. 6. 해동문학 여름호 70호 280면)

오늘에 보는 문사의 모습 - 원종린 선생님께(2010. 6. 푸른솔문학 199면)

도깨비여행(2010. 7. 광평회보 49호 59면)

뱃길 5천리(2010. 11. 열정의 미로 수필문학추천작가회 수필선집 20 254면)

그 절집 난 못 잊어(2010. 9. 문학시대 가을호 93호 73면)

시심을 일구며(2010. 12. 한국작가 겨울 26호 40면)

소통의 나들이(2010. 12. 상장 12월호 102면)

들끓는 남산골(2011. 4. 문학 봄빛을 품다 2011 봄맞이 문학축제 37면)

나도 산타 할아버지를 따라서(2011. 4. 문학시대 봄호 95호 63면)

오타루와 노보리베쓰(2011. 6. 현대수필 여름 78호 197면)

큰개불알풀의 꽃(2011. 7. 자연 한 줌, 생명 한 아름 자연사랑문학제 60면)
다시 가본 북해도(2011. 7. 광평회보 51호 54면)
보이지 않는 정원(2011. 7. 수필시대 7 · 8월 39호 150면)
갈 길은 먼데…(2011. 8. 문학의 집 · 서울 118호 10면)
울릉읍 독도리(2011. 10. 오우수필 4집 128면)
눈의 나라에서 - 설국의 다까항여관(2011. 10. 오우수필 4집 132면)
오타루와 노보리베쓰(2011. 10. 오우수필 4집 137면)
노루목의 떠돌이 시인이 하는 말(2011. 11. 우리들의 은밀한 변신: 수필문학추천작가회 수필선집 21 235면)
들머리 풍광(2012 수필문학 1 · 2월호 247호 127면)
우산국 그 옛길을 다녀 나오며(2012. 1. 광평회보 52호 59면)
황혼주례(2012. 5. 조선문학 5월호 244면)
설산의 메아리(2012. 7. 광평회보 53호 45면)
배롱나무 사랑(2012. 7. 초록 꿈길의 빛: 자연사랑문학제 기념문집 16면)
붓이 두려워(2012. 9. 수필문학 254호 144면)
10년이라는 꼬리표는?(2012. 10. 문학시대 가을호 101호 11면)
향일암을 찾아서(2012. 10. 여수, 미항에 서다 제12회 수필의 날 기념, 코드미디어 편 158면)
내 식솔의 안팎(2012. 수필시대 11 · 12. 47호 90면)
어설픈 실험(2012. 11. 추수하는 날에 부는 바람: 수필문학추천작가회 수필선집 22 218면)
잠긴 화장실부터(2012. 경기인 11 · 12월호 135호 44면)
붉은 잎은 철책을 넘어(2012. 상장 11월호 79면)
노루목의 떠돌이 시인이 하는 말(선수필 39호 2012 겨울 126면)
노을녘의 오솔길(2012. 12. Fides(법대문우회지: 1호 23면)
돌이라도 살려야(2012. 12. 한국수필 158면)

들머리 풍광(2012. 12. 수필문학 12월 특대호 연간대표수필선집 219면)
내 가을은 봄날과 함께(2012. 12. 오우수필 5집 126면)
아버지는 어쩌라고(2012. 12. 오우수필 5집 130면)
잠긴 화장실부터(2012. 12. 오우수필 5집 134면)
그 순롓길 나도 가볼까(2013. 봄. 한국작가 35호 139면)
외딴섬의 환생(2013 5. 수필문학 261호 122면)
잔디를 때려주며(2013. 현대수필 겨울 88호 220면)
백두대간의 환생(2013. 상장 2013년 11월호 72면)
검은 별은 지고(2014. 1. 상자회회보 8호 2면)
백두대간의 환생(2014. 1. 광평회보 56호 36면)
오늘의 나들이, 사비의 꿈(2014. 3. 계절문학 26호 2014 봄호 260면)
닭볶음의 허와 실(2014. 6. 대한문학 46호 2014 여름호 174면)
백두옹과 벗하며(2014. 6. 초록 인연, 그 하루 2014 자연사랑문학제 기념문집 196면)
갈 길은 먼데…(2014. 8. 문학의 집 · 서울 154호 14면)
잡초(2014. 7. 광평회보 57호 37면)
칠전팔기(2014. 11. 상자회회보 11호 1면)
잔디를 때려주며(2014. 11. 그림 속 아포리즘 수필 373면)
송천의 산수전(2015. 1. 월간 서예문인화 2015년 1월호 28면)
구봉루의 밤(2015. 4. 월간 서예문인화 2015년 4월호 116면)
구봉루 윷놀이(2015. 5. 월간 서예문인화 5월호 136면, 제42회 송천서회전(도록) 127면)
옛사람을 만나러(2015. 7. 광평회보 59호 43면)
해보았어(2015. 12. 문인 150명의 가슴에 품은 말: 제10회 서울문학인대회 기념문집 222면)
대홍포 차의 모수를 찾아(2016. 1. 광평회보 60호 59면)
새로 맞은 반려자(2016. 3. 해동문학 93호 62면)
바라나시의 진풍경(2016. 3. 해동문학 93호 63면)

장닭의 울음소리(2016. 3. 한국문학인 34호 276면)
목이 탄다(2016. 6. 해동문학 94호 50면)
바라나시의 진풍경 · 2(2016. 6. 해동문학 94호 51면)
태항산 골짝을 누비며(2016. 7. 광평회보 61호 69면)
안면송 그늘에서(2016. 7. 자연, 그 영원한 사랑: 2016 자연사랑문집 160면)
꿈속의 집(2016. 7. 문학시대 116호 2016년 여름호 98면)
일석오조(2016. 8. 한울문학 150호 2016년 9월호 31면)
앙코르왓의 불가사의(2016. 9. 해동문학 95호 59면)
아잔타와 엘로라의 석굴(2016. 9. 해동문학 95호 61면)
줄줄이 매달고(2016. 9. 현대수필 99호 87면)
말죽거리 사연(2016. 10. 남산에서 문학을 즐기다: 서울문학인대회 기념문집 261면)
일석오조(2016. 8. 한울문학 150호 2016년 9월호 31면)
다시 찾은 장가계(2017. 1. 광평회보 62호 34면)
산청은 산야만 맑은 게 아니다(한울문학 154호 2017년 1월호 35면)
부끄러운 처녀작(2017. 6. 해동문학 98호 254면)
청령포 솔숲에서(2017. 7. 광평회보 63호 40면)
갈과 등(2017. 12. 한국문학인 41호 188면)
종중 나들이(2018. 1. 광평회보 64호 42면)

시와 시조

여름 수락/ 바닷바위의 노래/ 울안 지팡이(문학시대 84호 2008년 여름호 125면)
악양골의 늦가을 풍경/ 독도의 기상/ 승전무/ 피의 해금강을 건너다 보며(문학하동 6집 2008 66면)
주남지의 메아리/ 시클라멘을 마주하면/ 봄비(문학시대 87호 2009년 봄호 183면)
백운산 골짝에서(경기인 117호 2009년 11 · 12월호 18면)

정월 스무날의 밤/ 춤추는 고니(문학시대 91호 2010년 봄호 68면)

917번 도로/ 그 뜰에 서면/ 연가(시조세계 39호 2010년 여름호 34면)

숲의 소리(숲의 소리: 문학의 집 2010 자연사랑문학제, 46면)

개나리 찬가/ 지심도 꽃길/ 진하의 신새벽/ 안개의 방에서(지난 시간의 풍경화: 시대문학 동인사화집 22집, 2010. 10. 139면)

독도/ 대마도는 우리 땅(시조세계 41호 2010년 겨울호 25면)

하회마을/ 갯벌이 좋아/ 차밭에 서면(창조문예 168호 2011년 1월호 58면)

아, 낙엽인가/ 부부 동백/ 한시인의 농막/ 연기를 뿜어내며/ 꽃 멀미(문학시대 96호 2011년 여름호 184면)

'외씨버선길' 밟으며/ 그 뜻 기리며/ 거제도의 한 막사/ 춘주나들이/ 만송헌에 들러(문학시대 97호 2011년 가을호 86면)

봄놀이/ 미륵산의 한 콘도에서/ 용추계곡/ 낙화정에 올라(가슴 속을 가르는 기억들 - 시대문학 동인사화집 23집, 2011. 9. 85면)

장능(莊陵)에 와서(경기인 129호 2011년 11 · 12월호 30면)

갈잎의 노래/ 소수서원 들머리/ 철없는 동백/ 두고 온 고우리섬/ 우산국(문학시대 98호 2012년 신년호, 87면)

씨앗을 뿌리며/ 서해의 노을/ 하늘공원에 올라/ 아버지 생각/ 글 잔치 그림 잔치(문학시대 99호 2012년 봄호 115면)

회보 창간에 부쳐(상자회회보 창간호 2012. 4. 2면)

그 나무를 만나러/ 글자 없는 비석/ 봄처녀들/ 옛생각/ 팔순의 모둠잔치에(문학시대 100호 2012년 여름호 295면)

새봄맞이/ 빛나는 세밑에(시조세계 47호 2012년 여름호 34면)

여강(驪江)의 메아리(경기인 133호 2012년 7 · 8월호 25면)

사꾸라지마 온천장에서(상자회회보 2호 2012. 7. 1면)

유월이 오네/ 임진의 여수/ 미당의 집/ 두나강의 밤/ 지혜의 책잔치(문학시대 101호 2012년 가을호 93면)

수련(2012년 가을, 둘레길시 2호 34면)
들꽃잔치/ 백두산(상자회회보 3호 2012. 10. 1면)
칠백 의사의 뜻/ 바흘라프의 봄바람/ 민병갈 씨의 묘역에서/ 무진정 돌아나오며(오솔길이 끝나면: 시대문학 동인사화집 24집, 2012. 12. 80면)
백두산에 올라(Fides 2012. 12. 1호 47면)
향일암에 올라/ 스물넉 자/ 맴맴맴 속이 타는/ 거인의 한/ 오시비엥침(아우슈비츠) 수용소(문학시대 102호 2013년 신년호 155면)
새해맞이 소원(상자회회보 4호 2013. 1. 2면)
파라호를 거슬러(상자회회보 5호 2013. 4. 1면)
눈바람에 부쳐/ 두타연 돌아나오며/ 만남의 미학/ 와가에서의 국기 하강식/ 새 세상을 열며(문학시대 103호 2013년 봄호 129면)
오월의 모임/ 여내울 동산 송/ 아흔의 시인에게 올림/ 새 물길 허술해서/ 큰 별 하나 지고 보니(문학시대 104호 2013년 여름호 97면)
집안일들(광평회보 55호 2013. 7. 64면)
현충일에(상자회회보 6호 2013. 7. 1면)
큰 나래를 펴고 - 여주시에 부쳐(여주소식 127호 2013년 8월호 3면)
님의 뜻 단장함에 - 새 여주 기리다(여주소식 128호 2013년 9월호 4면)
용문의 은행나무(상자회회보 7호 2013. 10. 1면)
용문의 은행나무/ 큰 나래를 펴고/ 바위동산/ 풀바리 송/ 송천서회전 (문학시대 105호 2013년 가을호 154면)
님의 뜻 단장함에/ 숲을 가꾸며/ 만남의 뜰에서/ 현충일에(청아한 목소리로 풍경을: 시대문학 동인사화집 25집, 2013. 11. 10면)
불혹의 상장협에 부치는 노래(상장 2013년 12월호 6면)
한글/ 불혹의 상장협에 부치는 노래/ 바람의 쉼터/ 큰 섬의 남과 북/ 별은 멀리 빛나고(문학시대 106호 2014년 신년호 191면)

그윽한 난향/ 금강고원 풀밭에서/ 노송/ 바람산 앞에서/ 눈물의 김연아
(문학시대 107호 2014년 봄호 180면)

노을녘을 달리며(상자회회보 9호 2014. 4. 1면)

낙화암/ 기림일에 부쳐/ 그대 가시는 길(창조문예 209호 2014년 6월호 79면)

진달래꽃/ 바람을 부르며/ 남녘 섬을 찾아/ 선일당의 축포/ 자연의 품으로(문학시대 108호 2014년 여름호 170면)

이 가을밤엔/ 맞추픽추/ 그 밥집/ 새 여주시에/ 묵향부터 즐기려고(문학시대 109호 2014년 가을호 98면)

새 여주시에(여주소식 140호 2014. 9월호 4면)

할미꽃/ 낙화암/ 여내울 동산/ 진달래꽃(리듬과 율격의 소리들: 시대문학 동인사화집 26집, 2014. 11. 108면)

푸른 양의 소망/ 노옹의 외침/ 풀밭의 성자/ 가을밤의 출판기념회/ 무궁화 활짝 폈네(문학시대 110호 2015년 신년호 215면)

어여쁜 그 뜻/ 오르다 만 노야정/ 두고 온 산수풍광/ 이 어려운 철에
(묵은 버릇 털어내듯: 시대문학 동인사화집 27집, 2015. 11. 50면)

버들개지/ 희망봉을 지나며/ 돌 찾아 삼천리/ 영자팔법/ 꼬마화가의 자화상(문학시대 111호 2015년 봄호 116면)

태항구절가(문학시대 112호 2016년 여름호 15면)

겨울잠 깬 산장에서/ 타드는 들판/ 송암관/ 물송(옹이로 박힌 세상 한켠엔: 시대문학 동인사화집 28집, 2016. 11. 78면)

천자산을 오르며(시세계 2016년 겨울호 160면)

정령송/ 자랑스런 그대/ 동남아 나들이(창조문예 252호 2018년 1월호 44면)

관음송 아래서/ 돋보이는 정려각(문학시대 122호 2018년 신년호 42면)

소리 잔치/ 문학의 향기(문학시대 123호 2018년 봄호 72면)

3. 송암 이범찬 교수의 집안내력 - 廣平大君 系圖

0 광평대군(璵) - 영순군(溥)

1대손 영순군(溥) 顯錄大夫 - 남천군, 청안군(嶸), 회원군

2대손 청안군(嶸) 中義大夫 - 공성부정, 임정부정(壽), 정안부정, 태안부정, 고양부정

3대손 임정부정(壽定) 彰善大夫 - 길(浩)

4대손 길(浩) 通訓大夫 - 광춘, 영춘, 회춘, 우춘, 수춘, 경춘(慶春), 정춘

5대손 경춘(慶春) 加平郡守 -현(俔)

6대손 현(俔) 贈兩館 行 右承旨-시환, 시형, 시욱, 시혁(時爀), 시찬, 시황

7대손 시혁(時爀) - 동제, 동연(東淵), 동식

8대손 동연(東淵) - 상념(尙恬)

9대손 상념(尙恬) - 무(珷)

10대손 무(珷) - 규형(奎馨)

11대손 규형(奎馨) - 인호(仁鎬)

12대손 인호(仁鎬) - 의주, 의응(義膺)

13대손 의응(義膺) - 원연, 영연, 이연, 정연(貞淵)

14대손 정연(貞淵) - 인학(寅鶴)

15대손 인학(寅鶴) - 주하(珠夏), 창하(昌夏)

16대손 창하(昌夏) - 범찬(範燦)

17대손 범찬(範燦) - 성종(誠鍾), 영종(榮鍾), 수정(秀貞), 민종(旻鍾)

18대손 성종(誠鍾) - 지윤(知倫), 진경(眞京)

민종(旻鍾) - 규성(揆成)

찾아보기

간행위원

고평석 · 국중권 · 김지환 · 김학묵 · 나석진
서완석 · 양동석 · 오욱환 · 유선기 · 이영철
임충희 · 정우용 · 최준선 · 하삼주 · 한석훈

송암의 자화상

이범찬 회고록

1판 1쇄 인쇄/ 2018년 4월 25일
1판 1쇄 발행/ 2018년 4월 30일

지은이 / 이 범 찬
펴낸이 / 우 희 정
펴낸곳 / 도서출판 소소리

등록 / 제300-2007-21호
주소 / 03073 서울 종로구 성균관로 5길 39-16
전화 / 765-5663, 010-4265-5663
e-mail: sosori39@hanmail.net
www.sosori.net

값 29,000 원

*잘못된 책은 바꿔드립니다.

ISBN 979-11-5891-104-1 03810

*저자와 협의하여 인지는 생략합니다.